AK Trivia Book 58

방어구의 역사

다카히라 나루미 | 지음 남지연 | 옮김

■전설 속에 등장하는 마법의 방어구

엄청난 마법의 무기에 관한 전설은 전 세계에 남아 있으나, 대상이 방어구가 되면 그 종류가 급감한다. 그러므로 이 책에서 살짝 소개하는 것도 의미가 있을 것이다.

●아이기스

그리스 신화의 여신 아테나가 가지고 있던 방패. 온갖 재액과 사악을 쫓으며, 최고의 방어력을 자랑한다. 신들의 대장장이 헤파이스토스가 제작한 최고 걸작으로, 본래의 소유자는 주신 제우스였다. 아이기스의 표면은 거울처럼 연마되어 있는데, 그 재료로는 신비로운 힘이 담긴 염소 가죽도 사용되었다. 아테나가 용사 페르세우스에게 빌려주어, 괴물 메두사와의 싸움에서 이용된다. 메두사는 시선으로 상대를 돌로 만드는 능력을 가지고 있었는데, 페르세우스는 아이기스의 경면에 괴물의 모습을 비추며 싸움으로써 석화를 피해 목을 쳤다고 한다. 페르세우스에게 아이기스와 메두사의 목을 받은 아테나는 그 목을 방패에 박아 석화 능력도 가진 방패로 만들었다. 많은 게임에서 고위의 방패로 등장하는 경우가 많으며, 최강의 방패라는 이미지에서 이지스함의 어원이 되기도 하였다. 한편 아이기스는 그리스에서는 염소 가죽을 사용한 방어구 전반을 가리키는 단어로서, 방패가 아니라 견갑이나 흉갑이었을 가능성도 있다.

●아이아스의 방패

트로이 전쟁에서 트로이의 적이 된 그리스 측의 용사 아이아스가 사용하던 튼튼함이 장점인 아이템이다. 명장 티키오스가 제작하였는데, 소가죽을 7장 겹쳐 무두질하고 표면에 청동판을 붙였으며 테두리도 청동으로 보강하였다. 아이아스는 강력한 거한으로 그리스군의 2인자. 트로이의 장군 헥토르와의 일대일 대결에 응했을 때, 우선 서로 창을 던져 방패로 막았는데 헥토르의 창은 아이아스의 방패의 6번째 가죽까지밖에 꿰뚫지 못했다. 이어서 접근전에 돌입해서도 아이아스의 방패는 헥토르가 내지른 단창을 부러뜨린다. 마지막으로 헥토르는 큰 돌을 던지지만, 아이아스는 쉽사리 튕겨냈다.

(6쪽에 계속)

머리말

판타지 세계의 아이템으로서, 방패 · 투구 · 갑옷과 같은 방어구는 검만큼이나 중요하다. 판타지는 공상의 산물이므로, 일반적으로 인식되고 있는 방어구의 실태가 현실과 다른 것은 당연한 일이다. 하지만 현실을 알아두는 것도 나쁘지 않을 것이다.

이를테면 현실 세계의 방어구는 무기보다 고가이다. 고성능 방어구는 무기의 몇 배가 넘는 가격이 나가고, 제작에 연 단위의 시간이 소요된다. 무기의 대미지를 막기 위해 생겨난 아이템이면서, 꽤나 효율이 안 좋은 셈이다. 그래도 방어구에는 무기에는 없는 매력이 있다. 훌륭한 갑주는 적을 위압하고, 착용자에게 자신감을 주며, 승리를 보다 확실한 것으로 만든다.

방호가 완벽에 가까운 중후한 갑옷은 그만큼 움직임이 둔해지고 스태미나를 소모한다는 숙명적인 딜레마를 안고 있다. 마법이 없는 우리들의 세계에서는 냉엄한 현실하에 있는 방어구지만, 전 세계의 전사들은 그것을 입지 않을 수 없었다.

무기와 방어구를 다룬 책은 세상에 수없이 존재한다. 어린이용부터 일반용, 전문서까지 폭넓게 나와 있다. 그러한 정보를 참고하면서 새로운 책을 발표함에 있어 남들이 그다지 하지 않는 일에 주목했다.

그것은 비교이다. 일본 갑옷과 서양 갑옷이 어떻게 다른가 하는 것이다. 구체적으로는 전쟁에 관한 지역마다의 전술 · 사상이라든가 기후의 차이로 인해 다른 결론에 도달한 방어구의 특색, 또는 재질 · 기능 · 역사적 변천 등이라 할 수 있다.

이 책에서 다루는 내용 가운데 서양 · 일본 · 중근동의 세 지역은 저마다 방어구에 대한 사고방식은 물론 역사적 · 지리적 배경에도 상당한 차이가 있어 비교해보면 매우 흥미롭다. 일본과 서양의 방어구는 그리 관련성이 없지만, 중근동의 방어구는 인접 지역인 유럽, 그리고 중국을 중심으로 한 아시아의 영향을 크게 받았다.

다른 책에서는 잘 다루어지지 않는 남북아메리카, 아프리카와 오세아니아의 방어구에 관해서도 자료를 수집하려 노력을 기울였고, 또한 역사적인 면에서는 기원전 문명의 아이템부터 현대의 방어구인 헬멧과 방탄복까지 망라하였다.

다카히라 나루미

목차

●투명 투구

착용자를 투명하게 만드는 투구로, 그리스 신화에서 하데스신이 소유한 마법 아이템이다. 훗날 올림포스의 신이 되는 제우스, 포세이돈, 하데스는 선대 신들과의 싸움 때, 대장장이 신 키클롭스를 구해준 보답으로 저마다 보물을 받았다. 그중 하나가 투명 투구이다. 하데스는 투명 투구를 쓰고 적대 신 크로노스의 배후로 돌아들어가 무기를 빼앗아 승리하였다. 그 후에도 투명 투구에 얽힌 일화가 여러 차례 신화 속에 등장하는데, 대체로 강적과의 싸움에서 사용된다. 아테나는 하데스에게 투구를 빌려 적대하는 아레스를 창으로 찔렀다. 헤르메스도 용사 헤라클레스를 돕기 위해 종종 투구를 빌렸다. 투명해져서 습격하는 것은 아무리 봐도 치트로, 어떤 맹자도 당해내지 못했다.

●오한

켈트 신화에 등장하는 마법의 방패. 4개의 황금 뿔과 황금 덮개가 달려 있으며, 위험이 닥치면 크게 외치는 기능이 있었다. 소유자는 얼스터 왕 콘코바르로서, 영웅 쿠 훌린의 숙부이다. 전장에서 콘코바르는 명검 칼라드볼그를 든 숙적 알릴에게 살해당할 뻔하지만, 오한을 내세워 몸을 보호했다. 칼라드볼그는 엑스칼리버의 원형이라고도 여겨지는 최강의 검인데, 오한은 그 공격을 3번이나 견디고 나아가 큰 소리를 질러 아군 병사를 불렀다고 한다. 참고로 쿠 훌린은 자신의 외침을 증폭하여 적을 위축시키는, 문장이 새겨진 투구를 가지고 있었다.

●갤러해드의 방패

영국 유래. 하얗게 빛나는 금속 방패로서, 표면에는 붉은 십자가 그려져 있다. 이 십자는 그리스도교 성인의 피로 그려졌다고 한다. 한 수도원에 보관되어 있었는데, '방패의 주인은 성배를 입수할 운명'이라고 전해졌으며, 동시에 주인에게는 재앙이 내린다는 소문도 있었다. 그 후 어느 대담한 기사가 방패를 가지고 나오려 하다가, 하얀 갑주를 입은 기사에게 습격당해 중상을 입는다. 하얀 기사가 '방패는 갤러해드의 것'이라는 말을 남기고 사라졌으므로 갤러해드가 이 방패를 맡았다. 사실 갤러해드는 백은의 기사 랜슬롯의 아들로, 아서 왕을 섬기게 된다. 명을 받은 갤러해드는 방패의 전설대로 성배를 가지고 돌아왔지만 재난도 당한다.

●새당예(賽唐猊)

어떤 무기도 통하지 않는 황금 갑옷. 중국의 『수호전(水滸傳)』에 등장하는 호걸 서령(徐寧)의 집안에 전해지는 가보였다. 서령은 갑옷을 위해 특별히 방을 마련하여, 천장에 매달아 보관하였다. 하지만 양산박의 괴도 시천(時遷)에게 도둑맞고 만다. 서령은 그를 뒤쫓지만 도중에 마취약에 당해 오히려 양산박으로 납치된다. 그 후 설득당해 동료가 되었다. 사실 양산박 측의 진짜 목적은 갑옷이 아니라, 창술의 달인으로서 유명한 서령에게 기술을 배우는 것이었다. 관군을 격파하는 데 꼭 필요한 인재였던 것이다.

제1장
고 대

No. 001

방어구는 왜 생겨났는가

방어구는 문명권마다 독자적 발전을 이루어왔다. 이를테면 서양에서는 갑옷이 두껍고 무거워졌으며, 일본의 갑옷은 특히 화살에 대한 대책이 중시되었다.

●방어구와 원거리 무기의 밀접한 관계

인류가 탄생하고 전쟁이 벌어지면서 무기가 발명되었다. 그 공격을 막을 목적으로 방어구가 등장한 것은 틀림없다. 석기로 무장한 상대와 싸우던 시대에는 나무나 생가죽, 천이나 가죽 등을 소재로 한 간소한 투구와 몸통 옷, 방패 등으로 몸을 보호하면 충분했다. 또한 더운 지역의 전사들은 거의 방어구를 착용하지 않았던 것도 잘 알려져 있다.

무엇보다 접근해서 서로 칼부림하고 치고받던 국면에서는 사실 방어구가 필수는 아니었다. 움직임을 저해하는 장비는 거추장스러울 뿐이다.

방어구를 발달시킨 가장 큰 요인이 된 것은 활의 존재라고 일컬어진다. 고속으로 날아와 치명적인 피해를 입히는 화살은 방어구로 막을 수밖에 없다. 활은 구석기 시대에 중근동과 아시아에서 등장하였고, 이집트와 그리스 등 당시의 선진 문명권에서는 궁병 부대가 조직되었다.

품질의 차는 있으나, 대체로 전 세계에서 **라멜라**나 **체인 메일**류가 고안되었으며, 그것들은 **레더 아머**보다 고급 방어구로 여겨졌다.

그 후 관통력이 높은 신형 활이 발명된다. 중국의 노궁은 기원전 5세기에 탄생하여 기원후 7세기에 이슬람권으로 전파되었고, 유럽에서는 기원후 4세기에 그와 동등한 힘을 가진 크로스보우가 고안되었다(서양에 신형 활이 보급된 것은 까닭이 있어 중세 중반을 지나서였다). 이들 신병기에 대해 종래의 방어구는 능력이 부족했으므로 갑옷이 극적으로 진화하였다.

흔히 무기와 방어구의 진화는 시소게임이라고 하지만, 머스킷총 등의 원시적인 총기는 금속 갑옷으로 충분히 방어할 수 있었다. 15세기에 서양 갑옷은 완성의 영역에 이른다. 그러나 금세 총기의 성능이 따라잡았다. 두꺼운 갑옷마저 꿰뚫는 라이플의 등장으로 갑옷은 전장에서 모습을 감추고, 급소만을 보호하는 근현대 방어구의 시대로 이행하게 된 것이다.

방어구의 발전 계기

아득한 옛날

무기에 대항하여 간단히 얻을 수 있는 재료로 원시적인 방어구를 만들었다.

맨몸으로 싸우는 것보다
나은 정도지만,
이것으로 충분!

구석기 시대

'멀리서', '치명상을 입히는' 활과 화살이 등장.

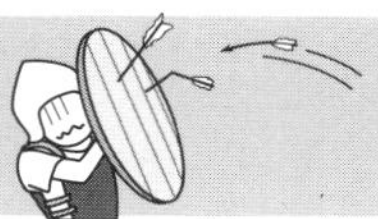
더는 버틸 수 없다,
방패와 투구로
몸을 보호해야겠어!

중세 유럽

크로스보우와 노궁 등의 신병기에 대항하여 방어구가 보다 튼튼하게.

이 방어구로는
막을 수 없어…….
크로스보우 따위
금지해라!

14세기 말

화승총 같은 원시적인 총으로는 플레이트 아머에 맞설 수 없었다.

후하하하,
총 따윈
통하지 않는다.

15세기

관통력 높은 라이플총이 최강이 되면서 방어구로 무장하는 시대는 끝났다.

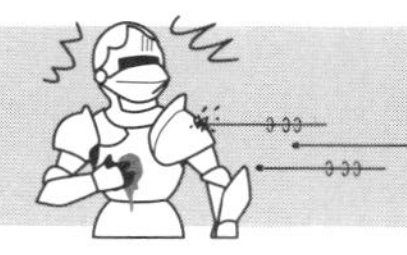
크헉!
더 강해졌구나…….
기사의 시대도 끝인가
…….

비인도적이라고 비난받은 크로스보우

관통력이 높은 활은 일격으로 치명상을 준다. 중세 유럽의 전장에서는 너무 강력한 무기가 오히려 나쁜 결과를 가져오는 경우가 있었다. 전장에 출전한 귀족이나 왕족을 종종 사로잡아 몸값을 요구하곤 했기 때문이다.

그래서 4세기에 발명(고대 그리스 시대부터 있었다고도 한다)되었음에도 불구하고, 각국의 기사와 귀족은 갑옷을 관통하는 크로스보우의 사용을 격렬히 반대하여, 교황이 소집한 제2차 라테라노 공의회(1139년)에서 '그리스도교도에 대한 사용은 금지'된다.

다만 법령은 철저히 지켜지지 않아, 영국의 리처드 1세는 크로스보우에 사살되었고, 십자군 원정 등 이교도에 대한 전쟁에서는 강력한 무기가 거리낌 없이 사용되었다.

관련 항목

- 체인 메일→No.005/006
- 레더 아머→No.005/027
- 라멜라→No.007

No. 002

방패의 기원이란

작은 방패는 검으로 싸울 때 편리하며, 큰 방패는 비 오듯 쏟아지는 화살로부터 전신을 보호할 수 있다. 갑옷이 중후해지기 전까지는 전사의 파트너였다.

●몸을 숨기는 도구에서 보호하는 도구로

방어구는 무기에 대응하여 생겨났는데, 그중에서도 방패는 상당히 빨리, 거의 최초로 등장했다고 일컬어진다. 하지만 적어도 기원전 3000~2500년경까지 전사는 방패를 들지 않았다.

한편 방패는 사냥에서 사냥감에게 다가갈 때, 사냥꾼이 몸을 숨기는 도구로서 고안되었다고 하는 설이 있다. 기원전 2000년경 이집트의 사자 사냥용 방패에는 위장무늬가 들어가 있었다. 사실 맹수는 평면 판에 무력하기 때문에, 방패는 결정적 방어 수단이 되는 것이다. 그러나 서양에서는 전신을 감싸는 금속 갑옷이 등장하고 나서 점차 방패가 쓰이지 않게 되었다. 적도 마찬가지로 두꺼운 갑옷을 입고 덤벼오므로, 보다 공격력이 높은 양손검이나 리치가 긴 창 등을 사용하지 않으면 당해낼 수 없다는 이유도 있었다. 조금 다른 이야기지만, 단단히 무장한 갑옷 무사에 대항하는 격투술도 그런 가운데 발전했다. 넘어뜨린 후 단검으로 숨통을 끊는 식이다.

방패는 그 운용법에 따라 두 종류로 나눌 수 있다.

우선 '평면 방패'. **'아스피스'**와 **'타지'** 등 소형이며 표면이 평평한 방패이다. 방패 모서리가 적의 왼쪽 어깨를 향하도록 70도 각도로 자세를 취하며 정면으로 들지 않는다. 적의 공격은 받아넘긴다기보다 뿌리치듯 방어한다. 화살을 받아넘기기 위해 기승하여 평면 방패를 드는 경우도 있다.

'곡면 방패' 즉 표면이 굽은 방패는 정면으로 자세를 취하며, 많이 움직이지 않고 방어한다. **'스쿠툼'**, **'카이트 실드'** 등 면적이 넓은 것이 이에 해당한다. 평면 방패처럼 날렵하지는 않지만, 든든한 느낌이 있다. 큰 방패를 사용하려면 무기를 드는 손에 팔 보호구 등을 장비할 필요가 있다.

방패는 방어하는 장비이기는 하지만, 허를 찔러 방패 모서리로 때리거나 '실드 배시'(밀어붙이거나 세게 올려 친다) 등의 공격도 가능하다.

방패의 역사

방패는 맨 처음 사냥 도구로서 발명되었다.
· 방패 뒤에 숨어서 접근.
· 맹수의 공격을 평판으로 무력화.

➡ **기원전 2500년경**

전장에서 몸을 보호하는 방어구가 되었다.
· 검이든 창이든 화살이든 투석이든, 아무튼 방어할 수 있다.
· 몸에 걸치는 방어구와 달리 움직임을 저해하지 않는다.
· 둔기로도 사용 가능하다.

➡ **14세기경 서양**

갑옷의 발달로 방패는 불필요해졌다.
· 방패가 없어도 충분히 방어할 수 있게 되었다.
· 보다 강력한 양손 무기를 사용하려는 목적.

운용 차이에 따른 방패의 분류

평면 방패

특징 : 표면이 평평. 작은 편.
운용 : 적에 대해 70도 각도로 자세를 취한다. 적의 움직임을 지켜보면서 이쪽 검의 움직임은 방패와 몸에 가려지도록. 의표를 찔러 방패 모서리로 때리는 전법도 용이하다.
예 : 아스피스, 타지.

곡면 방패

특징 : 표면이 굽은 방패. 큰 편.
운용 : 정면으로 자세를 취한다. 관통될 위험이 있으므로 공격은 받아넘기듯 방어한다. 무기를 드는 손은 보호하기 어려우니 팔 보호구를 착용하는 것이 좋다. 무거운 방패를 그대로 적에게 밀어붙이는 실드 배시도 가능.
예 : 스쿠툼, 카이트.

관련 항목

●아스피스→No.010
●스쿠툼→No.017
●카이트 실드→No.022/041
●타지→No.041

No. 003

청동 방어구는 철 방어구에 뒤떨어지는가

RPG에서는 청동 무기·방어구가 철보다 약하다고 나온다. 하지만 실제로는 그렇지 않다. 값이 싸고 대량으로 만들 수 있었기 때문에, 철 장비는 주류가 된 것이다.

●가공하기 쉬운 청동과 양산 가능한 철

금속 방어구의 소재로 사용된 것은 청동과 철이다.

청동은 구리와 주석의 합금으로, 자연계에서는 구리와 주석이 동시에 채취되는 경우가 많다. 순수한 구리보다 단단하며 철보다 낮은 온도에서 녹아 가공하기 쉬웠으므로 맨 처음 인류에게 이용되었다. 메소포타미아 등 세계 각지에서 기원전 3500년경부터 청동 정련이 시작된 것은 확실하다.

다음으로 제철 기술이 발명되었다. 히타이트에서 철제 농기구와 무기·방어구가 등장한 것이 기원전 1500년경이다. 기술은 전파되어 유럽에서는 기원전 8세기, 중국은 기원전 5세기(전국 시대)에 철기 시대를 맞이한다.

사실 그 이전부터 철은 활용되고 있었다. 운석에서 얻을 수 있는 운철이다. 희소하기는 했으나, 철의 순도가 높아 가공하기는 그리 어렵지 않았다고 한다. 무기의 날이나 장신구로 이용되는 경우가 많았다.

그런데 금속 방어구의 제조법에는 두 종류가 있다. 거푸집에 녹인 금속을 부어 만드는 것이 주조(鑄造), 금속 덩어리를 두들겨 가공하는 것이 **단조**(鍛造)이다. 주조는 양산에 적합하지만, 단조는 수고와 시간이 든다. 대량의 금속을 사용하는 방어구라면 더욱 그럴 것이다.

낮은 온도에서 녹는 청동은 주조가 쉬웠지만, 광석의 매장량이 적어 광상(鑛床)은 금세 고갈되었다. 그리고 철의 경우에는 광석은 대량으로 채취할 수 있지만 옛날에는 완전히 녹이기가 불가능하여 달군 뒤 단조로 정형하였다. 녹이지 않으면 커다란 무기·방어구를 만들기도 어렵다. 고온의 노(爐)가 등장하면서 철의 주조=철기의 양산이 가능해졌으나, 주철은 깨지기 쉬워 무기·방어구의 소재로는 적합하지 않았다.

최종적으로는 청동기를 대체하지만, 초기의 철기는 성능이나 비용 면에서 뛰어나지는 않았다. 그래서 철기 양산이 가능한 시대가 되어서도, 이를테면 고대 로마나 중국의 진나라에서는 청동 무기가 계속 만들어졌다.

청동과 철의 제조법 변천

기원전 3500년	메소포타미아와 이집트에서 청동기 주조 개시.
기원전 1700년	중국에서 청동기 주조 개시.
기원전 1500년	메소포타미아에서 제철 발명.
기원전 8세기	유럽에 제철이 전래.
기원전 5세기	중국에서 제철 개시. 주조도 가능.
1세기	중국에서 냉간 단조(상온에서의 가공) 개시.
2세기	중국에서 제철 사업 국유화.
5세기	중국에서 강철 실용화.

철 제조법은 국가 기밀인데 멸망할 때 누설되고 말았다.
제철을 발명했다고 전해지는 히타이트.
중국은 철에 관해서는 선진국 이었다 해.

청동과 철의 비교

	청동(구리와 주석)	철
광석 분포 · 가치	희귀 · 점점 급등	편재 · 저렴
경도	연하다	단단하다
주조 시 강도	보통	깨지기 쉽다
단조 시 강도	중	중

뭐니 뭐니 해도 쓰기 쉬운 것은 나!
청동
하지만 그래서 고갈되었어…….
놀랍게도 지각의 5%, 산출하는 광물의 90%가 철이라고!
철
입수는 쉽지만 가공이 수고스럽지.

관련 항목

●단조→No.004

No. 004

철은 어떻게 최강의 소재가 되었는가

철은 청동 대신 금속 방어구의 소재로 쓰이게 되었다. 그 후 사람들의 끊임없는 연구와 개발을 통해 진화를 계속한다.

●강철 단조 방어구야말로 최종 형태

철은 튼튼하고 입수하기 쉬운 금속으로서, 처음에는 가열한 광석에서 채취한 철 알갱이를 쇠망치로 두드려 으깨 철기로 정형하였다. 단조(열간 단조)라는 이 제법은 작업에 수고가 많이 들어 양산이 불가능했지만, 머지않아 철을 녹인 뒤 거푸집에 부어 성형하는 기술이 나타나면서, 병사용 주철 방어구를 양산한 지역도 있다. 다만 주조 철기는 깨지기 쉽다는 약점이 있었다. 이런 이유로 오랫동안 단조 방어구는 지위가 높은 무인들밖에 착용할 수 없었다.

제철 과정에서 적절한 양의 탄소가 함유되면 단단함과 유연함을 겸비한 이상적인 소재, 강철이 만들어진다. 유럽 등에서는 원리와 제법이 해명되기까지, 우연히 만들어진 강철을 선별하여 고급 무기·방어구의 소재로 활용하였다.

한편, 보다 앞선 문화를 자랑하던 중동 지역에서는 다마스쿠스 강처럼 절묘한 경도와 탄력성을 양립한 금속이 생산되었다.

16세기 독일에서는 갑옷 연구가 군주 **막시밀리안 1세**가 냉단(냉간 단조)이라는 기술을 갑옷 제조에 도입한다. 상온에서 단조를 실시하면 분자 결합이 견고해져, 얇게 늘여도 강도를 확보할 수 있다. 또한 손으로 잡고 가공하므로 고도의 세공도 가능해졌다. 갑옷 제조법으로서 결정판이라 할 만한 기술이 완성된 것이지만, 얄궂게도 이미 방어구는 제철 기술의 발전과 함께 진화한 총기의 상대가 되지 못했다.

중국에서는 이른 시기에 냉단이 시작되었고, 그 기술도 보급되어 있었다. 그 증거가 '후자갑(瘊子甲)'이다. 철판을 두드려 두께를 1/3 정도로 줄이면서도, 철판 일부를 본래의 두께 그대로 남겨 혹 모양이 되도록 만든 갑옷이다. 겉보기로 단조 갑옷임을 알 수 있게 하여, 그 가치를 어필하려는 조치였다. 이를 본뜬 '위조 후자갑'이라는 모방품도 유통되었다. 즉 단조가 아니지만, 그럴듯하게 보이는 혹을 달아놓은 갑옷이다.

제철 기술의 진화와 방어구

원시적인 단조

· 완전히 녹일 수 없다. 광석을 새빨갛게 달궈 쇠망치로 두드렸다.
· 불순물이 남으며, 재료도 대량으로 필요했다.

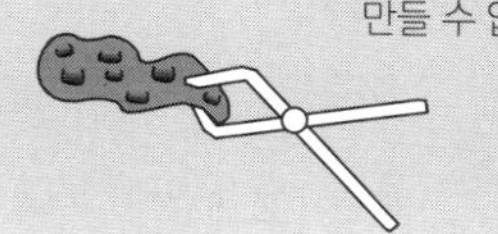

이래선 조그만 것밖에 만들 수 없어…….

주철

· 고온의 노가 만들어지고 나서 주조가 가능해졌다.
· 단단하지만 잘 깨진다.

방어구로 만들지 못할 것은 없지만, 주철은 농기구나 냄비로 쓰는 편이 더 낫겠어.

강철

· 보다 유연하여 잘 깨지지 않는다.
· 옛날에는 먼저 주철을 만들고, 여분의 탄소를 제거하여 정제했다.

탄소가 적으면 강철이 되지. 처음에는 우연히 만들어진 것밖에 이용할 수 없었어.

단조의 진화

· 철을 가열한 다음 급속히 식히면 단련된다.

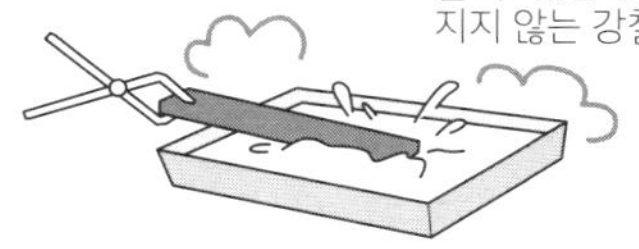

이처럼 담금질로 단련할 수 있는 것은 잘 깨지지 않는 강철뿐이다.

냉간 단조

· 상온에서 철을 두드려 늘이면 강도를 유지한 채 경량화할 수 있다.

마구 두드리자! 분자 결합으로 강철을 더욱 강하게 만드는 거야.

궁극의 갑옷 완성

· 제철 기술은 진보했지만, 대량의 연료가 필요했다.
· 유럽을 뒤덮고 있던 숲은 제철 사업 때문에 소실되었다고 전해진다.

사소한 일은 아무래도 좋아. 단련하면 최강이 되지. 그게 바로 나!

관련 항목

●막시밀리안 1세→No.031/032/033

No. 005

체인 메일이란

레더 아머보다 강하고, 플레이트 아머보다 약하다. 그런 이미지대로의 성능이었던 체인 메일의 실상에 접근해본다.

●가장 오랜 기간 중세 기사를 떠받친 방어구

체인 메일=사슬 갑옷이란 그 이름대로 고리를 연결하여 금속 천을 생성하고 가공한 방어구로서, 유연성과 방어력을 겸비하고 있다.

청동기 시대부터 이용되기 시작한 것은 확실하며, 오리엔트 또는 켈트 문명 지역에서 처음 나타나 전 세계로 보급되었다고 여겨진다. 특히 기원전 5~6세기 로마에 전해져 높은 평가를 받고 **로리카 하마타**라는 이름으로 양산되면서, 체인 메일은 주요한 방어구가 되었다. 예로부터 존재하던 방어구지만, 고리의 크기와 제조법의 치밀함에 따라 질은 크게 차이가 난다. 로리카 하마타는 그중에서도 최고봉으로서, 10만 개나 되는 고리로 구성되어 있었다.

로마 이후의 서양, 거기다 중동과 인도 등 각지에서는 체인 메일을 유용하게 사용하여 주력 방어구가 된다. 11~12세기 서유럽의 **십자군** 병사는 **클로스 아머**+체인 메일+서코트+**바렐 헬름**이라는 차림새였다.

방어구의 성능 면에서 따져보면 도검에 의한 절단에 대해서는 강하다. 그러나 창이나 화살에 의한 찌르기, 둔기에 의한 때리기에는 약하다. 특히 화살에 약한 것은 치명적이었다. 무기가 일방적으로 진화하여, 사슬 갑옷을 중심으로 한 방어구가 쓸모없어진 10세기 무렵의 유럽은 '철과 피의 시대'라고 불리곤 했다. 그럼에도 불구하고 프랑스의 기사들은 1330년대까지 판금 갑옷으로 이행하지 않고, 체인 메일을 계속 애용하였다.

한편, 동양에서는 라멜라나 스케일이 주로 사용되었고, **사슬 갑옷**은 보조적으로밖에 이용되지 않았다. 그래도 일본의 구사리카타비라(鎖帷子)는 전국 시대부터 무사에게 애용된다. 체인 메일 대부분은 연철(軟鐵)을 늘여 만든 것으로서 담금질로 강화하는 경우도 있었으며, 일본의 것은 단조한 철로 만들어져 서양의 것보다 고성능이었다.

체인 메일의 역사와 성능

기원 청동기 시대 (기원전 3000~2000년경)

오리엔트에서? 켈트에서?

이집트, 인도, 중국 등 전 세계로.

기원전 5~6세기 로마에 전파.
기원전 3세기 로마판 체인 메일 '로리카 하마타'로 정점.

5~9세기 로마 멸망 후의 프랑크 왕국.
10세기 십자군 등에서 널리 채용.

철과 피의 시대

크헉, 방어구는
체인 메일밖에 없는데,
무기가 너무
강해졌어…….

체인 메일의 성능

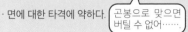

· 베기에 강하다. 검이라면 막을 수 있다고!

· 관통에 약하다. 창이나 화살에는 찔리고 말아…….

· 면에 대한 타격에 약하다. 곤봉으로 맞으면 버틸 수 없어…….

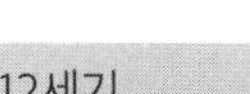

12세기 잃었던 제철 기술의 부활로 방어구 진화.
13~14세기 백년 전쟁으로 무기 · 방어구가 진화.

판금 갑옷 등장

하지만 체인 메일이
좋은데.

프랑스 기사

관련 항목

●체인 메일→No.006/028/087
●로리카 하마타→No.015/016
●클로스 아머→No.027
●사슬 갑옷→No.028/067/087
●십자군→No.041/044
●바렐 헬름→No.044

No. 006

체인 메일은 제조와 관리가 힘들었는가

너무나 유명하며, 방어구로서 무난한 성능을 발휘하는 체인 메일. 그 어원과 베리에이션에도 접근해보자.

●사용은 편리했지만, 뜻밖에 힘든 점이 많았다

체인 메일의 무게는 전신을 손발 끝까지 덮는 경우 20kg 정도가 된다. 동체나 상반신 같은 일부 부위만 착용한다든가, 다른 방어구와 조합하여 입는 등 편리하게 활용할 수 있는 것이 장점이다. 하지만 **플레이트 아머** 등과 비교해 방어력이 낮고, 제조에는 수고가 많이 들었다.

옛날에는 철사도 수제였다가 13세기에 기계 생산이 가능해지면서 조금은 생산성이 향상되었으나, 엮는 공정은 어쩔 도리가 없었다. 연구가가 실험한 바에 따르면 엽서 1장만큼의 면적을 엮는 데 5시간이 걸린다고 한다. 이러한 수고 때문에 판금 갑옷보다 비싼 경우도 있었다.

체인 메일은 평소의 손질도 큰일이었다. 청동제든 철제든 방치해두면 금세 녹슬어 입지 못하게 되고 만다.

메일이란 라틴어 또는 고대 프랑스어로 '그물코', '그물'을 나타낸다. 중세 프랑스에서는 '메일'(그물), 마찬가지로 영국에서는 '체인'(사슬)이라고 부르던 것을 이후 관용적으로 체인 메일이라고 표현하게 된 것이다.

본래 메일이라고 불러도 좋은 것은 체인 메일뿐으로, 이 책에서도 되도록 그 원칙을 지키고 있으나, **플레이트 메일**이라든가 스케일 메일이라는 표현을 쓸 때도 있다. 이들은 플레이트 아머+메일, **스케일 아머**+메일로 조합하거나 껴입은 방어구를 말한다.

체인 메일과 같은 계통으로서, 사용하는 고리가 큰 '링 메일'이라는 사슬 갑옷도 있었는데, 눈이 성긴=조악한 체인 메일이라는 뜻으로 사용되기도 하였다. '밴디드 메일'이라는 방어구는 실재했는지 아닌지 불명이다. 산적과는 관계없으며, 체인 메일 위에 판금을 감은(밴드) 방어구라는 표현이다.

체인 메일의 실제

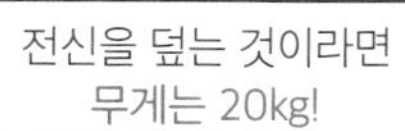

비바람이나 적의 피, 땀으로 녹슬기 쉽다.

게다가 부분 방어구라든가 코트도 착용한다.

기름칠을 하거나 녹을 제거하는 등 손질이 큰일.

후드나 장갑 등 부분 갑옷으로서의 체인 메일도 있었다.

체인 메일이라는 명칭은 사실 중복되어 있어 잘못된 것.

손으로 엮어 만들기 때문에 제작이 매우 힘들다. 의외로 고가?

체인은 영국, 메일은 프랑스에서의 호칭.

파손되면 철사로 엮어 이어 붙인다.

링 메일

큰 고리로 구성된 체인 메일.

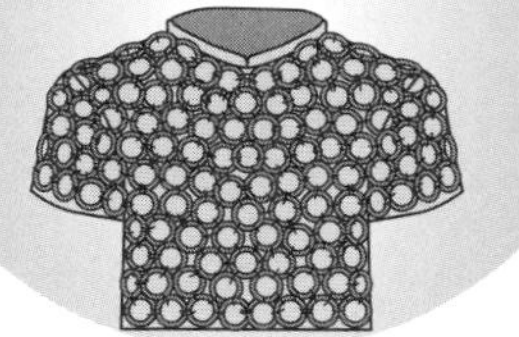

밴디드 메일

산적이 아니라 판금 밴드 메일을 말한다.

관련 항목

●체인 메일→No.005/028/087
●스케일 아머→No.007/067
●플레이트 메일→No.029
●플레이트 아머→No.030/031/032/034/037/038

No. 007

스케일 아머와 라멜라는 어떻게 다른가

스케일은 어린갑, 라멜라는 찰갑이라고 바꿔 말할 수도 있지만, 그리 일반적이지는 않다. 둘 다 옛날식 고급 갑옷이라는 이미지가 있다.

●어린갑과 찰갑, 안감이 있느냐 없느냐의 차이

흔적이 남아 있는 갑옷 가운데 가장 오래된 부류에 속하는 것이 **스케일 아머**이다. 그 기원은 기원전 2000년까지 거슬러 올라간다. 메소포타미아의 후르리인(기원전 2500~1000년)이 고안한 것으로 보이며 히타이트, 아시리아에서도 사용되었다. 그 후 고대 그리스와 로마, 서유럽에서는 프랑크 왕국에서 사용되다가 판금 갑옷이 등장하면서 쇠퇴하였다. 최종적으로는 14세기까지 쓰이게 된다. 그 밖의 지역으로는 동로마, 터키, 몽골 등에서도 사용되었고, 특히 파르티아와 페르시아 등 오리엔트 지역의 사람들은 스케일을 즐겨 입었다. 참고로 페르시아의 갑옷에는 목을 보호하는 가리반이라는 깃(가죽이나 천 패드)이 달려 있어 바로 알 수 있다.

스케일 아머의 개념이란 다수의 물고기 비늘 모양 조각을 천이나 가죽 등 안감에 꿰매 붙여 형성한 방어구를 말한다.

또 하나 메소포타미아에서 유래하여 고대부터 존재한 갑옷으로 **라멜라**가 있다. 스케일과 유사한 갑옷으로서, 역시 중동과 아시아에서 선호되었다. 일본의 갑옷도 라멜라의 일종이다. 스케일과 동일하게 비늘 조각이나 사각형 소찰(小札)로 이루어져 있으나, 안감은 없다. 소찰의 재질은 가죽 또는 금속이다.

둘의 차이를 단적으로 말하면 스케일이 보다 더 원시적이고 옷처럼 유연성이 있다. 안감이 없으면 성립하지 않는다. 한편, 라멜라의 몸통 부분은 혼자 설 수 있을 만큼 단단하다. 스케일보다 제작에 손이 많이 가는 조립식이며, 구조가 정밀한 고급품이다. 다만 세워지는 어린갑도 존재하기 때문에, 겉보기로 스케일인지 라멜라인지 판단하기 힘들 때도 있다. 출토품의 경우에는 구멍이 뚫린 갑옷 조각 등 부품뿐이어서 한층 더 판별하기 어렵다.

스케일과 라멜라의 무게는 10~20kg 정도이다. 또한 체인 메일에 스케일을 꿰매 붙인 방어구는 '스케일 메일'이라고 부른다.

스케일과 라멜라

기원전 2000년, 메소포타미아의 후르리인이 발명.
각 고대 문명권~프랑크 왕국에서 사용.
서양보다도 중동과 아시아 지역에서 선호되었다.

스케일

· 다수의 비늘 조각을 안감에 꿰매 붙인 갑옷.
· 안감이 있어 유연성은 높지만, 쉽게 파손된다.
· 안감이 체인 메일이라면 더욱 고급인 '스케일 메일'.
· 고대부터 플레이트 아머가 등장하는 시대까지 쓰였다.

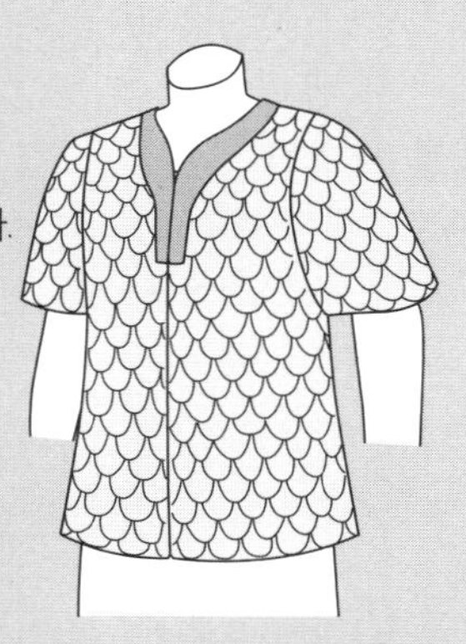

라멜라

· 사각형 소찰을 연결하여 형성한 갑옷.
· 스케일보다 치밀하고 튼튼하다.
· 안감은 없으며, 혼자 세워진다.
· 일본 갑옷으로서 매우 발달하였다.

비늘 조각이나 소찰의 예

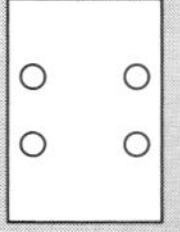
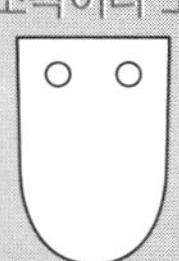

관련 항목
●라멜라→No.051/055/061/082
●스케일 아머→No.067

No. 008

메소포타미아에서 사용된 방어구란

투구와 방패는 여명기에 등장한 방어구이며, 그 다음으로 고안된 것이 가슴을 보호한다는 개념이다. 흉갑은 고대 바빌로니아 시대에 보급되었다.

●급소를 보호하는 원반 흉갑의 발명

고대 메소포타미아에서는 수 종류의 방어구가 사용되고 있었는데, 특필할 만한 것은 원반 모양 흉갑=**브레스트플레이트**이다. 재질은 금속 또는 나무로서, 목에 걸거나 벨트로 몸에 묶거나 옷에 꿰매 붙였다.

급소만을 보호하는 간소한 방어구지만 당시에는 획기적인 방어구로서, 인류사에 있어 동체 갑옷의 기원이라고 간주해도 좋을지 모른다. 브레스트플레이트는 그리스, 에트루리아, 로마 등 이웃 고대 문명권에도 전해졌다.

기원전 3500년경, 최초로 문명을 구축한 수메르의 도시국가는 수백 인 규모의 상비군을 보유하고 있었다. 전시에 소집되는 민병과 용병도 포함하여 그 장비는 관에서 지급했다고 한다. 정규병은 구리제 투구와 망토, 직사각형 큰 방패로 몸을 보호했다. 또한 적의 방패 뒤로 공격할 수 있는 소켓형 도끼를 사용했다.

기원전 1900년경, 수메르의 뒤를 이어 일어난 바빌로니아에서 위의 원반 모양 흉갑이 보급되었다. 그런대로 방어 효과가 있었을 테지만, 부적으로 여긴 사람도 적지 않았다.

기원전 7세기 아시리아에서는 원뿔형 금속 투구가 사용되었다. 원뿔 투구는 방어에 뛰어난 형태이며, 키가 커 보이게 하여 적을 위협하는 효과도 있었다. 이 투구는 후세의 페르시아 투구의 원형이 된다. 원형, 타원형, 직사각형 등 방패의 베리에이션도 풍부했으나, 아시리아인은 갑옷은 중시하지 않았다.

참고로 동시대 이집트인도 방어구를 그다지 활용하지 않았다. 가죽띠를 가슴에 감아 가슴 보호대로 삼고, 목제 큰 방패나 작은 사각 방패를 드는 정도였다.

이집트인은 전통적으로 방어구를 이용하지 않았기 때문에 소개할 만한 에피소드는 적지만, 방패에 얽힌 이야기가 있는데, 기원전 6세기 이집트를 침공한 페르시아군은 이집트인이 숭배하는 고양이신을 방패에 그린 데다 전선에 고양이 등 동물을 풀었다. 그래서 이집트 측은 항복할 수밖에 없었다고 한다.

메소포타미아와 이집트의 방어구

기원전 2500년경
수메르 시대의 방어구
방패와 투구는 국가가 지급했다. 소켓형 도끼는 앞쪽 끝이 굽어 있어, 방패로 방어하는 적을 공격할 수 있었다.

구리 투구
직사각형
큰 방패

기원전 1900년경
바빌로니아의 브레스트플레이트
심장 등 급소를 보호하는 방호판. 원시적인 동체 갑옷의 일종.

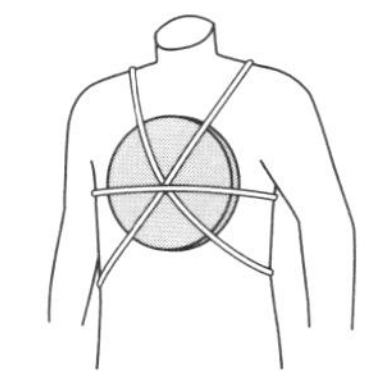
가슴에 가죽끈으로 묶는다.

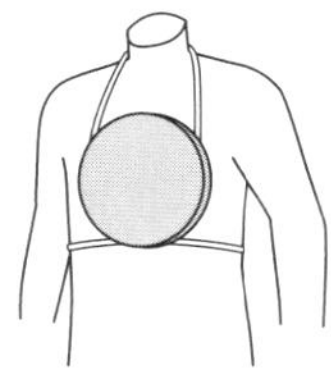
끈으로 목에 건다.

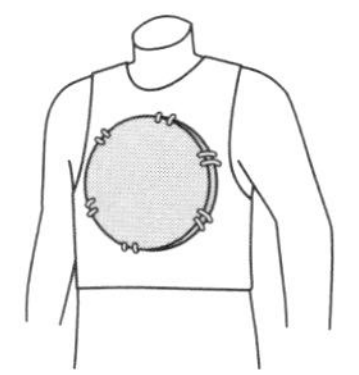
옷이나 망토에 꿰매 붙여 입는다.

기원전 7세기경
아시리아에서 사용된 원뿔 투구
원뿔 형태로 키가 큰 금속 투구.

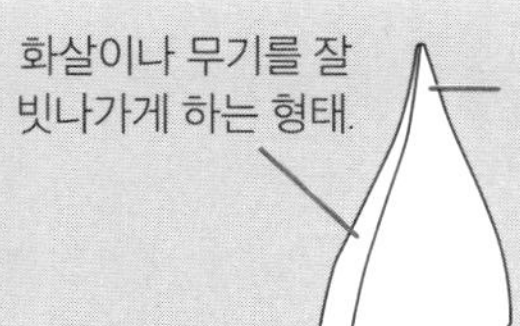
화살이나 무기를 잘 빗나가게 하는 형태.
키가 커 보이게 하여 적을 위협.

기원전 7~기원전 6세기경
이집트 병사의 장비
이집트인은 그다지 방어구를 좋아하지 않았다.

가슴에 가죽띠를 감아 방어.
큰 방패나 작은 방패를 든다.

관련 항목
●브레스트플레이트→No.015/098

No. 009

그리스에는 어떤 갑옷이 있었는가

그리스에서 탄생한 토락스와 귀아론, 이들 두 동체 갑옷은 개량되면서도 중세에 이르기까지 서양에서 계속 사용된 명품이다.

●기원전 8세기 청동 갑옷과 투구의 등장

'**토락스**'는 기원전 8~기원전 3세기까지 사용된 청동 단조 갑옷이다. 가슴 부분과 등 부분으로 나뉜 두 부품 사이에 인체를 끼워 넣는 구조로서, 완전 주문 제작인 고급품이었다. 표면에는 근육 모양 부조를 새긴 경우가 많다. 맨몸으로 전장에 서는 용감한 남성을 연출하려는 의도였을 것이다.

'귀아론'은 그리스제 **스케일 아머**를 말한다. 메소포타미아와 이집트에서 처음 나타난 스케일 아머에 개량을 가한 것이다. 복부까지 두 겹의 드리개로 덮여 있었다. 보다 유연하고 저렴한 것이 장점으로, 생산 체제가 갖추어지고 나서는 병사용 양산품이 된다. 직물 소재를 이용하여 경량화된 귀아론도 후세에 계승되었다.

당초 그리스인은 동체 갑옷에 투구와 방패를 장비한 차림새였고, 팔다리는 그대로 드러낸 채 전장에 나가는 것이 보통이었다. 하지만 이후에는 '파노플리아'라는 전신 장비도 등장한다. **코리스**(투구)+토락스(갑옷)+**호플론**(둥근 방패)+몸에 맞춘 위팔+아래팔+넓적다리+정강이+발 방어구 세트이다. 그렇지만 그리스 병사는 대개 금속 투구를 쓰고 가죽 갑옷이나 사슬 갑옷을 입으며, 정강이받이를 착용하고 금속 방패를 드는 것이 표준적이었다.

가죽이나 섬유 방어구는 유적에서 출토되지는 않지만 『일리아스』 등의 문헌에는 소개된다. '리노토락스'는 리넨 흉갑, '테우코스'는 직물 동갑(胴甲)으로 보인다. 청동제 동체 갑옷으로 '칼케오토레콘'이라는 것도 있었던 듯하다.

토락스야말로 그리스 갑옷의 결정판이라 할 만하지만, 기원전 1200년경의 미케네에는 판금 갑옷도 존재했다. 가죽 안감에 10장 정도의 청동 판금을 연결한 중후한 갑주이다. 방어력은 무척 높아 보이나, 그림을 보면 알 수 있듯이 이것을 입고 자유롭게 활동하기란 어려울 것이다.

토락스와 미케네의 판금 갑주

토락스

기원전 8~기원전 3세기. 가슴 부분과 등 부분의 두 부품으로 동체를 감싼다.

· 청동 단조로 그럭저럭 튼튼.
· 하나하나를 착용자의 체형에 맞춰 제작. ➡ 고급품
· 개량을 거듭하여 중세까지 사용되었다.

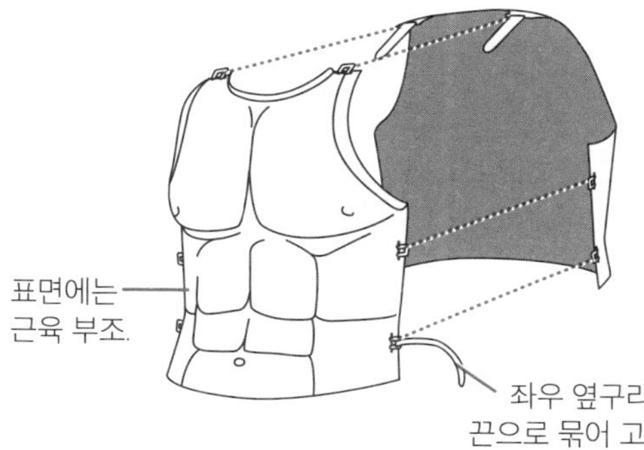
표면에는
근육 부조.
좌우 옆구리를
끈으로 묶어 고정.

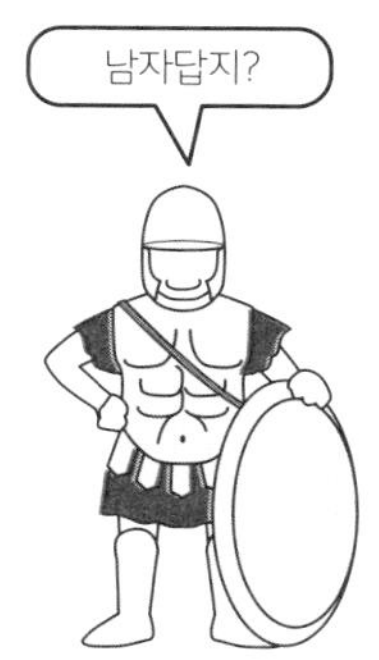
남자답지?

그 밖의 그리스 갑옷

· 귀아론
토락스보다 움직이기 쉽고 저렴한 청동 스케일 아머. 후에 개량이 가해져 유럽의 금속과 천 복합 갑옷의 토대가 된다.

· 리노토락스
리넨 흉갑.

· 테우코스
직물 동갑.

· 칼케오토레콘
청동 동체 갑옷.

미케네의 판금 갑주

그에 더해 카타이툭스라는 투구를 쓴다.

· 가죽 안감에 청동 판금을 연결.
· 긴 드리개가 여러 단 겹쳐 있어 중후.

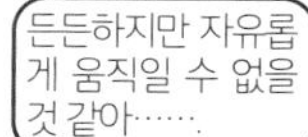
든든하지만 자유롭
게 움직일 수 없을
것 같아…….

관련 항목

●스케일 아머→No.007/067
●호플론→No.010
●코리스→No.012/019
●토락스→No.015

No. 010

팔랑크스로 유명한 그리스 방패란

호플론은 방패의 이름이지만, 그리스에서는 방어구 전반을 가리키는 단어로서도 쓰였다. 그래서인지 소형 방패인 아스피스와 혼동되기도 한다.

●전통적인 아스피스와 중장보병의 호플론

아스피스라는 소형 원형 방패는 적어도 기원전 7세기 이전부터 그리스 지역에서 사용되었다. 가장 세련된 형태는 중앙에 원뿔 방패심 '옴팔로이'를 가지며, 지름은 30~45cm, 무게는 1~2kg이었다. 이 방패는 특히 도리아인과 트로이인이 애용하였다.

재질은 청동이며 방패심 뒤쪽에 손잡이가 있다. 개인전에 알맞은 다루기 쉬운 방패였다. 당시 그리스 전사들은 무거운 방어구 착용을 꺼렸으므로 안성맞춤인 장비였다고 할 수 있다.

또한 아스피스가 중세 언저리까지 서양에서 활발히 사용된 라운드 실드류의 원형 중 하나가 된 것은 틀림없다.

아스피스보다 나중에 등장한 원형 또는 타원형 방패가 '호플론'이다.

호플론은 아스피스보다 커서 지름 80~100cm이며, 일반적으로 목재에서 깎아낸 두께 2cm의 본체에 청동테를 두른 형식이었다. 안쪽에 가죽을 덧대거나 겉면에 아주 얇은 청동박을 입히기도 했다. 호플론은 무게가 6~7kg이나 나갔기 때문에, 손잡이를 쥐고 스트랩에 팔을 걸어 고정했다. 그리고 잘 쓰는 쪽 손에 투창을 든다.

이야기가 살짝 빗나가지만, 기원전 2세기경 그리스에서 멀리 떨어진 카르타고의 보병도 호플론과 비슷하게 무게 있는 둥근 대형 방패를 사용하였다. 그 스트랩은 목용과 어깨용으로 두 줄 달려 있어, 양손창을 들고 어깨에 멜 수도 있었다. 그 상태로 비스듬히 전진하면 자연스럽게 전신을 방어할 수 있다.

그리스에서는 이처럼 어깨에서 무릎까지 가리는 호플론을 사용하는 중장보병대 '호플리테스'를 편제하였다. 당시에는 중장보병대가 밀집 진형으로 충돌하는 전법(**팔랑크스**)을 통해 결판을 지었는데, 맞붙으면 이긴 쪽이라도 5%의 병사를 잃게 된다. 그래서 가능한 한 대열을 늘려 대부대로 만들었다.

아스피스와 호플론의 공통점과 차이점

아스피스와 호플론은 형태는 닮았지만,
크기나 기능 등에 큰 차이가 있었다.

아스피스

- 무게 1~2kg.
- 개인전에 알맞은 소형 방패.
- 방패심=원뿔형 돌기 '옴팔로이'가 있다.
- 청동제.

호플론

- 무게 6~7kg.
- 중장보병이 집단전에서 사용하는 대형 방패.
- 방패심은 없다.
- 본체는 목제이며 두께 2cm.
- 가장자리에 청동테.
- 안쪽에 가죽을 덧댄다.
- 겉면에 청동박을 입힌다.

아스피스 지탱 방법
손잡이를 잡고 사용한다.

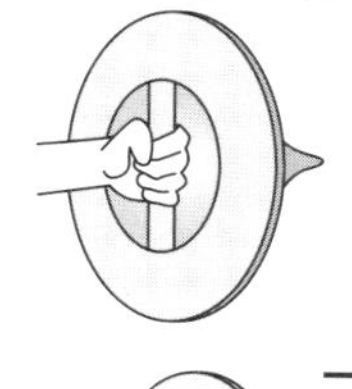

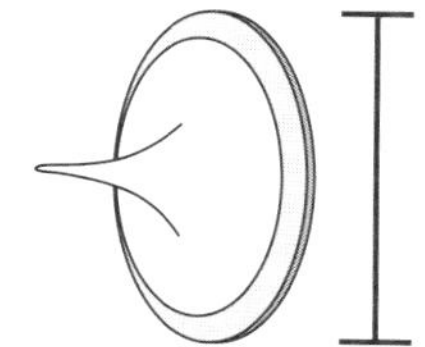

지름 30~45cm

호플론 지탱 방법
손잡이를 쥐고 벨트로 팔에 고정.

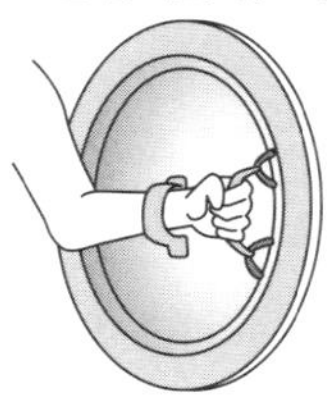

지름 80~100cm

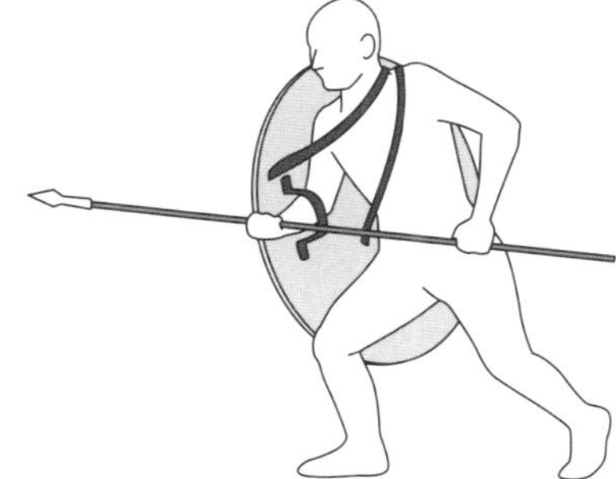

호플론과 비슷한
카르타고의 방패
스트랩은 목과 어깨의 두 줄이 달려 있다. 어깨에 메고 지탱하면 자연스럽게 전신을 방어할 수 있었다.

관련 항목

●아스피스→No.002
●팔랑크스→No.011

No. 011

중장보병의 알려지지 않은 실태란

중장보병의 어원이기도 한 호플론은 전쟁의 역사 속에서 형태를 변화시켰다. 그리고 그리스인에게 사랑받으며 수많은 일화와 전설을 낳는다.

●부자일수록 최전선으로 보내진다?!

그리스 도시국가의 군대는 시민에 의한 지원제로, 부유한 사람일수록 좋은 방어구를 지니고 있었다. 그들은 전장의 주역인 중장보병 호플리타이가 되었다.

대원 가운데서도 보다 상등 투구나 갑옷, 흉갑을 소지한 사람은 대의 최전열 또는 공격받을 가능성이 높은 오른쪽 끝 열을 맡았다. 위험하기는 하지만, 그것은 대단히 명예로운 일이라 여겨졌다. 거꾸로 말하면 솔선해서 싸워 이겨야만 하며, 패전에서 가장 손해를 보는 것은 부유층이다. 현대와는 다른 가치관이지만, 그러한 특유의 사회적 동기도 작용하여 그들은 진두에 선 것이다. 이와 같은 경향은 그리스 문화를 적극적으로 수입하여 번영한 로마에서도 마찬가지였다. 기원전 2세기까지는 사비로 장비를 갖출 수 있는 유복한 시민이 중장보병대를 구성하였고, 그들은 그리스 병사보다도 중후한 방어구를 착용하였다.

그들은 평소에는 시민이므로, 전투 기술 훈련은 그다지 쌓지 않는다. 그렇기 때문에 밀집대형(**팔랑크스**)으로 돌진하는 단순한 전법이 최적이었다. 주무기인 창은 초심자가 다루기 쉬웠으며, 중무장이기 때문에 기민한 격투는 무리였다.

(그리스인만큼 사기가 높지는 않더라도) 팔랑크스 전법에 의해 밀집한 열로 돌격하는 것은 사기를 고무하며 적을 위협하는 효과가 있고, 아군의 적전 도망도 방지한다. 밀집한 사람들 사이에 있기에 간단히 달아날 수 없는 것이다.

전장에서는 바깥쪽 병사가 방패로 사방을 수비하며, 안쪽 병사는 방패를 들어 올려 적의 투석이나 비 오듯 쏟아지는 화살을 막아낸다. 로마에서는 이러한 귀갑(龜甲) 대형을 '테스투도'라고 불렀는데, 진군 속도는 떨어지지만 강고한 방어력을 유지할 수 있었다.

그러나 원조인 그리스 중장보병대는 후기 들어 소수 편제의 경장부대로 진화한다. 중무장을 그만두고 60cm 정도의 소형 방패와 양손 장창을 장비하여, 기동성과 공격력을 향상시킨 것이다. 기원전 4세기, 아테네의 명장 이피크라테스는 그런 부대를 이끌고 코린토스 전쟁에서 대승을 거둔다.

그리스와 로마의 중장보병

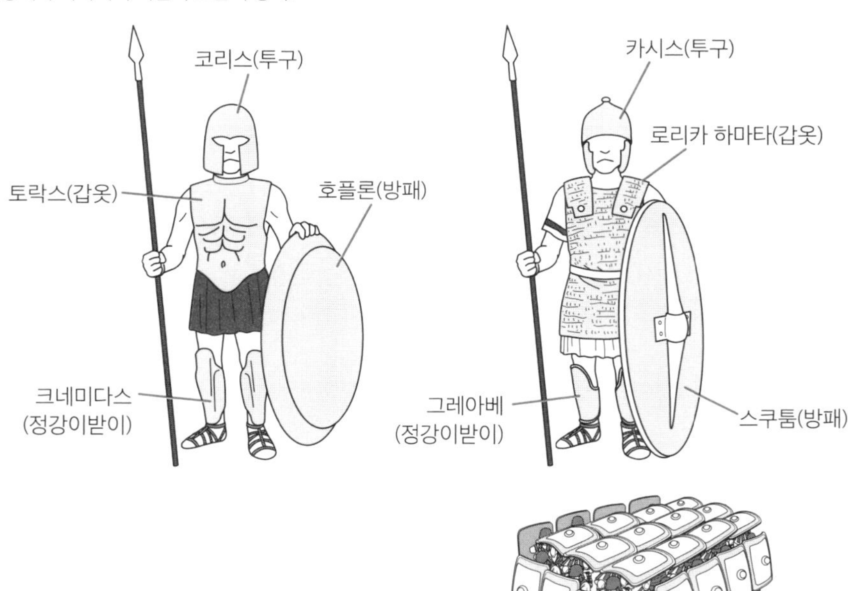

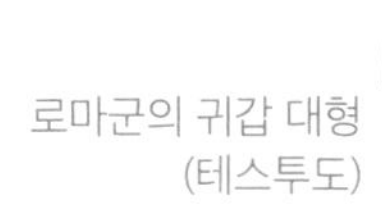

로마군의 귀갑 대형
(테스투도)

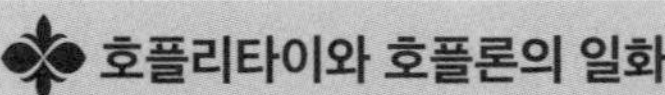

호플리타이와 호플론의 일화

중장보병은 패배를 부끄러워하지 않았으나, 방패를 버리고 도망치는 것은 최악이라고 여겼다. 나아가 대열을 어지럽히고 방패를 잃는 것은 동료에 대한 배신으로 간주되었다.

방패와 그 밖의 방어구를 장비한 병사가 전쟁 등에서 지쳤을 경우, 방패를 손에서 놓는 것은 가장 마지막으로 정해져 있었다. 아무리 우수한 흉갑이라도 보호할 수 있는 것은 병사 본인뿐이지만, 방패는 자신만이 아닌 전우까지 지킬 수 있기 때문이다. 이처럼 그리스인은 방패를 각별히 사랑했다.

관련 항목
●팔랑크스→No.010

No. 012

고대 그리스의 투구와 정강이받이에는 어떤 것이 있었는가

그리스인은 호플론으로 대표되는 방패 및 금속 동체 갑옷(토락스) 외에 고성능 청동 투구 등도 애용하였다.

●그리스의 투구와 부위 방어구

고대 그리스의 대표적 투구로 **코리스**를 들 수 있다. 기원전 8세기~기원전 4세기 무렵까지 개량되며 계속해서 사용된 청동제 투구로서, 단조와 주조의 두 유형이 존재했다.

머리를 완전히 덮으며 정수리 부분이 둥근 단순한 형태로, 코가리개나 볼가리개가 성형된 것도 있다. 초기에는 안쪽에 천 등을 덧대지 않았다.

코리스는 지역이나 도시국가마다 많은 베리에이션이 있었다. 청력 확보를 위해 귀 부분을 뚫어놓거나, 경첩식 볼가리개를 달거나, 전장에서의 식별을 위해 독자적인 디자인을 채용했을 가능성도 있다.

예를 들어 장교 투구에는 볏 모양 돌기나 말의 꼬리털을 심은 술 장식 돌기 **히플린**이 달려 있었는데, 스파르타에서는 히플린을 옆으로 달았다. 그럼으로써 멀리서 보아도 스파르타군 소속임을 판별할 수 있었을 것이다. 나중에 로마의 투구 등에도 채용되는 히플린은 말의 기운을 닮고자 하는 주문의 일종이었다.

코리스 이외의 특징적인 투구로 미케네의 '카타이툭스'가 있다. 멧돼지나 돼지의 엄니 조각을 쌓아올려 머리를 덮는 부분을 만들고 볼가리개도 부속시킨 형태이다. 이 투구는 독특한 청동 판금 갑옷과 세트로서, 귀족이 사용하였다. 이 이외에 자세히는 알 수 없으나 개가죽으로 만드는 '쿠네'라는 투구도 있었다.

그 밖에 그리스에서 많이 쓰인 방어구로 정강이받이가 있다.

'크네미다스'는 다리에 꼭 맞는 원통형 청동 방어구로서, 고급품은 무릎에 괴물 고르곤 등의 부조가 들어간다(액막이의 의미).

정강이받이에는 그 밖에 '에피스푸리아', '그리비스' 등도 있다. 전자는 복사뼈 위부터 덮는 짤막한 방어구, 후자는 크네미다스보다도 신형인 정강이받이로 로마와 서양 여러 나라에 계승되었다.

코리스의 구조와 베리에이션

코린트식 코리스

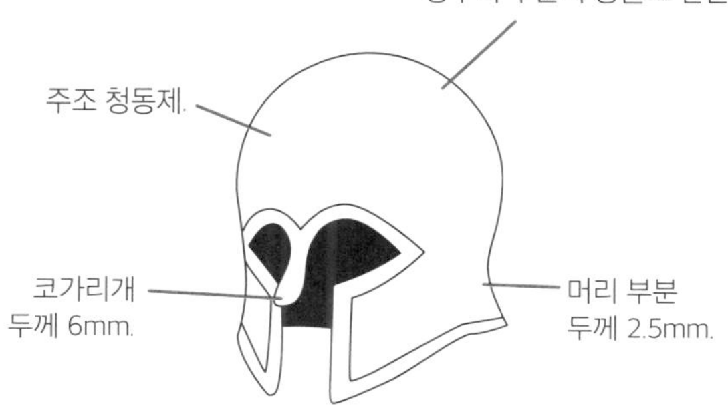

각지의 베리에이션

미케네의 투구 카타이툭스

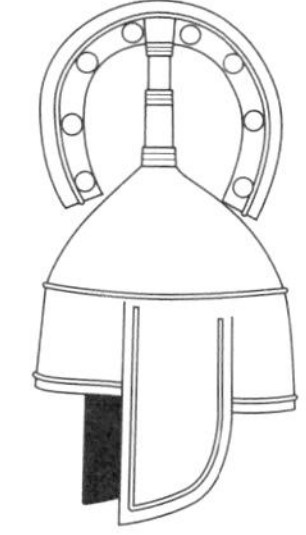
아르고스식
커다란 히플린.

일리리아식
코가리개 삭제.

아티카식
경첩식 볼가리개.

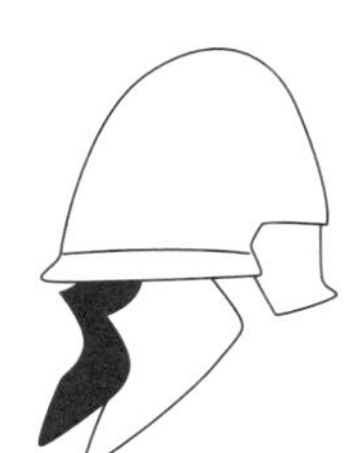
트라키아식
볼가리개+후두부 연장.

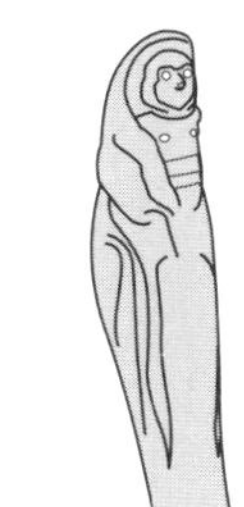
크네미다스
(정강이받이)

관련 항목

●코리스→No.019
●히플린→No.019

No. 013

펠타와 사코스에는 어떤 특징이 있었는가

그리스의 마이너한 방패를 살펴보자. 펠타는 보다 가벼운 간이 방패. 일부 지역에서 쓰인 사코스는 매우 독특한 모양을 하고 있었다.

●반달형 방패와 8자 모양 방패

그리스군에는 중장보병을 지원하는 병종도 있었다. 그것은 경장의 유격대로서, 가난한 시민이나 외국인 용병으로 편제되어 있었다. 그들은 '펠타'라는 반달 혹은 초승달형 방패를 사용했기 때문에 '펠타스트' 등으로 불렸다.

펠타는 세로 30×가로 70cm 정도, 무게 0.5~0.8kg이며 재질은 목재이다. 반원 모양인 것은 방패를 들고 자세를 취하면서 시야를 확보하기 위해서이다.

여전사 아마존족이 애용하였다는 전설이 있으나, 실제로는 산악부의 기마 민족 트라키아인에게서 유래하였다. 관계성은 알 수 없지만, 페르시아에서도 과거에 비슷한 모양의 방패를 사용했다고 전해진다.

한편, 중장보병이 등장하기 훨씬 이전 시대에 미케네에는 '사코스'라는 독특한 대형 방패가 존재했다. 전신을 가릴 만큼 크고 8자 모양을 하고 있다.

마치 거대한 호리병박을 세로로 쪼갠 듯한데, 소가죽 한 장을 그대로 이용하여 만들었기 때문에 이런 모양이 되었다. 정확하게는 나무틀에 작은 가지를 엮어 뼈대를 만들고, 거기다 4~5장 포갠 소가죽을 씌운다. 그래서 가볍고 튼튼하며 탄력이 있었다. 또한 표면에는 청동박을 입혔다.

사코스는 전신을 보호하며, 잘록한 부분이나 엿보는 구멍으로 시야를 확보할 수 있었다고 한다. 이 방패는 끈으로 어깨에 메 지탱했다.

그 밖에 그리스에서는 '리누스'라고 불리는 소가죽 방패나, 목부터 발꿈치까지 커버할 만큼 거대한 직사각형 방패도 사용되었다.

당시에는 방패 표면에 태양이나 짐승, 새 등의 그림, 또는 특수한 주술적 도안을 그리는 경우도 많았다. 이를테면 혀를 내밀고 있는 수염 많은 남자의 얼굴은 악마(데이모스)를 나타내는데, 적을 위협하거나 저주하는 의도가 담겨 있었다. 포보스라 불리는 프로펠러 같은 다리 무늬는 적이 도주하기를 기원하며 그렸다.

그리스의 마이너한 방패 · 표면의 의장

펠타

세로 30cm×가로 70cm, 무게 0.5~0.8kg, 목제. 태세를 갖추면서도 홈 부분을 통해 시야를 확보할 수 있었다.

사코스

소가죽 한 장을 그대로 이용하여 만들었기 때문에 8자 모양이 되었다고 일컬어진다. 포갠 소가죽과 나무 뼈대로 이루어져 있으며, 크기에 비해 유연하고 가볍다.

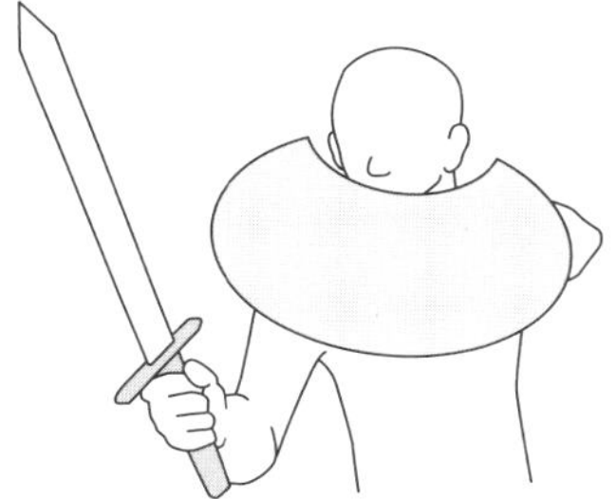

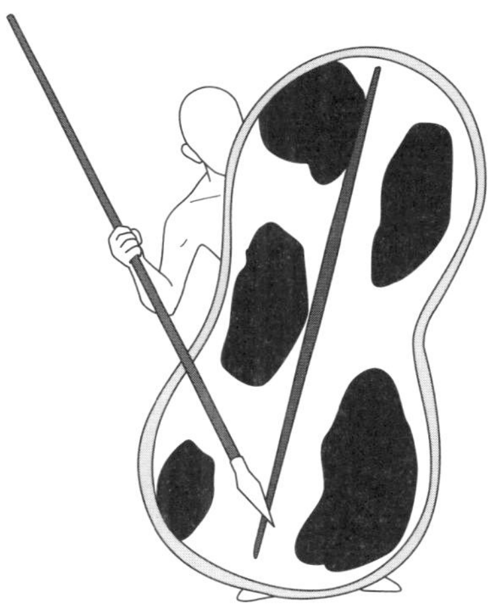

방패 표면에 그려진 도안의 예

※호플론에 그려진 것으로부터.

포보스
적이 도주하기를 기원하며 이런 주술적 도안을 그렸다.

데이모스
그로테스크한 얼굴은 적을 위협하거나 저주하는 악마를 나타낸다.

짐승이나 새 등
용맹함과 준민함의 상징. 혹은 집의 수호신을 그린 것일 수도 있다.

No. 014

로마 갑옷의 결정판이란

로마의 제정 시대를 떠받친 고성능 동체 갑옷이 존재했다. 그것은 수 세기나 뒤에 등장하는 중세 유럽의 방어구보다 뛰어난 기능을 가지고 있었다.

●그 이름은 로리카 세그멘타타

1세기에서 2세기에 걸쳐 최전성기의 로마 제국군에서 채용된 판금 갑옷이 '로리카 세그멘타타'이다. 수많은 로마 갑옷 중에서도 최고봉에 위치한 갑옷으로 그 구조가 독특하다. '조립식 갑옷'이라고 불리기도 한다.

몸통 부분은 길고 가느다란 철판 조각 여러 장을 구부려 가죽끈으로 접합한 구조로서, 마치 사람의 몸통을 감싸는 외골격 같다. 그 무게는 대략 9kg이다.

손으로 구부릴 수 있을 정도의 연철을 소재로 사용했기 때문에, 중세 기사의 **플레이트 아머**보다 유연성이 풍부하고 충격 흡수력이 높다. 베기와 찌르기(검 · 창 · 화살)에 대해 특히 강했다. 또한 양 어깨 부분에도 철판을 연결한 장갑을 덧붙인다.

이 갑옷은 정면 중앙부에서 열리도록 되어 있으며, 착용한 뒤 가슴 부분의 청동 잠금쇠에 가죽끈을 통과시키고 묶어서 고정한다. 전체적으로 유연한 방어구이기는 하지만, 그 구조 때문에 흉부가 압박되어 조금 답답하다고 한다.

로리카 세그멘타타의 가장 큰 단점은 관리가 어렵다는 점이었다. 철과 청동을 이용해 만드는데, 다른 종류의 금속이 접촉하면 부식되기 쉽다. 따라서 자주 기름칠할 필요가 있었다. 또한 구조가 복잡하여 파손되는 경우에 수리하기도 수고스러웠다. 이 갑옷의 관리에는 직인의 손이 필수였을 것이다.

그렇게 녹슬지 않도록 항상 손질하므로 갑옷은 화려한 빛을 띤다.

매우 유명한 로마 갑옷이지만, 운용된 기간은 고작 100년에 불과하다. 고도의 제조 기술과 숙련 직공 없이는 존재할 수 없기 때문이다. 그래서 로마가 점차 몰락하고 게르만인이 대두하면서 제조할 수 없게 되었다. 이후로는 그 대신 보다 유연하고 간소한 스케일류가 유행하기 시작한다.

로리카 세그멘타타의 구조

로리카 세그멘타타

재질 : 연철.
무게 : 9kg.
기능 : 충격 흡수. 검 · 창 · 화살 공격에도 유효.

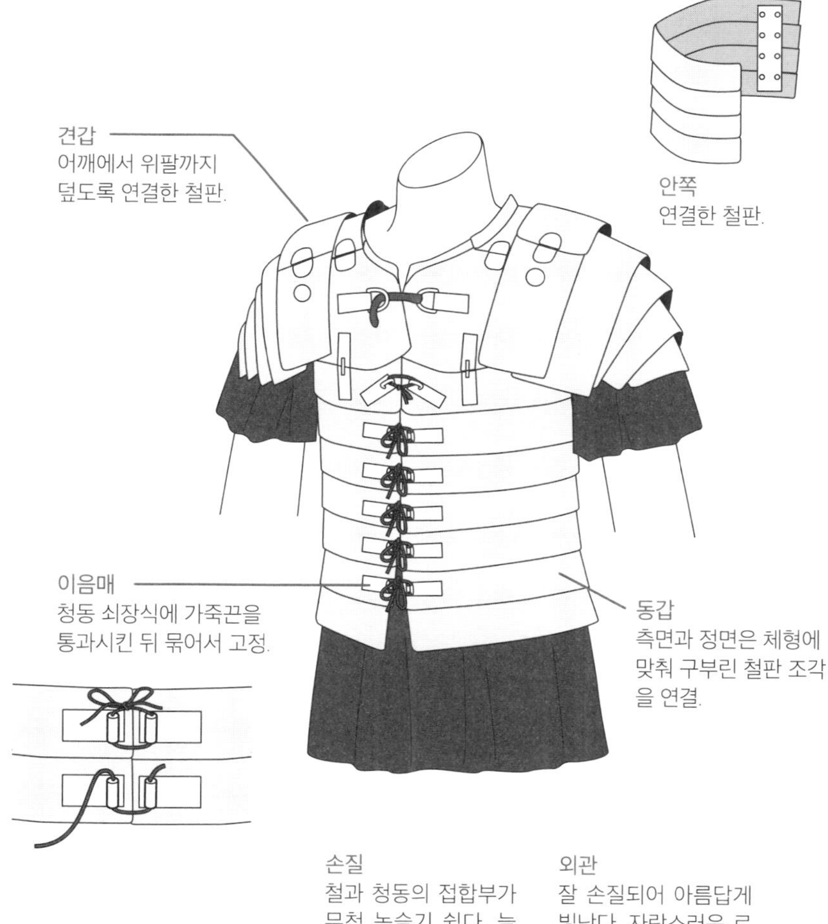

견갑
어깨에서 위팔까지 덮도록 연결한 철판.
안쪽
연결한 철판.
이음매
청동 쇠장식에 가죽끈을 통과시킨 뒤 묶어서 고정.
동갑
측면과 정면은 체형에 맞춰 구부린 철판 조각을 연결.

손질
철과 청동의 접합부가 무척 녹슬기 쉽다. 늘 기름칠하여 손질했다.

외관
잘 손질되어 아름답게 빛난다. 자랑스러운 로마군의 상징.

관련 항목

●플레이트 아머→No.030/037/038

No. 015

로마에는 어떤 갑옷이 있었는가

로마의 방어구 대부분은 주변 여러 나라의 문화를 이어받은 것이다. 특히 에트루리아와 그리스로부터 많은 장비와 전법을 수입하였다.

●로리카 세그멘타타 이외의 여러 가지 갑옷

초기 로마 시대, 전장으로 향하는 시민들은 집에 대대로 전해지던 **브레스트플레이트**를 착용했다. 목에 내걸 뿐인 조악하고 원시적인 흉갑에 즉석 방어구를 더해 몸을 보호한 것이다. 그 명맥을 이은 '펙토랄레'는 중장보병에게 사랑받던 브레스트플레이트로서, 사방 22cm 크기의 청동판이다. 그 밖에 판을 3장으로 한 유형이나 원형 또는 타원형 타입도 있었다.

가슴과 몸통을 완전히 덮는 흉갑도 존재했다. 그리스에서는 **토락스**라 불리던 것이다. 가슴 쪽과 등 쪽의 두 청동 단조판으로 구성되며, 어깨와 겨드랑이 부분에서 끈으로 고정한다. 이것은 지휘관이나 기병용 고급품으로, 다른 로마 방어구와 같이 근육을 본뜬 부조 장식이 되어 있었다. 그 흉갑의 이름은 '로리카'였는데, 시대가 흐르면서 로마에서는 몸통 방어구 전반을 로리카라고 부르게 된다. 이윽고 로리카가 몸통 방어구의 총칭이 되자 '로리카 ○○○'이라는 식으로 갑옷의 종류와 특징이 세분화된다. 이를테면 에트루리아에서 유래한 '로리카 라멜라'는 작은 철판 조각을 이어 만든 라멜라의 일종이다. 또한 '로리카 무스쿨라'는 로마의 가죽 갑옷이다.

이 밖에 로마에서는 보조적으로 천 갑옷도 사용되었다. '토라코마쿠스'는 소매가 없는 가죽제 단갑으로, 사슬 갑옷 안에 입는 방어구였다. 한편 질 좋은 방어구를 입지 못하는 가난한 전사들은 방패를 드는 것으로 만족할 수밖에 없었다.

'로리카 스콰마타'는 기원전 4세기경부터 사용된 공화제 시대의 대표적인 스케일 아머이다. 베기와 찌르기에 강하지만, 제작하는 데 고도의 기술이 필요하여 값이 비싸고 파손되기도 쉬웠다. 주로 장교용이지만 군단의 기수도 입을 수 있었다. 이것은 20~40mm의 청동이나 철 비늘 조각을 끈·리벳·철사로 가죽 갑옷에 고정시킨 구조이다. 청동에 주석 도금을 하여 광을 낸 비늘을 이용하는 경우도 있었는데, 아름답게 빛나는 일품이었다.

고대 로마에서 사용된 여러 가지 갑옷

펙토랄레

고풍스러운 브레스트플레이트.

로리카

그리스에서 유래한 단순한 동체 갑옷.

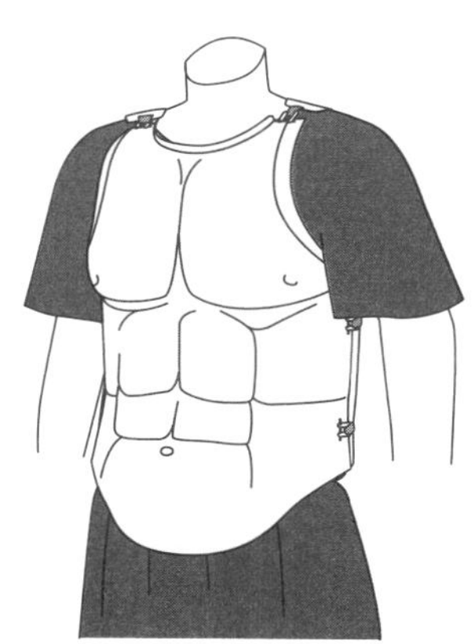

로리카 라멜라

로마의 라멜라. 비주류 갑옷.

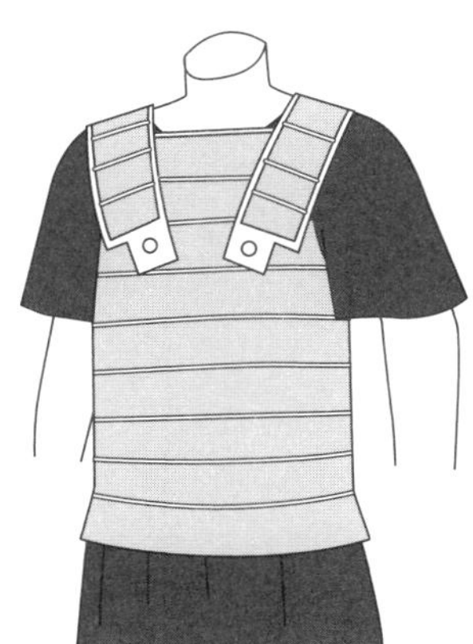

로리카 스콰마타

스케일 아머. 값비싸고 화려하다.

관련 항목

●브레스트플레이트→No.008
●토락스→No.009

No. 016

로리카 하마타는 최고의 사슬 갑옷이었는가

체인 메일은 고대부터 동서양을 막론하고 전 세계에서 사랑받은 방어구인데, 로리카 하마타는 중세의 체인 메일보다도 품질이 좋았다.

●중세에는 잃어버린 고도의 제조 기술

체인 메일은 기원전 2세기 시점이면 지중해 전역에 보급되지만, 처음 로마에서는 값이 비싸 유복한 시민병밖에 입지 못했다. 이것이 나중에는 보병에 대한 지급품이 되고, 제정 로마 후기(2세기)에는 기병의 장비품이 되었다.

로마에서 사용된 티셔츠형 체인 메일 결정판을 **로리카 하마타**라고 한다. 총 부품 수는 수만 개 이상에 달하는데, 5~10mm 크기의 작은 고리가 촘촘하게 엮여 사슬을 구성하는 구조로 고성능을 자랑했다.

무게가 10~15kg이어서 착용 시에는 허리의 벨트로 떠받칠 필요가 있다. 벨트를 하지 않으면 어깨에 묵직한 무게가 실려 움직이는 데 지장이 생긴다.

로리카 하마타는 위에서 언급하였듯 오랫동안 로마에서 사랑받았는데, 어깨 부분을 두 겹으로 보강하거나 두께를 늘리기도 하였으며 긴소매형도 만들어졌다. 기본적으로는 허리 위까지를 방호한다. 한편 로리카 하마타의 선조 격인 켈트인의 체인 메일은 가슴과 등만을 방호하는 간소한 것으로, 그들은 방패나 투구를 방어구로서 더욱 중시했다.

베기를 효과적으로 흡수하는 성능 좋은 방어구이기는 하지만, 체인 메일은 찌르기나 타격에는 약하다. 사슬이 파손되지 않더라도 관통에 의해 크게 다치거나 뼈가 부러질 수 있었다.

참고로 체인 메일을 기마에도 장비시키려고 시도한 국가는 많았으나, 고대 로마에서는 이를 시행하지 않고 기마용 방어구로 '마면(馬面)'만을 이용했다. 가죽과 청동을 소재로 만들며, 양 눈 부분은 돔형 철망으로 보호한다. 다만 이것은 퍼레이드용이지 실전용은 아니었던 듯하다. 2세기가 되면 기마용 **스케일 아머**와 마면을 장착한 중장기병용 군마도 등장한다.

로리카 하마타와 마면

로리카 하마타

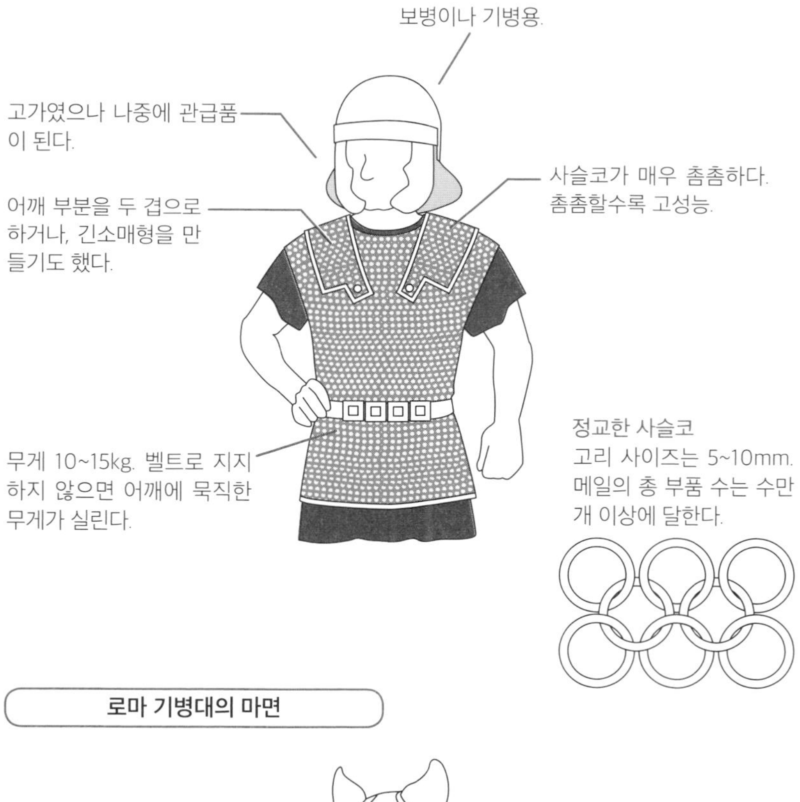
보병이나 기병용.
고가였으나 나중에 관급품이 된다.
사슬코가 매우 촘촘하다. 촘촘할수록 고성능.
어깨 부분을 두 겹으로 하거나, 긴소매형을 만들기도 했다.
무게 10~15kg. 벨트로 지지하지 않으면 어깨에 묵직한 무게가 실린다.
정교한 사슬코
고리 사이즈는 5~10mm. 메일의 총 부품 수는 수만 개 이상에 달한다.

로마 기병대의 마면

양 눈 부분을 철망으로 방어.

가죽 원판.

꿰매 붙인 청동 부분.

관련 항목

●체인 메일→No.005/006/028/087
●스케일 아머→No.007/067
●로리카 하마타→No.015

No. 017

스쿠툼은 로마를 지탱한 방패였는가

로마에서는 밀집 중장보병대가 큰 방패로 몸을 보호하며 진군하여 적을 몰아내는 전법을 채용한 시기가 있었다. 그 활약은 스쿠툼이 있기에 가능한 것이었다.

●그리스에서 로마로 계승된 큰 방패

로마의 중장보병은 기원전 9~기원전 3세기까지 활약하였는데, 전성기는 기원전 6세기경으로 여겨지며 병사들은 라틴어로 '방패'를 뜻하는 스쿠툼을 사용하였다.

가장 잘 알려져 있는 것이 세로 100~120cm, 가로 60~80cm의 직사각 방패이다. 무게는 사용되는 재질에 따라 달라지지만 최대 10kg 정도이다.

가벼운 목재를 층층이 쌓아 형태를 잡고 청동이나 철테로 둘러싸며, 표면에는 소가죽을 꿰매 붙인 다음 추가로 마직물을 씌웠다. 내구성을 높이고자 전체적으로 구부러져 있으며, 중심부가 두껍고 바깥쪽은 얇다(두께 0.5~1cm). 그리고 방패 중앙에는 둥근 방패심(보스)이 달리고 그 뒤쪽에 손잡이가 존재한다. 방패심은 방패로 타격할 때 대미지를 높이며 화살을 빗나가게 하는 효과도 있었다.

스쿠툼의 겉면에는 풍부한 색채로 화려한 의장을 그리는 경우가 많았다. 시대나 지역마다 다르지만, 사자, 독수리, 멧돼지, 여신, 하반신이 물고기인 염소 등 군단의 상징이 유명하다. 혹은 기하학적 모양이나 부대 번호를 넣기도 하였다. 방패 뒷면에는 부대명과 소유자의 이름도 적는다. 전투나 퍼레이드 때 말고는 보호용 자루에 담는데, 거기에도 방패 겉면과 같은 상징이나 번호가 들어간 천을 꿰매 붙였다.

형태가 사각형(사각 방패)이 되기 이전 스쿠툼은 그리스 중장보병의 장비를 본뜬 청동 둥근 방패, 또는 타원 방패였다. 타원 방패도 사각 방패와 마찬가지로 좁은 나무판을 아교로 접착하여 2mm 정도의 두께로 만들고 표면에 양모나 펠트를 붙였다. 그로부터 앞서 서술한 직사각형이 되었으며, **팔랑크스**가 쇠퇴한 1세기경에는 보병용 큰 방패로서 계속 사용되다가 후기에는 세로로 긴 육각형 스쿠툼도 등장한다. 훗날 그 명맥을 이어 동로마 제국의 중장보병은 타원형 스쿠툼을 채용하였다.

스쿠툼의 구조와 기능

스쿠툼의 구조

겉면의 의장
겉면에는 화려한 의장을 그린다. 날개나 창을 도안화한 문양 외에 군단의 상징으로 쓰이는 사자, 독수리, 멧돼지, 여신, 하반신이 물고기인 염소 등이 유명하다.

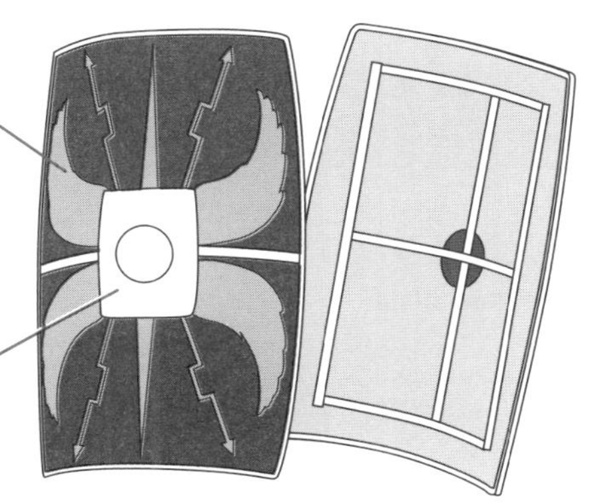

방패심
뒤쪽에 손잡이가 달린 반구형 금속부는 본체 중앙을 도려내고 설치한다.

소가죽
튼튼한 소가죽을 표면에 덮고 삼실로 단단히 꿰매 붙인다.

마직물
소가죽 위에 마직물을 씌우고 꿰맨다.

금속테
방패를 보강하기 위한 테. 초기에는 청동, 나중에는 철로 만들었다.

본체
좁은 나무판을 가로로 배열하여 형태를 만들고 그 위에 세로로 배열한 좁은 나무판을 접착한 2층 구조로 강도를 높였다. 로마의 다른 방패도 같은 구조이다.

스쿠툼 커버
전장이 아닌 곳에서는 스쿠툼을 마대에 담아 보호했다. 방패를 자루로 보호하는 것은 희귀한 사례인데 손상을 방지하기 위해서일 것이다. 방패 자루에도 방패에 그려진 상징이나 번호가 들어간 천이 꿰매져 있다.

관련 항목

●팔랑크스→No.010/011
●스쿠툼→No.022

No. 018

큰 방패 이외의 로마 방패와 장신구에는 어떤 것이 있었는가

스쿠툼은 본래 중장보병용 큰 방패로서, 중장보병대가 쇠퇴한 후에도 사용되었는데, 로마에는 그 밖의 병종을 위한 방패도 있었다.

●로마의 다양한 방패

'클리페우스' 또는 '소마테마스'라 불리는 청동 원형 방패는 기원전 8세기경 그리스로부터 들어왔다. 지름 90~100cm, 무게 2~3kg이다. 그리스의 **아스피스**와 비슷하지만, 표면에 소용돌이형 무늬가 그려져 있어 느낌이 약간 다르다. 이것은 고가였기 때문에 그리 많이 보급되지는 않았다. 기원전 1세기경 사용된 '파르마'는 그보다 조금 작은 방패로, 중~소형 방패의 총칭이기도 하다. 원형인 경우가 많으며 재질은 목재이다. 사비로 충분한 장비를 마련하지 못하는 사람들이 흔히 이용하였다.

'케트라투스'는 기병용 타원 또는 원형 방패이다. 파르마와 크기나 형태가 비슷해 같이 취급되기도 하지만, 금속에 가죽을 덧입힌 구조로 값이 싸지 않다.

●군인의 장신구

로마군의 장군은 원반 장식 '팔레라이'와 목걸이형 장식 '토르크'(켈트에서 유래한 장신구)를 가슴에 달았다. 이들 눈에 띄는 장신구는 액세서리인 동시에 현대의 훈장에 해당하여 전장에 달고 가는 관례가 있었다.

'시그니페르'라 불리는 기수도 색다른 모습을 하고 있었다. 장군과 같은 고가의 눈부신 어린갑을 입고, 추가로 곰이나 표범 등 맹수의 가죽을 걸친다. 머리에 늑대 등의 짐승 가죽을 뒤집어쓰는 경우도 있다. 기수는 병사들의 사기를 고양하기 위해 군단기를 치켜들고 눈에 띄는 장소에서 용감함을 연출할 필요가 있었다. 적의 표적이 될 위험은 각오하고 있었을 것이다. 1세기경 독일의 전장에서 사용된 것으로 보이는 금속제 페이스 마스크가 출토되었는데, 이것도 기수가 썼으리라 추측된다. 신이나 영웅을 모방한 가면은 보통 제사에 이용되지만, 전장에서 방어구로서 기능하였을 가능성도 있다.

로마의 둥근 방패

파르마

심플한 둥근 방패. 목제이지만, 방패심은 금속제.

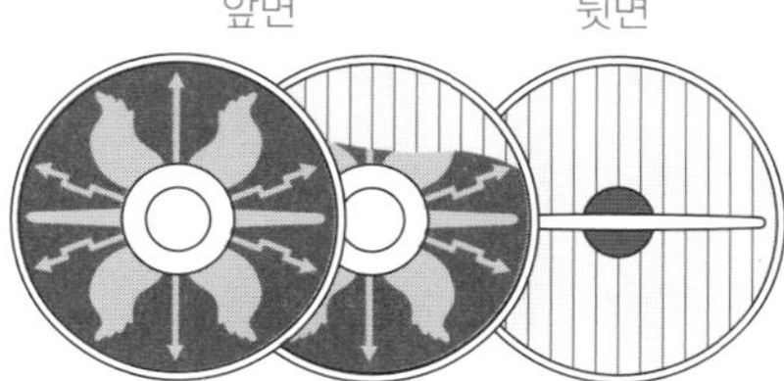

케트라투스

기병용 중형 방패. 금속에 가죽을 씌운 고급품.

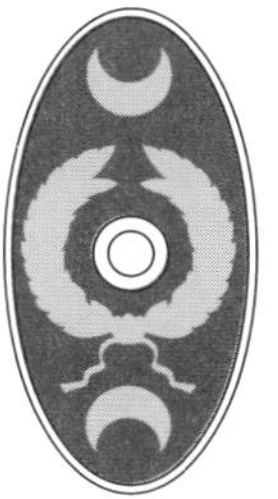

군인의 장신구

로마 장군의 장신구

가슴에서 배에 걸쳐 많은 금속 장신구를 매달고 있었다. 다소는 방어 효과가 있었을지도 모른다. 투구를 장식하는 크레스트는 병사가 앞뒤, 장군은 옆 방향.

토르크와 팔레라이

목걸이는 본래 켈트의 풍습. 켈트인을 물리치고 얻은 전리품을 의장으로 한 장신구가 토르크이다.

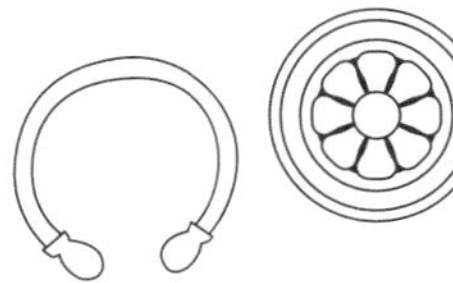

기수의 복장

얼굴에 페이스 마스크를 쓰고 머리에 짐승 가죽을 뒤집어쓰거나, 연마된 로리카 스콰마타 위에 짐승 가죽을 걸친다. 군단기는 긴 지팡이형이었다.

관련 항목

●아스피스→No.010

No. 019

로마 투구 카시스는 어떻게 진화하였는가

기원전 3세기부터 기원후 3세기까지 사용된 로마 투구는 그 총칭을 카시스 또는 갈레아라고 한다. 지방이나 시대마다 많은 종류가 있었다.

●각 도시에서 양산된 로마 투구

최초의 로마 투구는 그리스 투구(코리스)의 영향이 강한 '에트루리아 코린트식'으로서 깊은 양동이형이었다. 그 밖에도 몇 가지 계통이 있었으나, 제정 시대에 이르기까지 로마와 관계가 깊던 켈트 민족이 애용한 사발형 투구가 주류가 되어간다. 그 '몬테포르티노식' 투구는 그리스 투구보다 경량으로 더위에 지칠 염려도 없었다. 다만 방어력은 떨어진다.

로마 투구 '카시스'는 청동으로 주조하는 것이 주류로서, 녹인 청동을 밀폐된 거푸집에 흘려 넣고 회전시키면 적절한 형태로 만들어진다. 나중에 철 투구도 등장하지만, 이 시대의 철은 깨지기 쉬워 단조철이 아니고서는 청동 투구만 못했다.

몬테포르티노계 고식(古式) 투구에는 차양 없는 캡형·원뿔형·꼭대기가 뾰족한 원뿔형 등이 있었으며, 기원전 1세기경부터 후면에 차양이 달리기 시작했다. 이것에 볼가리개(좌우를 끈으로 묶어 고정)가 부속한 형태가 유명할 것이다. 나아가서는 후두부와 목을 보호하는 커다란 목가리개가 추가되었다. 후두부는 인체의 약점으로, 배후나 머리 위에서 공격받기 쉬운 부위이다. 이렇게 캡형 투구에 위와 같은 부속품이 추가되어 결정판이 완성된 것이다.

보병 투구의 경우에는 집단전에서 호령을 들어야 하므로 귀 부분이 크게 열려 있는 경우도 있었다. 그에 비해 기병 투구는 전방위에서의 공격을 방어하기 위해 보다 견고하게 만들어진다. 귀 부분에는 귓구멍을 뚫고 목가리개는 작은 편이다. 목가리개가 크게 펼쳐져 있으면 낙마했을 때 목뼈가 부러질 우려가 있기 때문이다. 3세기경에는 기병 투구에 컬한 머리카락 모양 부조를 넣거나, 짐승 털 또는 사람의 머리카락으로 장식하기도 하였다.

또한 투구 꼭대기에는 술 장식 '크레스트'를 다는 습관이 있었다. 그리스 투구의 **히플린**과 마찬가지로 말의 꼬리털 또는 깃털로 술 장식이나 볏을 형성한다. 처음에는 지휘관 한정이었으나, 나중에 일반병은 앞뒤 방향 볏, 장교는 옆 방향 볏을 달게 된다.

여러 가지 형식으로부터 진화한 카시스

에트루리아 코린트 투구의 일종

기원전에 사용된 그리스계 투구인데, 개중에는 이처럼 후두부 쪽으로 기울여 쓰는 것을 전제한 변칙적인 형태도 있었다.

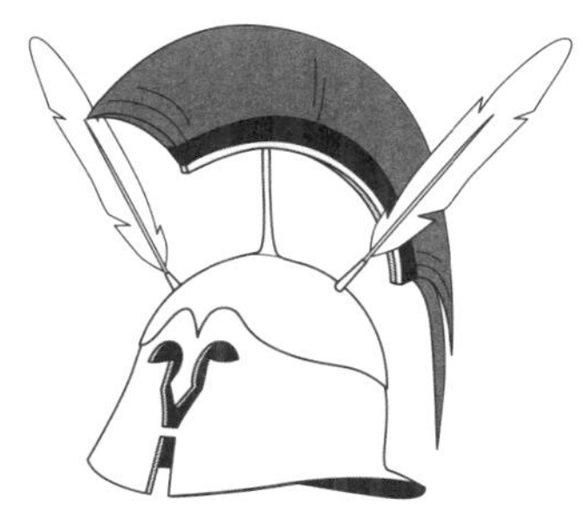

전형적인 유행과 진화

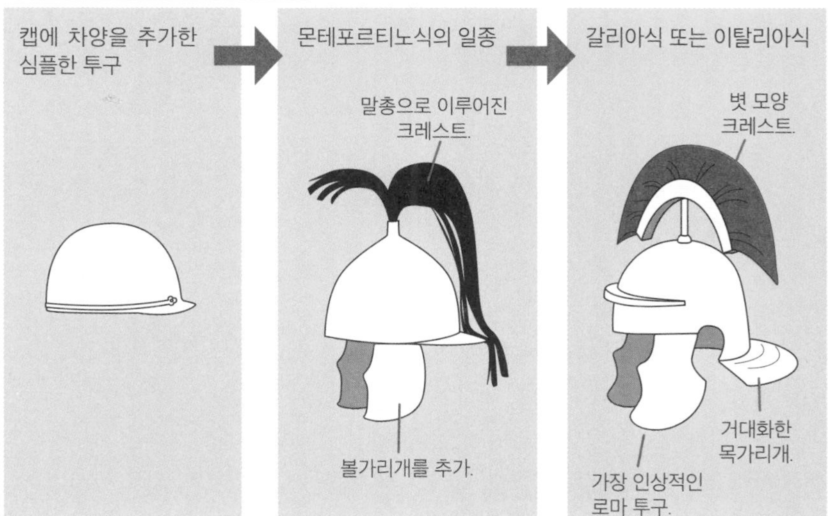

인테르키사식 카시스

후기에 유행한 타입 중 하나. 미관은 잃었지만 기능적으로 진화하였다.

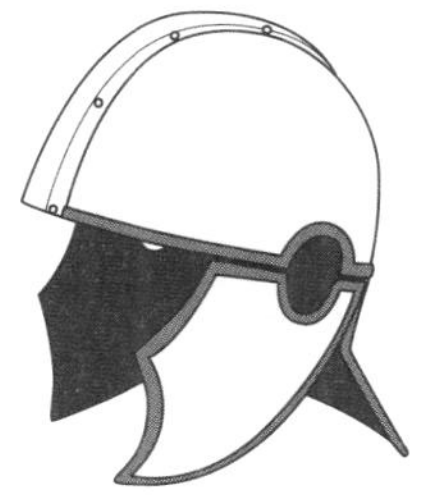

관련 항목

●코리스→No.012
●히플린→No.012

No. 020

로마 병사는 왜 부위 방어구를 착용하게 되었는가

로마에서는 오랫동안 큰 방패 스쿠툼을 사용하였으며, 팔이나 다리에 방어구를 장착하는 습관이 없었다. 그러던 것이 어떤 전쟁을 통해 일변하게 된다.

●고대 로마의 부위 방어구 2종

전통적인 로마 전사는 **카시스**(투구)와 **로리카**(갑옷이나 가슴 보호대 등 다양한 동체 방어구), 또한 시대나 병종에 따라 다른 크고 작은 방패를 장비하였다. 예전의 일반 로마 병사는 그 이외의 부위 방어구를 몸에 걸치지 않았다.

다만 유격대의 경전사(輕戰士)나 투기장의 검투사는 별개이다.

경전사는 외국인이나 용병, 가난한 사람 등으로 구성되기 때문에 그 장비가 잡다했다. 검투사는 전쟁에 나가지는 않지만, 관중을 즐겁게 해주기 위해 여러 가지 장비를 사용한다. 때로는 현역 병사보다 훌륭한 방어구를 착용하는 경우도 있었을 정도이다.

그러다 로마군은 1세기경의 다키아 원정(현재의 루마니아)에서 고생한 경험을 계기로 팔이나 다리 방어구를 채용하게 되었다. 다키아인은 팔스(곡도)로 팔과 다리만을 노리는 전법을 취했기 때문이다. 움직임을 봉쇄하고 나서 결정타를 가하는 것은 효과적인 전법이다.

로마 제국의 판도를 최대로 넓힌 위대한 황제 트라야누스(재위 98~117년)는 이런 사태를 우려하여 정강이받이를 병사의 정식 장비로 지정하였다.

'그레아베'는 청동 정강이받이로서, 가죽끈으로 다리에 고정한다. 안감에 완충포가 붙거나, 액막이를 위한 도안 또는 근육을 본뜬 부조가 들어가기도 하였다.

대부분의 경우 병사들은 잘 쓰는 쪽 다리인 왼 다리(오른손잡이의 경우)에만 그레아베를 장비했다. 전신에 딱딱하게 방어구를 갖춘다면 움직임이 둔해지기 때문일 것이다.

마찬가지로 팔을 보호하는 방어구는 '마니카'라 하여, 무기를 드는 잘 쓰는 쪽 팔에 장비한다. 이것은 **로리카 세그멘타타**와 같이 판금을 구부리고 겹쳐 만든 것으로서, 방패만으로 적의 공격을 막아낼 수 없는 경우에 효과적이었다.

본래는 부위 방어구를 선호하지 않았던 로마 병사

마니카
판금을 구부려 만든 금속 팔 보호구. 보통 무기를 드는 쪽 팔에만 장비한다.
마니카와 그레아베는 다키아 원정의 교훈을 통해 채용되었다.
그레아베
청동제 정강이받이. 무게를 줄이기 위해 보통은 왼 다리에만 장비한다.
끄악!
다키아인은 손발을 노리는구나!
이런 큰일이다. 전원에게 정강이받이를 장비시켜라.
트라야누스 황제
이제 괜찮아! 반격이다!

관련 항목

●로리카 세그멘타타→No.014
●로리카→No.015
●카시스→No.019

No. 021

투기장의 검투사는 어떤 방어구를 사용하였는가

기원전 3세기경 시작된 검투사 시합의 기원은 귀족 장례식에서의 의식이었다. 노예나 포로를 싸우게 하여, 흘린 피를 죽은 자에게 바쳤던 것이다.

●시합을 고조시키는 다채로운 장비와 연출

콜로세움에서의 싸움은 완전한 엔터테인먼트, 쇼 비즈니스화하여, 공화제 말기에는 검투사 양성소도 만들어지며 민중을 열광시켰다.

대부분의 투사는 투구 착용과 방패 소지가 허락된다. 급소인 머리를 단단히 방어하지만, 전사를 보호한다기보다 싸움을 간단히 끝내지 않기 위해서이다. 시합이 일격에 끝나면 시시하다는 것이다. 얼굴 부분은 철망으로 덮는데, 양 대전자의 표정을 숨기기 위해서였다. 또한 상대가 아는 사람일 경우에 전의를 상실하는 것을 방지하는 목적도 있다.

그러나 투구와 달리 몸통 방어구는 엄격히 제한되었다. 무엇보다 피를 흘릴 때 관중이 잘 볼 수 있게 하기 위해서이다. 투사들은 급소를 기량으로 커버하며 싸워야 했는데, 그것이 관전의 즐거움이기도 하였다.

부위 방어구는 팔에 장착하는 체인 메일, 천으로 된 팔 보호구, **마니카**, 오크레아 등 다방면에 걸쳐 있다. '오크레아'란 트라키아인이 사용하던 것으로 안감을 덧대 보강한 청동제 정강이받이이다. 투기장에는 다채로운 무기·방어구가 갖추어져 있었으며, 군에서 채용하기도 전에 먼저 이용되는 것조차 있었다. 진기함을 추구하기 위해 굳이 이국의 장비를 사용하게 하거나 괴물 같은 분장을 시키기도 하였다.

장비 차이에 따라 기본적으로 5종류(파생형을 포함하면 20종 가까이)의 검투사 타입이 설정되었고, 저마다 규정이 정해져 있었다.

예를 들어 무르밀로(어인) 타입이라면 **스쿠툼**과 단검을 들고, 물고기 머리 모양 투구와 마니카 등을 장비한다. 또한 트라케스(트라키아 전사) 타입이라면 파르물라와 곡도를 들고, 크레스트 달린 투구와 오크레아를 장비하는 식이다. 그리고 서로 다른 타입의 투사끼리 대전시킨다. 경기로서의 밸런스는 잘 고려되어 있어, 삼지창과 투망을 사용하는 레타리우스(그물 전사) 타입은 공격 면에서 상당히 유리하기 때문인지 방어구는 투구조차 허용되지 않았다.

로마의 검투사에 관하여

여러 가지 검투사 타입이 있었으며, 규정(사용 가능한 무기 · 방어구)이 정해져 있었다. 시합에서는 다른 타입의 대전 상대와 싸운다.

검투사의 일례

어인(魚人) 전사 무르밀로

지정 무기는 글라디우스.
얼굴은 철망으로 덮는다.
잘 쓰는 쪽 팔에는 천으로 된 팔 보호구나 체인 메일을 착용.
임의로 바지를 입어도 된다.
다리에는 오크레아 착용.
치명상을 피하기 위해 투구는 필수.
투구 형태는 검투사 타입마다 다르다. 동물 디자인.
스릴 있는 싸움을 연출하기 위해 동체 방어구를 제한.
지정 방패는 스쿠툼.

색다른 검투사

그물 전사 레티리우스
공격력이 높아 팔 방어구밖에 착용할 수 없다. 맨얼굴을 드러내기 때문에 늠름한 젊은이가 선발되었다. 아종으로 올가미를 사용하는 올가미 전사 라퀘아리우스가 있다.

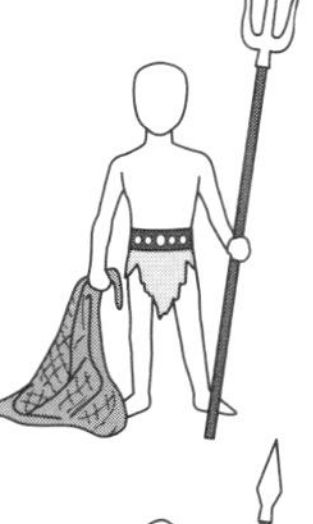

쌍검 전사 디마카이리
방패는 들지 않으며 양손에 검을 들고 싸운다. 경무장이었으리라 추측된다. 아종인 절단 전사 스키소르는 오른손에 단검, 왼손에 칼날 달린 팔 보호구를 장비.

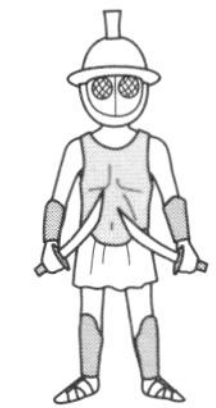

중장 전사 호플로마키
방어력은 높지만 움직임이 둔하다. 무기는 장창. 반대로 날렵함을 내세우는 경전사 프로보카토르라는 것도 있었다.

여전사 글라디아트릭스
인기가 높았을 것으로 여겨지며, 투구는 쓰지 않는 경우가 많았다. 여자끼리 싸우게 하거나, 반대로 그것을 금지하는 법령이 나오기도 하였다.

관련 항목

●스쿠툼→No.017
●마니카→No.020

고대 세계의 병종과 그 방어구

예로부터 넓은 지역을 지배하던 위대한 국가들은 뛰어난 군대를 보유하고 있었다. 그중에서도 오랫동안 전장에서 주력을 담당한 것은 중장보병 부대일 것이다. 공화제 로마군은 아래와 같이 중장보병을 중핵으로 한 군단을 편제하고 있었다.

●**에퀴테스 :** 기병대. 로마 시민 부유층으로 이루어진 부대. 창과 케트라투스, 로리카 스콰마타 등을 사용했다. 기병은 타격에 약하기 때문에 중후한 방어구를 입는 경향이 있었다. 등자가 아직 발명되지 않아 기승이 불안정했으므로, 전장에서는 초계·견제·추격 등 보조적인 역할밖에 수행하지 못했다. 말은 국가가 지급하였으나, 각자의 장비와 훈련 비용은 자기 부담이었다.

●**하스타티와 프린키페스 :** 중장보병 가운데 하스타티는 젊은이를 중심으로 편제된 부대로서 최전선에 배치된다. 투창과 검, 스쿠툼을 장비하고 카시스나 잡다한 갑옷을 착용하였다. 하스타티가 후퇴하는 경우, 보다 연장자로 편제된 프린키페스가 검을 들고 싸운다. 그들의 장비는 보다 질이 좋았으며 숙련도도 높았다. 프린키페스가 선봉을 담당하는 경우도 있었다.

●**트리아리이 :** 35세 이상의 숙련병으로 이루어진 중장보병. 장창과 충실한 방어구를 장비한 원호 부대로, 해결사로서 후방에 대기하는 경우가 많다. 전황이 불리할 때 투입되며, 최후의 수단이라는 의미로 '트리아리이에게 부탁한다'는 표현이 존재한다.

●**벨리테스 :** 유병(遊兵)·산병(散兵). 중류 이하의 병사로 구성되는데, 중장보병은 당해내지 못하기 때문에 적 주력과 직접 부딪치지 않는다. 투창이나 단검 등 잡다한 무기를 들고, 파르마와 털가죽 방어구로 몸을 보호했다. 경무장이므로 기동력이 있어 장시간 활동이 가능하다.

●**알라 :** 동맹군. 누미디아(알제리) 기병, 갈리아인, 게르만인, 시리아인 등 주변국 병사에 의한 보조 부대.

공화제에서 제정으로 이행한 후, 정규군 병사들에게 양질의 양산 장비가 보급되면서 신분이나 병종에 따른 장비의 등급 차는 사라졌다. 그러나 제국의 판도가 광대해지자 장비는 통일성을 잃고 만다. 장비를 현지에서 조달하게 되어 지역마다 격차가 생긴 것이다(같은 갑옷이라도 철제와 청동제 등).

그 밖에 고대 국가의 특색 있는 부대를 열거하자면 다음과 같다.

카르타고군은 전투 코끼리 부대와 중장보병을 보유하며, 누미디아 기병을 용병으로서 운용하였다. **갈리아**의 부족은 중장기병과 경기병, 보병으로 구성되며 게릴라전이 특기였다. 무기는 검 · 창 · 곤봉 등이고 방어는 보통 방패만을 들었다. **파르티아**의 유목민은 기병이 유명하다. 귀족으로 이루어진 중장기병은 장창으로 무장하고 스케일 아머를 입었다. 평민은 궁기병대를 조직했다. **사산 왕조 페르시아**에는 중장기병과 경기병, 궁기병이 있었으며, 수 명의 궁병이 올라타는 망루를 얹은 전투 코끼리도 운용되었다. 유목민 **훈**족은 경기병이 주력이었는데, 강력한 합성궁으로 적을 압도하였다. 무기는 특징적인 직도였고 병사들은 올가미 사용도 능숙했다.

제2장
유 럽

No. 022

갈리아인은 둥근 방패를 애용하였는가

갈리아인의 영역까지 세력을 뻗친 로마 제국. 양자는 치열하게 싸우면서 서로의 문화를 받아들였고 최종적으로는 동화한다.

●중세 라운드 실드의 원류가 된 야만족 방패

갈리아인의 둥근 방패는 지름 30~100cm로 가지각색이었으나, 50cm 전후가 주류였다. 이만한 크기라면 운반도 편리하다. 무게는 0.5~2kg, 두께는 6~8mm로서 얇은 나무판을 번갈아 적층한 구조이다. 로마의 **스쿠툼** 등도 같은 구조인데, 목재를 수직으로 교차시키면 쉽게 부서지지 않는 방패가 만들어진다. 그 밖에 가죽제도 있었다. 그들의 방패는 백병전에서는 유효했지만 방호력은 기대하기 힘들었고 화살에 대해 무력했다.

주재료는 나무지만 금속테와 방패심(반구나 원뿔형)이 있고, 방패심 뒤쪽에는 금속 손잡이가 달린다. 그림이나 무늬를 그리기도 했는데, 그것이 중세 귀족 가문 문장의 기원이 되었다.

갈리아인은 방패 이외의 방어구는 고작해야 투구밖에 사용하지 않았다. '수비를 굳히는 것은 겁쟁이'라는 인식이 있었기 때문에, 중무장한 로마군에 패퇴하면서도 교훈을 받아들이지 못하고 경무장을 유지한 채 작은 방패를 선호했다. 그리고 자신들의 방패를 자랑으로 여겨, 그것을 잃으면 자해하는 일조차 있었다고 한다. 갈리아인은 이처럼 완고했으나, 게르만인(일파인 고트인)은 로마와 접촉 후 가능한 한 중무장하게 되었다.

로마 제국 후기, 갈리아인이 로마에 동화된 시대에 옛날의 둥근 방패는 일시적으로 자취를 감추지만 암흑시대 들어 다시 유행한다. 반대로 스쿠툼 같은 로마의 주류 대형 방패는 5세기 이후 쇠퇴하였다.

중세 서양에서 14세기까지 사용된 **라운드 실드**의 원류 중 하나는 갈리아의 둥근 방패에 있다. 서양식 연 모양을 한 **카이트 실드**가 등장하고부터는 대비하는 의미에서 둥근 방패를 '야만족풍 실드'라고 부르게 된다. 카이트가 서양 방패의 주류로 교체된 시대, 중동이나 몽골에서는 둥근 방패가 주류였다. 가볍고 다루기 쉬워 보병뿐 아니라 기병에게도 선호되었기 때문이다.

소박한 구조였던 목제 라운드 실드

싸우는 갈리아인
'수비를 굳히는 것은 겁쟁이'라는 통념이 있어, 작은 목제 둥근 방패와 투구라는 최저한의 장비로 전투에 임했다.

갈리아의 라운드 실드
목재가 그대로 드러난 조악한 방패도 많았다.

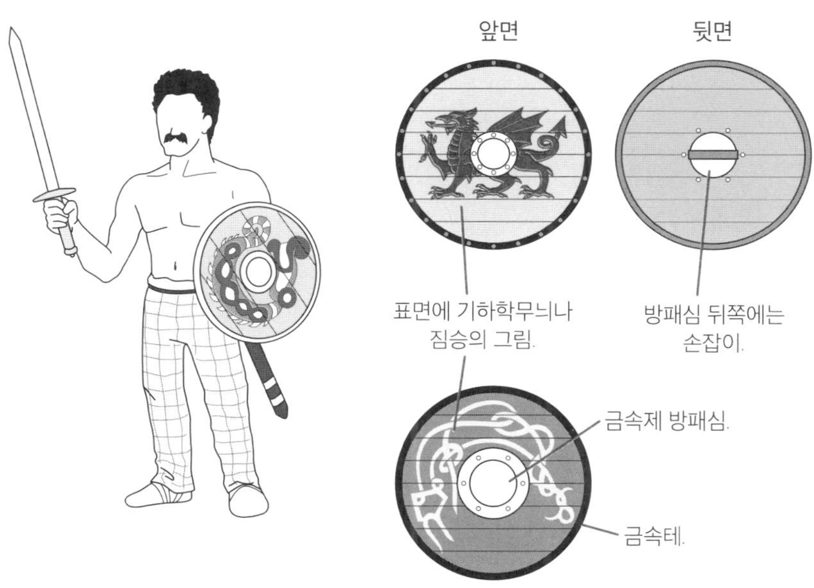

켈트인/게르만인/갈리아인의 차이

그들은 대략적으로 말하면 백인이라는 부분에서 공통된다. 이들 중 최초로 아시아로부터 들어와 유럽 일대를 지배한 것이 켈트인이다.

프랑스에 있던 켈트 부족을 갈리아인이라고 부른 것은 로마인이었다. 갈리아는 로마와 접촉 후 전쟁으로 시작해 민족 융화에 이르기까지 깊은 문화 교류를 하였다.

그 후 아시아계 훈족에 밀려난 게르만인이 서유럽에 침입하여 세력을 확대한다. 이렇게 암흑시대가 도래하며 로마 멸망과 함께 켈트 문명도 쇠퇴한 것이다.

관련 항목

●카이트 실드→No.002/041
●스쿠툼→No.017
●라운드 실드→No.024

No. 023

슈팡겐헬름이란 무엇인가

게르만인을 비롯한 유럽 사람들에게 널리 사랑받은 투구가 슈팡겐헬름으로서, 그것은 암흑시대의 상징이기도 하였다.

●단순하고도 특징적인 야만족 투구

'슈팡겐헬름'은 프랑크인, 브리튼인 등 게르만계 민족에게 널리 사랑받은 투구로, 켈트와 게르만 전사의 주된 방어구 중 하나로서 유명하다.

포탄 같은 실루엣을 가졌는데, 이것은 특히 위에서 내리치는 타격에 강하다. 꼭대기가 뾰족하지 않은 캡형 투구도 존재한다. 투구 본체는 청동판을 짜 맞춰 만든 굵은 테에 리벳으로 철판을 고정하여 형성하며, 드물게 전부 철제인 것도 있었다. 그리고 미간에서 이마에 걸쳐 눈과 코를 보호하기 위한 T자형 판금이 달린다. 또한 경우에 따라 금속 고글이나 마스크, 코가리개, 볼가리개, 목둘레를 보호하는 체인 메일 등을 부속시키기도 하였다.

투구 안쪽 윗부분에는 현대의 헬멧과 마찬가지로 바퀴 모양 끈목이 덧대어져 있어, 개개인이 알맞은 높이로 조절할 수 있었다. 이처럼 빈 공간이 있으면 외부의 충격을 완화시키는 동시에 땀이 차는 것도 막아준다. 추가로 완충재로서 천으로 된 충전물을 채워 넣는 경우도 있었다.

당시로서는 우수한 방어구로서, 켈트나 게르만인과 적대하던 로마인의 군용 투구 진화에 영향을 주었다고 한다. 그리고 그 후 암흑시대인 5세기부터 11세기까지 유럽 각지에서 나타나는 표준적인 투구 가운데 하나가 되었다.

그 밖의 고대 유럽 투구라고 하면 '바이킹 헬름'이 유명한데, 판타지 세계에서는 (어쩐지) 드워프가 흔히 사용한다. 양 측면에 뿔을 단 투구는 북유럽의 **바이킹**이 기원전 800년~기원후 9세기까지 전통적으로 이용하던 것이다. 재질은 청동이며 철제도 있다. 그야말로 해적을 상징하는 용맹스러운 투구지만 사실은 의식의 도구였다. 바이킹들은 실전에서는 일반적인 슈팡겐헬름이나 가죽 모자를 애용했던 것으로 보인다.

슈팡겐헬름이란

슈팡겐헬름

포탄 같은 형태로
타격을 견딘다.

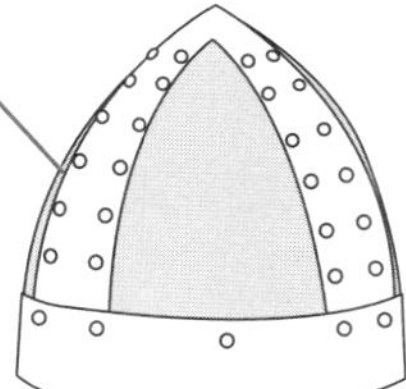

꼭대기에서 교차하는
금속판과 리벳.

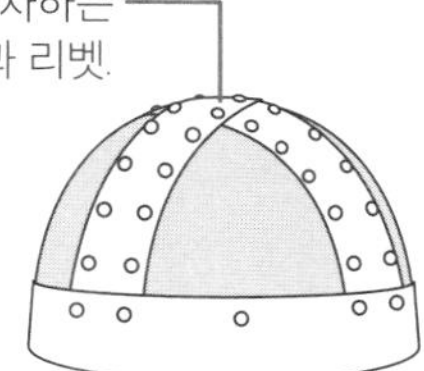

눈과 코를 보호하는 T자 판

눈을 보호하는 고글

옆머리를 보호하는 볼가리개

얼굴을 보호하는 금속 마스크

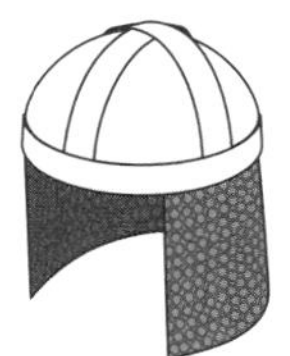

목둘레의 체인 메일

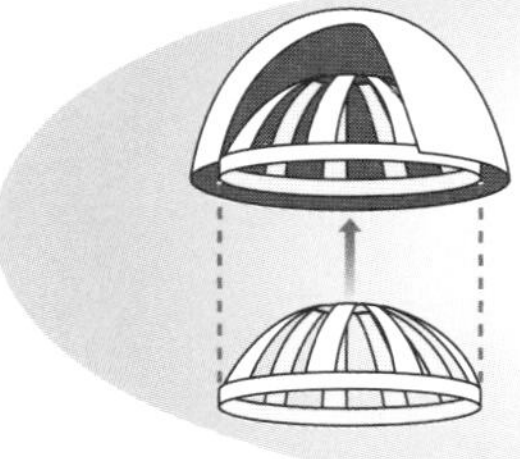

내부 구조
고리처럼 둥글게 만든 끈목. 조절하여 머리에 맞춘다. 현대의 공사용 헬멧 안도 이와 같다.

바이킹 헬름

슈팡겐헬름에 장식 뿔을 단 의식용 도구.

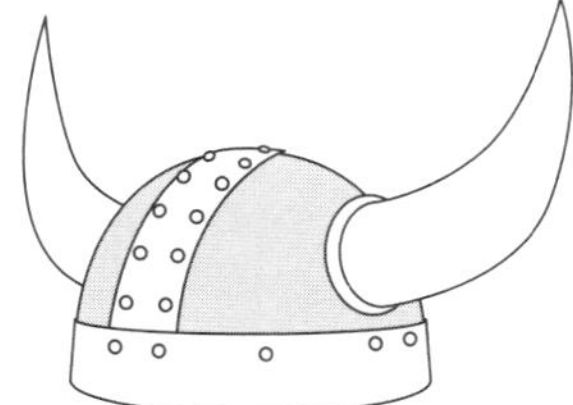

관련 항목

●바이킹→No.024/041

No. 024

고대 켈트인은 방패와 투구 이외의 방어구를 사용하였는가

중세 유럽이라는 시대에는 찬란한 로마에서 배양된 기술 대부분을 잃어버려, 방어구도 보다 원시적인 것이 보급되었다.

●켈트계 민족의 방어구 이모저모

갈리아=켈트의 **라운드 실드**에는 북유럽계와 그리스계의 두 계통이 있다.

바이킹이 애용하던 옛 둥근 방패는 지름 90cm로 약간 대형이며 무게는 1.5~3kg. 두께는 1cm 전후에 포플러제가 많다. 표면은 평평하다. 상반신을 가리는 형태로 사용하고, 약탈에 성공하면 전리품을 방패 위에 얹어 개선하였다.

그리스의 **아스피스**가 원류라고 추측되는 둥근 방패는 표면이 곡면인 것이 특징이다. 지름은 50cm, 목제이며 가죽을 덧붙인다. 특히 5~7세기 영국에서 많이 이용되다가 11세기 경 쇠퇴하였다.

또한 14세기 스페인에서 경기병 히네테가 사용하던 '아다르가'도 둥근 방패의 일종으로 여겨진다. 그 형태는 하트 모양이며 재질은 가죽이었다.

그런데 '방패를 믿고 맨몸으로 싸운 용감한' 갈리아인은 켈트인의 일파이기는 하지만, 유럽 일대에 살던 켈트인이 옛날부터 모두 경무장에 둥근 방패를 선호한 것은 아니다.

이를테면 기원전 8~6세기 번영한 할슈타트 문명의 유적에서는 긴 육각형 모양의 훌륭한 구조를 가진 보병용 방패가 출토되었다. 재질은 오크이며 가죽 또는 펠트로 겉면을 덮었고 철테도 달려 있었다. 뒤쪽 손잡이도 철제이다. 겉면에는 색을 입히고 무늬를 그렸다. 또한 기원전 5~3세기의 켈트인이 메소포타미아나 초기 로마에서 쓰던 것과 비슷한 간소한 **브레스트플레이트**를 사용했다는 사실도 알려져 있다.

그보다 이전 시대인 기원전 15세기의 무덤에서는 청동 단조 플레이트 아머가 출토되었다. 그 밖에 스케일을 이용한 흔적도 남아 있다. 당시 사람들은 그들 갑옷 위에 숄이나 케이프를 걸쳤을 것으로 보인다.

고대 켈트의 육각 방패와 특이한 둥근 방패

할슈타트 문명기의 긴 육각형 보병 방패

기원전 8~6세기에 사용된 것.

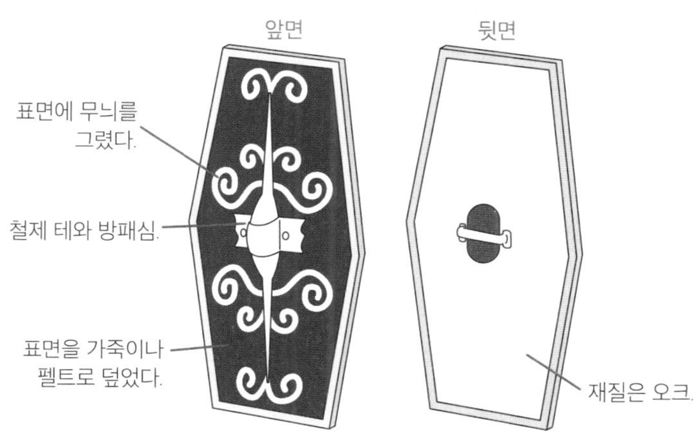

아다르가

14세기 스페인에서 아랍인 용병인 경기병 히네테가 들던 가죽 방패. 라운드 실드의 아종으로 하트 모양을 하고 있다.

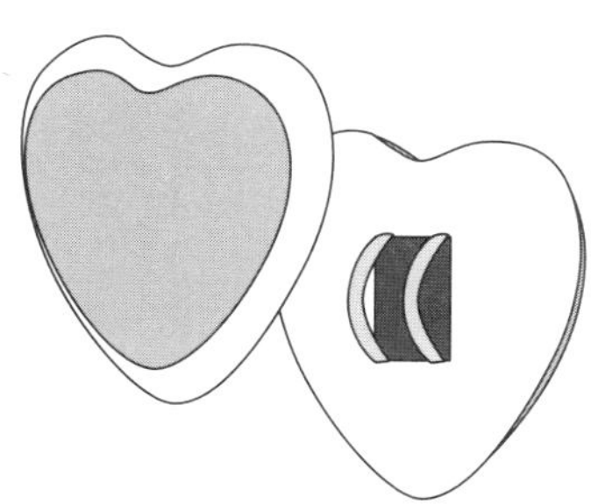

관련 항목
●브레스트플레이트→No.008/015
●아스피스→No.010
●라운드 실드→No.022
●바이킹→No.023/041

No. 025

코트 오브 플레이츠란 어떤 방어구였는가

판금 코트라고도 번역할 만하지만, 글자에서 상상되는 이미지와 달리 기장이 짧은 것도 많았다. 전장에서는 조끼형이 더 실용적일지 모른다.

●체인 메일에서 진화한 편리한 방어구

중세 갑옷 가운데서도 **플레이트 아머**가 등장하기 이전, 12~14세기의 방어구에 코트 오브 플레이츠가 있었다. 줄여서 '플레이츠'라고도 불리며 영국과 프랑스를 중심으로 유럽에 널리 보급되었다.

이른바 '판금 달린 코트'라는 것은 서양의 독자적인 표현으로서, 비슷한 구조를 가진 방어구가 근린 지역에 존재한다 해도 명칭은 다르다. 보급되었던 것치고 남아 있는 유물이나 기록이 희박하고, 안에 껴입었기 때문에 회화에서 묘사되는 사례도 적다. 다만 사슬 갑옷보다 손쉽게 제작·운용할 수 있던 것은 분명하다.

캔버스 코트에 복수의 네모난 판금을 늘어놓고 리벳으로 고정한 구조이다. 판금 조각은 수평으로 배치하는데, 동체 정면만을 방어하거나 혹은 몸 둘레를 둘러싸도록 한다. 일례를 들자면 가슴 부분은 세로로 긴 판을 나란히 배열하고, 배 부분은 가로로 긴 판을 다섯 장 연결하며, 등 부분과 측면은 세로로 긴 판을 나란히 박아 고정하였다.

보통 판금은 피륙 안쪽에 붙이므로 역(逆)**스케일 아머**라 할 만한 구조이다. 겉에 두꺼운 흉갑을 달거나 가죽판 등을 붙인 타입도 있어 베리에이션은 풍부하다.

판금을 안쪽에 붙이는 일반적인 플레이츠의 경우, 표면에 리벳머리가 많이 달린 의복처럼 된다. 나뭇잎 모양 장식 리벳을 이용하는 경우도 있었고, 어깨 보호대나 천 갑옷 형태의 긴 소매를 부속하기도 하였다.

완성된 플레이츠의 형태는 양식과 사양이 일정하지 않아 가지각색이지만, 앞치마나 조끼, 또는 코트형이 된다. 몸에 걸치고 나서 등 또는 옆구리와 어깨에서 잠가 고정하도록 되어 있었다.

금속 갑옷에 비해 신뢰성은 낮으나, **체인 메일**이나 **액턴** 위에 걸쳐 입으면 시너지 효과를 기대할 수 있었다. 플레이트 아머 등장 후에는 그 속에 껴입기도 하였다.

안쪽에 판금을 둘러 방어하는 코트 오브 플레이츠

코트 오브 플레이츠

기본적으로 겉에는 리벳이 늘어서 있을 뿐, 외관은 수수한 경우가 많다.

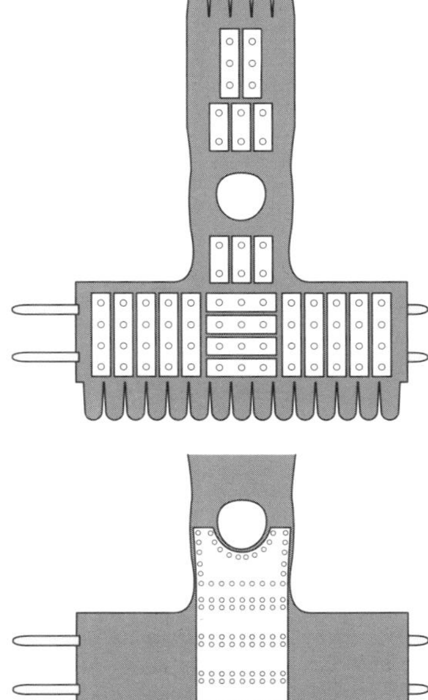

안감

안쪽에 판금을 늘어놓고 리벳으로 고정한다. 몸통 정면만을 방어하는 타입, 전체적으로 판금을 두르는 타입 등 가지각색. 판금의 양만큼 무거워지기 때문에 일장일단이 있다. 고정끈은 등 쪽에 달리는 경우가 많다.

플레이츠의 베리에이션

가죽 안감 위에 단단한 가죽판을 붙여 전체를 가죽으로 제작한 플레이츠. 겉면에 판을 붙이는 예는 드물다.

관련 항목

●체인 메일→No.005/006
●스케일 아머→No.007
●액턴→No.027
●플레이트 아머→No.030/037/038

No. 026

브리건딘은 가장 많이 보급된 방어구인가

브리건딘과 플레이츠는 동종 방어구로 간주되지만, 굳이 분류하자면 브리건딘은 보다 몸에 꼭 맞는 동체 갑옷이라 할 수 있다.

●플레이츠보다 세련되어 애용된 전통 방어구

14~17세기 사이 영국·독일·이탈리아 등에서 유행한 장갑(裝甲) 조끼인 **브리건딘** 혹은 '브리건다인'은 서양에서 가장 많이 보급된 방어구라 일컬어진다. **플레이트 아머**와 같은 고성능 갑옷이 등장한 후에도 병사나 종자, 또한 경장을 선호하는 기사들이 계속해서 사용하였다.

가죽이나 천 안쪽에 복수의 철판을 리벳으로 고정한 방어구로서, 그 구조가 코트 오브 플레이츠와 흡사하여 동종 방어구로 분류된다.

천이든 가죽이든 베이스가 되는 옷의 바깥쪽이 아닌 안쪽에 판금을 덧대는 것은 서양만의 발상은 아니어서, 중동과 아시아에도 비슷한 방어구가 존재한다. 몽골의 '하탄가데겔'은 브리건딘의 일종이지만, 어깨와 허리까지 덮는 코트형 가죽 갑옷으로 기병이 착용하였다.

플레이츠가 리벳머리가 도드라진 코트라면, 브리건딘은 리벳머리가 줄줄이 도드라져 있는 개성적인 가죽 갑옷이다. 리벳으로 박지 않고 실이나 끈으로 꿰매기도 했는데, 그 경우에는 표면에 특징적인 바느질눈이 나타난다.

가죽 갑옷처럼 보여도 안쪽에 금속판이 덧대어져 있어 보통 가죽 갑옷보다 훨씬 방어력이 뛰어나다. 대부분 조끼형이지만, 어깨 보호대가 추가된 모델도 존재한다. 덧입기도 가능하여 속에 천 갑옷이나 **체인 메일**을 입는 사람도 있었다.

브리건딘은 본래 병사용 장비였으나, 중세 후기에는 장식 리벳머리를 비롯해 표면을 미려하게 꾸민 귀족용도 등장한다. 그만큼 우수하고 편리한 방어구로 인정받았다는 증거이다.

'밴디드 아머'라는 이명도 가지고 있는데, 어원이 된 브리건드에 산적이라는 뜻이 있어 퍼진 속칭인 듯하다.

스타일리시한 브리건딘

브리건딘

안쪽에 판금을 덧댄 동체 갑옷.

앞면 · 뒷면 · 옆구리 부분으로 나누어지며 가죽 벨트로 고정한다.
천 또는 가죽제.
속에 천 갑옷이나 체인 메일을 입을 수도 있다. 반대로 금속 갑옷 속에 보조 방어구로서 입기도 하였다.
기사의 애용품에는 장식 리벳이 사용되었다.

안쪽
안쪽 면을 따라 판금이 빈틈없이 배열되어 있다. 이와 같은 양질의 브리건딘은 플레이츠보다도 월등히 높은 신뢰성을 가진다.

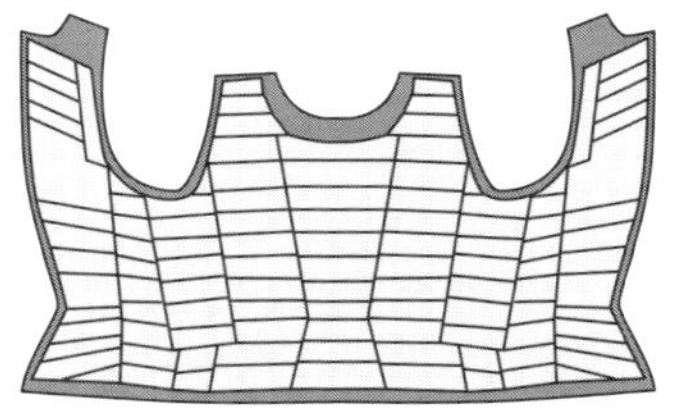

하탄가데겔

몽골군이 기병용으로 채용했던 브리건딘의 일종. 옷자락이 길고 견갑도 달려 있어 방호 범위가 넓다.

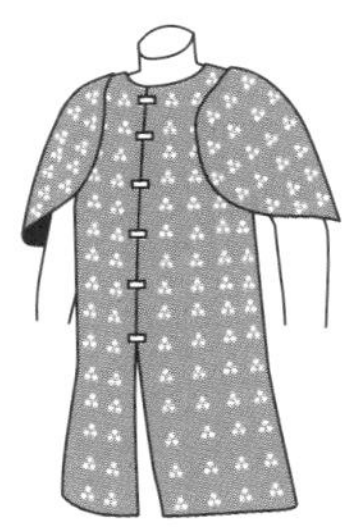

관련 항목

●체인 메일→No.005/006/028
●코트 오브 플레이츠→No.025
●플레이트 아머→No.030/037/038
●브리건딘→No.090/095

No. 027

클로스 아머와 레더 아머에는 종류가 있는가

천 갑옷은 금속 갑옷의 내갑의로서 많이 쓰였다. 금속 갑옷을 맨몸에 직접 입으면 상처가 나기 쉬우므로, 어차피 덧입을 바에는 속옷을 방어구화하자는 발상이었을 것이다.

●고작 가죽 갑옷이라도 고급품은 대단하다?

천 갑옷='클로스 아머'류는 고대부터 각지에서 사용되었을 테지만, 너무 오래되어 흔적이 남아 있지 않기 때문에 자세히는 알 수 없다. 적어도 고대 로마에서는 누벼 만든 팔다리용 천 방어구를 검투사가 흔히 착용하였다. 오리엔트의 기마 민족 스키타이인도 기원전부터 계속 천 갑옷을 애용한 것으로 보인다. 고급 방어구는 아니지만 가볍고 입수하기 쉬운 것이 장점이다.

중세 프랑스의 '**갬비슨**'이라는 천 방어구는 금속 갑옷 속에 입어 살갗을 보호하며, 방한복으로서도 기능한다. '액턴', '아케톤', '쥐퐁' 등의 유사품을 포함하여 10~15세기경까지 이용되었다. 퀼트 가공한 천에 솜·삼베·양털·낡은 헝겊 등을 채워 넣은 것으로, 좋은 완충재가 되었다. 또한, 이 책에서는 (누비옷을 비롯하여) 방어 효과를 가진 의류를 천 갑옷이라고 표기한다.

십자군 병사는 갬비슨+**체인 메일**+겉옷이라는 식으로 껴입는 것이 표준이었다. 반대로 갬비슨 속에 금속편을 두르는 것은 가난한 병사였다. 부유한 사람은 보조 방어구, 가난한 사람은 주 방어구로서 사용했던 것이다.

'레더 아머'에는 많은 베리에이션이 있다. '하이드 아머'라고 하면 **모피**를 그대로 입는 것에 가깝다. '소프트 레더 아머'는 무두질한 가죽 갑옷으로, 현대의 가죽점퍼와 같다. 그리고 '하드 레더 아머'는 끓여서 경화 가공한 가죽으로 만든 갑옷이다. 판타지 세계의 일반적인 가죽 갑옷이란 이것을 말한다. 단단하게 가공한 만큼 다른 방어구와 덧입기는 힘들다. 제작에도 품이 많이 들었을 것이다.

'스터디드 아머' 또는 '스파이크드 레더 아머'는 하드 레더에 징을 박아 보강한 물건이다. 가죽 갑옷 중에서는 최상급에 위치한다고 여겨지는데, 가볍고 유연성이 있는 데다 방어력이 높으며 금속 갑옷과 같은 소리도 내지 않는 등 장점이 풍부하다.

클로스 아머와 레더 아머의 실제

액턴

천 갑옷의 일례. 액턴은 영국에서의 천 갑옷 호칭. 완충재가 채워져 있어 타격을 완화한다. 방한 효과도 있다.

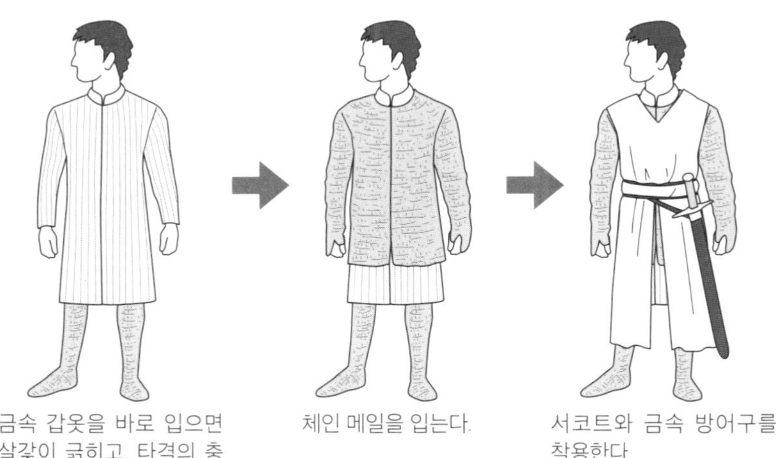

금속 갑옷을 바로 입으면 살갗이 긁히고, 타격의 충격이 직접 전해지므로 액턴을 입어 몸을 보호한다.

체인 메일을 입는다.

서코트와 금속 방어구를 착용한다.

레더 아머

판타지 작품에서는 흔한 방어구지만, 서양의 실제 역사에서는 비주류적 존재. 다른 종류의 방어구가 더 많이 쓰였다.

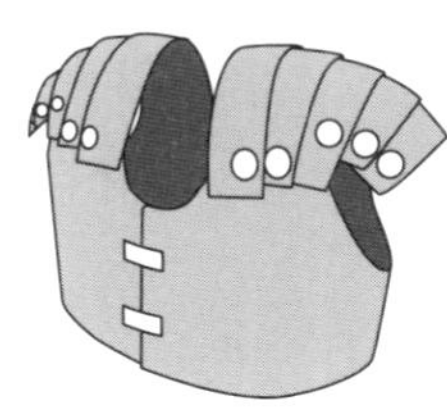

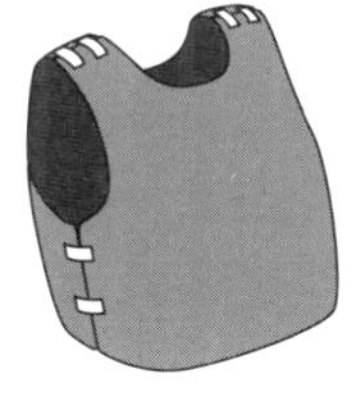

관련 항목
●체인 메일→No.005/028/029
●클로스 아머→No.005
●갬비슨→No.028
●천 갑옷→No.039/088
●십자군→No.041/044
●모피→No.100

No. 028

체인 메일은 중세 방어구의 표준이었는가

중세의 기사는 유연하고 방어력이 높은 체인 메일을 선호하였다. 다른 방어구와 병용 가능하여 융통성이 있는 데다 아무튼 사용하기에 편리했기 때문이다.

●중세 체인 메일의 실제

유럽 지역에서는 로마 제국이 쇠퇴하면서 고도의 제철 기술을 잃고 만다. 금속 갑옷 제조에 필요한 커다란 철괴를 얻을 수 없게 된 중세 세계에서는 당분간 **체인 메일**이 방어구의 주류를 이룬다. 그 품질도 로마 시대보다 상당히 떨어져, 고리 사이즈 10~30mm의 조잡한 쇠사슬로 엮여 있었다. 기장이 긴 사슬 갑옷 '호버크'는 그런 중세 체인 메일의 대표격으로, 10~13세기 영국에서 활발히 사용되었다.

몸통 부분은 허리 아래까지를 커버하며 긴 소매가 달렸고, 머리를 덮는 후드와 벙어리장갑형 손 보호구(손바닥은 노출)까지 일체화되어 있는 모델이 일반적이다. 가죽이나 천으로 된 안감이 부속되는 경우도 있다. 내갑의로서 **갬비슨**을 입은 다음, 이 사슬 갑옷을 밑에서부터 기어들어 장착한다. 당시의 기사는 호버크와 더불어 하반신용 사슬 갑옷을 입고, 발에도 체인 메일형 장화나 사바톤(판금 신발)을 신어 전신 사슬 갑옷으로 무장한 뒤, 그 위에 서코트(덧입는 겉옷)를 걸쳤다.

호버크는 상당한 무게가 나가기 때문에, 기병용으로 '호버전'이라는 기장이 짧은 타입도 존재하였다.

그런데 사슬 갑옷은 기사의 표준 장비라고는 해도 가격이 저렴하지는 않았으므로, 가난한 전사들은 '스플린트 아머'라는 임시변통식 방어구를 사용하였다. 스플린트란 골절 부위를 고정하는 부목을 뜻한다.

천 갑옷이나 가죽 갑옷 위에 판 모양 금속·가죽·나무 등을 꿰매 붙이는 것이다. 복합 소재 갑옷이라는 의미에서는 **브리건딘** 등과 공통된다. 팔 보호구나 정강이받이 등의 부위 방어구를 같은 방식으로 보강하기도 하였다. 그 경우에는 널조각이 아닌 막대기 모양 소재가 사용된다. 방어구라기보다 보강 수단에 가깝다.

가난한 사람뿐만 아니라 기사가 스케일이나 체인 메일 위에 판을 덧붙이는 경우도 있었는데, 이러한 사슬 갑옷은 '**스플린트 메일**'이라고 불렀다.

플레이트 메일 도입 전 기사의 복장

호버크와 십자군 기사

화살은 사방에서 날아온다. 일체화 방어구로 머리와 팔도 안심.

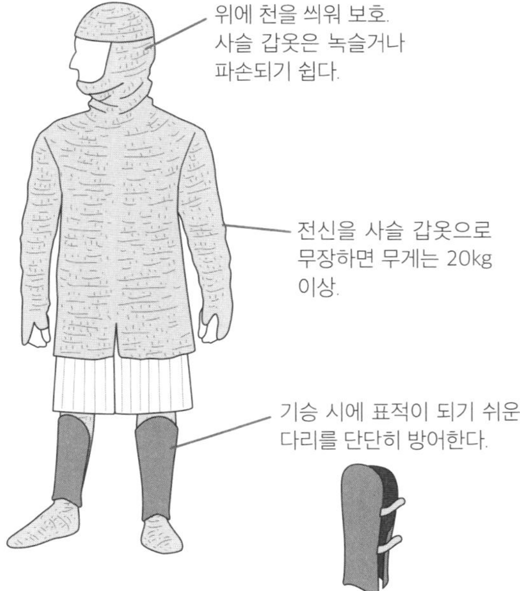

위에 천을 씌워 보호. 사슬 갑옷은 녹슬거나 파손되기 쉽다.
전신을 사슬 갑옷으로 무장하면 무게는 20kg 이상.
기승 시에 표적이 되기 쉬운 다리를 단단히 방어한다.

평민의 집에 전해지는 무기 · 방어구

중세 이후의 유럽 주민은 용맹한 게르만인의 피를 이어받았다. 나중에는 엄격한 계급 사회가 형성되지만, 초기에는 농민 전사라는 '전투와 농업을 겸하는' 자유 시민이 많았다. 검 등의 무기와 동체 갑옷, 사슬 갑옷 등은 고가라는 점도 있어, 손질하며 여러 세대에 걸쳐 계속 사용하는 것이 당연한 일이었고, 버클러 등 나무 방패 정도는 직접 제작하였다.

그러한 습관이 있어서인지 병사들은 사비로 장비를 갖추었으나, 전투의 흐름을 좌우하는 궁병대(평민 출신)에게는 코트 오브 플레이츠와 짧은 사슬 갑옷, 팔 보호구, 목 방어구를 지급하기도 하였다.

관련 항목

●체인 메일→No.005/006/029
●브리건딘→No.026/090/095
●갬비슨→No.027
●스플린트 메일→No.029

No. 029

플레이트 메일은 과도기의 판금 갑옷이었는가

제철과 대장 기술 혁신이 진행됨에 따라 서유럽에서는 차츰 판금 갑옷이 보급되었으나, 발전 도상기였기 때문에 기사들은 중량 문제로 고생했다.

●사슬 갑옷 위에 판금을 덧입다

플레이트 메일은 **체인 메일**에 흉갑이나 건틀릿 등의 판금 방어구를 조합한 것이라고 생각하면 된다. '플레이트 앤드 메일 아머'가 정확한 명칭으로서, "체인 메일을 입은 다음 몸통·팔·팔꿈치·무릎·정강이 등 각 부위에 판금 방어구를 가죽끈 등으로 고정한 상태"를 가리키는 경우가 많다. 이것들은 처음부터 세트로 만들어진 것은 아니다.

'컴포지트 아머'란 그 별명 혹은 진화형이다. '컴포지트'에는 '부품을 연결한다'는 의미가 있다. 또한 사슬 갑옷 위에 판금 방어구를 덧붙인 급조 방어구 '**스플린트 메일**'은 반대로 플레이트 메일의 조상에 해당한다고 할 수 있다.

14세기 시작된 백년 전쟁(1337~1453년) 전반, 영국과 프랑스 양군이 관통력 높은 장궁과 크로스보우를 사용하면서 체인 메일의 방어력으로는 당해낼 수 없게 되자, 판금이 방어구로서 적극적으로 쓰이기 시작한다. 또한 판금 갑옷으로 무장한 기사가 말에서 내려 중장보병으로서 싸우는 경우도 있었다. 이처럼 도보로 싸우는 중전사(重戰士)는 **맨앳암즈**라고 총칭한다.

플레이트 메일은 방어구 진화사에 있어서는 과도기의 장비지만, 이후에 등장하는 고가의 **플레이트 아머**를 사지 못하는 가난한 전사나 병사에게는 애용품이 되었다. 주문 제작품이 아닌 만큼 일부가 부서져도 곧바로 부품을 교환할 수 있는 것이 강점이다. 다만 그 무게에는 문제가 있었다. 일반적으로 액턴(천 갑옷) 위에 체인 메일, 다시 그 위에 플레이트를 덧입는데, 그 때문에 무게 합계가 40~60kg에 달하기도 했던 것이다.

말을 타고 싸운다면 어떻게든 될지도 모르지만 상당히 고될 것이다. 전신 판금 갑옷 세트인 플레이트 아머는 그보다 가벼우므로, 플레이트 메일이야말로 가장 무거운 갑주가 아닐까 한다.

부품 교환이 쉬운 기성품 판금 갑옷

스플린트 아머

체인 메일 위에 부목처럼 판금을 덧대 보강한 급조 방어구.

진화

플레이트 메일

주문 제작품인 플레이트 아머를 입을 수 있는 것은 부유층뿐. 플레이트 전성기에도 일반 기사, 용병, 병사들은 이 부류의 판금 갑옷을 착용하였다.

진화

컴포지트 아머

- 부위 방어구를 그러모은 것이므로, 어딘가가 파손되어도 간단히 교환할 수 있다.
- 체인 메일을 입고 있어 필요에 따라 판금 부품의 탈부착이 가능.
- 부위 방어구를 그러모은 것이어서, 무게 합계가 늘어나 체력 소모가 심하고 동작도 힘들다.

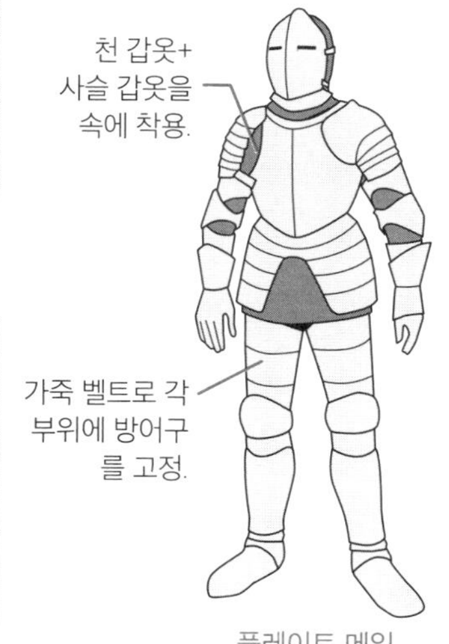
천 갑옷+
사슬 갑옷을
속에 착용.
가죽 벨트로 각
부위에 방어구
를 고정.

플레이트 메일

컴포지트 아머

관련 항목

●체인 메일→No.005/006/029
●플레이트 메일→No.006/030
●스플린트 메일→No.028
●플레이트 아머→No.030
●맨앳암즈→No.044/059

No. 030

플레이트 아머는 이탈리아에서 전래되었는가

판금제 방어구는 이전까지도 부분적으로 채용되었으나, 전 유럽에서 플레이트 아머가 유행한 것은 15~16세기였다.

●전 유럽에 유통된 밀라노식 플레이트

판금 갑옷의 전성기는 15~16세기로 여겨진다. **체인 메일** 위에 철판을 덮은 **플레이트 메일**에서, 늦어도 16세기에는 리벳으로 연결하여 관절이 가동하는 전신 방어구 세트인 **플레이트 아머**의 시대로 이행하였다.

체인 메일이 방어구의 주류이던 시대까지는 방패를 드는 것이 일반적이었으나, 전신 판금 갑옷의 실용화로 전투는 일변한다. 방패 대신 양손으로 크게 휘두르는 무기를 드는 경우가 많아진 것이다. 아니, 적이 중후한 전신 갑옷을 입고 있기에 이전과 같은 한손 무기로는 역부족이 된 것이라고도 할 수 있다. 이렇게 기사들은 긴 손잡이 무기(창 · 도끼 · 망치)와 대검을 사용하게 되었다.

판금 갑옷 선진국은 이탈리아로서, 가장 먼저 밀라노의 **미살리아 일족**이 분업을 통한 양산과 수출로 유명해졌다. 문외불출(門外不出)의 기술을 자랑하는 그들 **밀라노식**의 갑옷은 전체적으로 둥글둥글한 느낌이 나며, 건틀릿이 미튼(벙어리장갑)형으로 되어 있는 것이 특징이었다. 플레이트 아머는 주문 제작이 기본으로, 귀족밖에 소유할 수 없는 고급품이지만 실용적인 양산품(세트 구성이 아닌 방어구)도 존재했다.

제철 기술도 발전도상에 있었는데, 병사용 양산품은 불순물이 많은 철, 귀족용은 잘 선별된 강철을 재료로 제작되었다. 또한 양산 갑옷이라고 해도 직인이 옆에 붙어 개인에게 맞도록 부품을 조정해주는 것이 일반적이었다.

15세기 초반 무렵 이탈리아로부터 플레이트 아머 제조 기술이 전해진 독일에서도 갑옷 제작이 활발해진다. 이 **고딕식** 갑옷은 전체적으로 거칠고 울툭불툭한 인상을 띠며, 건틀릿은 글러브(손가락장갑)형이었다. 그 후 인기를 빼앗긴 이탈리아 세력에 의해 신형 **르네상스식**, 영국에서는 **그리니치식**이 탄생하였다. 스페인도 레콩키스타로 이슬람 세력과 격렬히 싸우고 있었기 때문에, 갑옷 제조 기술력은 높았다. 그런 가운데 프랑스만이 뒤처지는 경향이 있던 것은 의외라고 할 수 있다.

밀라노식 플레이트의 구조

밀라노식 플레이트 아머

서양 전역에 수출되어 판금 갑옷의 기본형이 되었다.

성형한 판금을 가죽 밴드로 고정, 체형에 맞춰 조절한다.

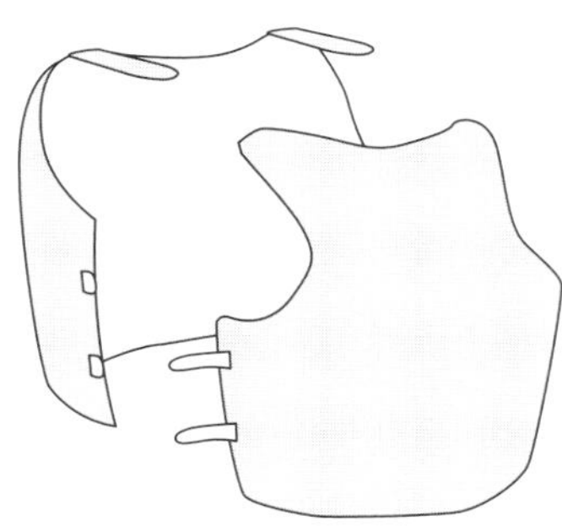

건틀릿은 구시대의 사슬 갑옷에서 진화한 형태. 몇 가지 소재로 구성된다.

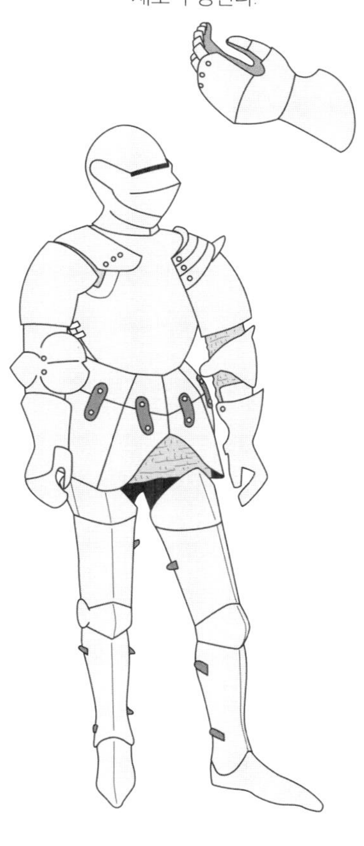

발끝은 판금을 포갠 구조로 가동.

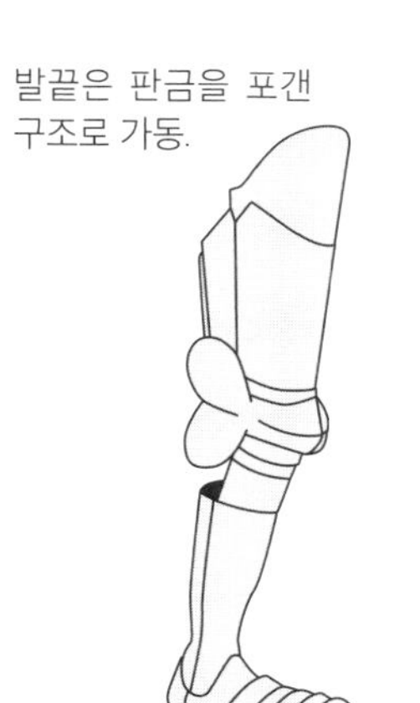

관련 항목

●체인 메일→No.005/006/028
●플레이트 메일→No.029
●미살리아 일족→No.031
●플레이트 아머→No.031/032/034/037/038
●고딕식→No.031/032/033/039
●밀라노식→No.031/036/040
●그리니치식→No.033
●르네상스식→No.033/045

No. 031

고딕식은 혁명적인 플레이트 아머였는가

밀라노식을 대신하여 새롭게 대두한 것이 독일의 고딕식 플레이트이다. 튼튼하고 견실한 이미지로 알려져 있으며 파생형도 존재한다.

●실은 네덜란드가 발상지

고딕식의 발상지는 사실 독일이 아닌 네덜란드였다. 그 당시 영국의 장미 전쟁(1455~1485년) 특수를 기대하고 플랑드르에 이탈리아 출신 갑옷 직인들이 모여들었다. 영국 본토에 진입하면 영국의 갑옷 직인과 충돌하게 되므로, 당시 대도시였던 플랑드르에 거점을 구축한 것이라고 한다.

그들 직공의 중심에 있던 것은 네그로니 가문이었다. 밀라노의 명문 **미살리아 일족**에게 대항심을 불태우며 우선은 영국, 이어서 독일 지역에 상품을 판매하려 하였다. 그리고 판매 전략으로서, 갑옷 디자인을 게르만인과 노르만인의 취향에 맞춘 고딕조로 한 것이다. 나아가서는 혁명적 신기술 '냉간 단조'를 이용하였다. 이전까지는 빨갛게 달군 철을 성형하였으나, 가열했다가 서서히 식히는 풀림 처리를 통해 상온에서 두드리고 늘여 가공할 수 있게 되었다. 두드림으로써 강도를 향상시켰고 판금을 얇게 펴 갑옷의 경량화에 성공한다.

그 후 독일 지역에서도 고딕 갑옷의 생산이 활발해졌으며, 15세기 중기에는 '하이 고딕식'이라 불리는 보다 뛰어난 **플레이트 아머**가 배출된다. 그 완성도가 너무나 훌륭했기 때문에 고딕의 본고장은 독일이라고 인식하게 되었다. 품이 많이 드는 복잡한 구조에, 날카롭고 중후한 이미지로 완성된 일품이다. 곳곳에 치밀한 인그레이브(조각)가 들어가고, 투구로는 **샐릿**을 채용한 것도 특징 중 하나이다. 다만 호사스러운 데다 높은 성능을 가진 하이 고딕식은 값이 너무 비싸서 그리 많이 보급되지 않았다.

오스트리아에는 '갑옷 마니아 군주'로서 유명한 **막시밀리안 1세**(1459~1519년)가 있었다. 그는 플레이트 아머 개발에 힘쓰면서도, 그 시대가 끝날 것임을 예견하고 '최후의 기사'를 자칭한 인물이다. 하이 고딕식의 대가인 아우크스부르크의 헬름슈미트 가문을 후원하던 것도 그였다.

밀라노식과 고딕식——유럽의 2대 유행 모델

밀라노식 갑옷

· 전체적으로 둥그스름한 디자인.
· 기능 우선.
· 건틀릿은 미튼(벙어리장갑)형.
· 굳이 말하자면 구식.

고딕식 갑옷

· 전체적으로 뾰족한 디자인.
· 장식과 과장이 많다.
· 건틀릿은 글러브(손가락장갑)형.
· 냉단을 채용하여 경량화에 성공.

하이 고딕식 갑옷

고딕식 플레이트 아머를 유명하게 만들었지만, 값이 너무 비싸 그다지 팔리지 않았다.

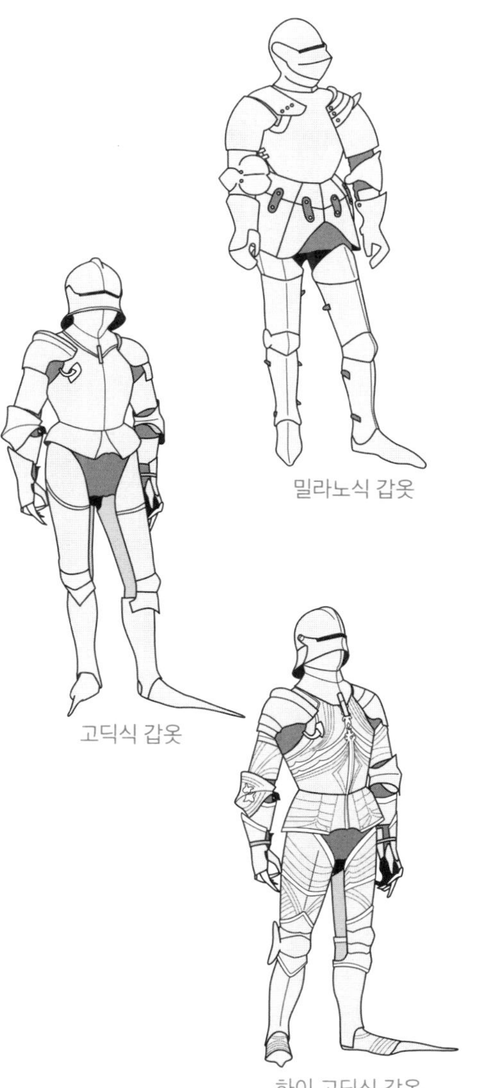
밀라노식 갑옷

고딕식 갑옷

하이 고딕식 갑옷

관련 항목
●막시밀리안 1세→No.004/032/033
●미살리아 일족→No.030
●고딕식→No.030/032/033/039
●플레이트 아머→No.030/032/034/037/038
●샐릿→No.046/047/048/103

No. 032

막시밀리안식 플레이트 아머는 왜 유명한가

신성 로마 황제 막시밀리안 1세가 후원하는 인스브루크 공방에서는 신형 갑옷이 만들어졌다. 그것은 실용성과 미관을 겸비한 명품이었다.

●가리비 껍데기를 닮은 우아한 갑주

'갑옷 마니아 군주' 막시밀리안 1세는 우수한 직인을 적극적으로 후원하여 신기술을 시험하는 등의 방식으로 판금 갑옷의 완성도를 더욱 높인 공로자였다. 인스브루크의 갑옷 대장장이 조이젠호퍼 가문도 그 비호를 받고 있었다. 콘라트, 한스, 외르크 3대에 걸친 일족은 연구 끝에 **플루트**(홈)를 채용한다.

갑옷의 가슴·팔·다리 등에 복잡하게 구부러진 아름다운 장식 홈과 돌기를 내면 얇은 판금이라도 강도가 향상된다. 충격을 받아넘기거나, 총탄에 대해서도 경사장갑(장갑에 경사각을 주어 방어력을 높이는 것-역주) 효과를 기대할 수 있었다. 다만 드물게 적이 휘두른 검의 칼끝이 걸리는 돌발 사고가 일어나기도 하였다.

황제의 지도하에 제작된 갑옷은 고딕 가운데서도 특별하여 '막시밀리안식'이라고 불린다. 또한 부조와 플루트로 장식되어 있기 때문에 '플루티드 아머'라는 속칭도 있다. 이전 시대의 **컴포지트 아머**보다 리벳 접합 부분이 많으며, 무게는 18~25kg이었다.

기술 혁신이 눈부시던 독일에서는 15세기 후반에 **고딕식**의 진화형인 '경량화 고딕'도 등장한다. 목과 관절 일부에 **체인 메일**을 사용하고, 팔과 발목 등 표적이 되기 쉬운 가동 부위에는 여러 장의 철판을 주름상자 같은 형태로 포개 덮었다. 또한 좌우의 장갑 두께는 같지 않아서 왼쪽 면의 방호가 두텁게 되어 있다. 참고로 이 이전의 갑옷도 좌측이 두꺼운 편이며 형태도 비대칭이다. 서양 갑옷은 좌반신이 방어, 우반신이 공격을 담당하고 있었다.

경량화 고딕의 왼쪽 가슴 부분은 특히 두껍게 만들어져 후세의 갑옷보다도 강도가 높았다. 그리고 두꺼운 데 더해 안쪽에는 공간을 마련하여 충격을 견디고 늑골의 손상을 방지하도록 되어 있었다. 결과적으로 가슴 부분 전체가 불룩한 디자인이 되었다.

플루트를 넣은 갑주——막시밀리안식

16세기경부터는 리벳으로 각각의 부분을 연결하여 가동하는 구조를 가진 갑주가 유통되기 시작하였다. 가동 범위는 의외로 넓다.

막시밀리안식 갑옷

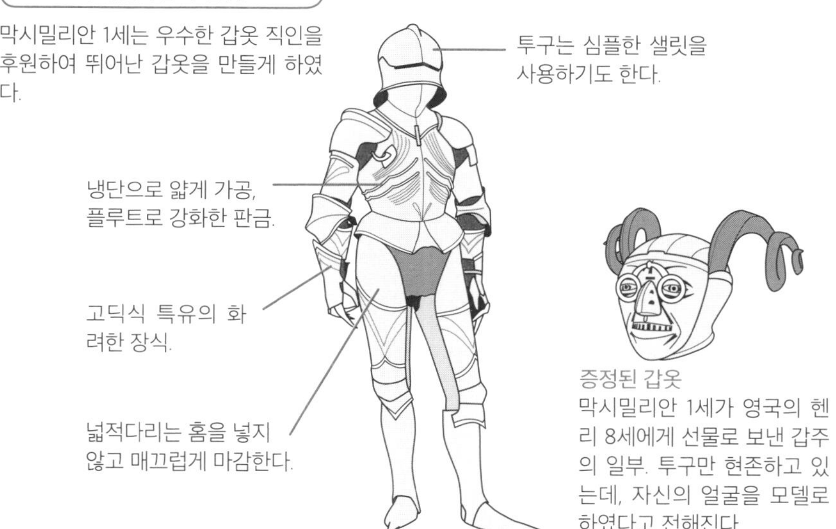

막시밀리안 1세는 우수한 갑옷 직인을 후원하여 뛰어난 갑옷을 만들게 하였다.
투구는 심플한 샐릿을 사용하기도 한다.
냉단으로 얇게 가공, 플루트로 강화한 판금.
고딕식 특유의 화려한 장식.
넓적다리는 홈을 넣지 않고 매끄럽게 마감한다.

증정된 갑옷
막시밀리안 1세가 영국의 헨리 8세에게 선물로 보낸 갑주의 일부. 투구만 현존하고 있는데, 자신의 얼굴을 모델로 하였다고 전해진다.

건틀릿

건틀릿은 체인 메일의 장갑에서 진화하여 13~17세기까지 사용되었다. 그 이전에는 방패가 있었기 때문에, 건틀릿은 일반적인 장비가 아니었다. 가죽 장갑의 손목과 손등 부분에 철판을 장착한 것으로서, 손가락은 스케일형 금속판으로 보호한다.

16세기에 플레이트 아머의 부품이 되었을 무렵, 무기를 쥔 채로 고정하는 세공이 가해졌다. 여차할 때를 대비하여, 혹은 장식의 일종으로서 손가락 관절과 손등 부분에 스파이크를 추가한 모델도 있다.

전신 갑옷이 쇠퇴한 17세기 중반에는 동체 갑옷을 입은 총병이 왼손에만 대형 건틀릿을 장비하는 스타일이 유행한다. 이것을 '하쿼버스 아머'라고 하는데, 왼손의 건틀릿을 방패처럼 사용했다.

관련 항목
●막시밀리안 1세→No.004/031/033
●체인 메일→No.005/006/028
●컴포지트 아머→No.029
●고딕식→No.030/031/033/039
●플루트→No.072

No. 033

르네상스식 갑옷은 그리니치식 갑옷에 영향을 주었는가

영국에서는 장미 전쟁 종결 때까지 수입 갑옷이 기세를 떨쳤으나, 그 후로는 이탈리아의 직인을 본국에 불러들여 우수한 갑옷을 국산화하기 시작했다.

●플레이트 국산화를 꾀한 또 한 명의 갑옷 마니아 왕

16세기 전후에 **르네상스식**이라는 갑옷이 나타난다. 평판 좋은 **고딕식**의 가격이 급등한 점을 노려 염가 갑옷으로서 판매되었다. 그러나 이탈리아 직공이 제작한 것이니만큼 갑옷 표면에 '에칭'을 행한 고급품도 유통된다. 에칭이란 약품으로 금속을 부식시켜 복잡하고 미려한 도안을 만드는 것으로, 당시로서는 고도의 선진적 기법이었다.

갑옷으로서의 완성도도 높아, 평균 무게는 20kg 정도이다. 또한 경량화 고딕과 마찬가지로 좌반신을 강화한 갑옷이 유통되었다. 왼쪽에만 '오트피스'(목가리개) 달린 **'폴드런'**(견갑)을 장비한 모델이 인상적이다. 옆구리까지 연장된 견갑에는 적 무기의 뾰족한 끝부분을 빗나가게 하는 효과가 있다.

그 후 영국에서도 새로운 유행이 탄생했다. 잉글랜드 왕 **헨리 8세**(1491~1547년)는 독일의 **막시밀리안 1세**와 마찬가지로 갑옷 마니아, 게다가 마상창시합을 아주 좋아했던 인물로 유명하다. 흥미의 대상이 같다는 사실을 알았는지 막시밀리안이 자랑으로 여기는 갑주를 선물하자, 헨리는 대항 의식을 불태워 그리니치에 공방을 세우고 그곳에서 **그리니치식** 갑옷을 제작하기 시작한다.

그리니치식의 특징은 방패를 대신하는 커다란 **쿠터**(팔꿈치 보호대)가 달려 있는 점이다. 쿠터에 장식 스파이크가 붙은 모델도 있으며, 판금 모서리를 뾰족하게 만들거나 흉갑을 두 부분으로 분리하는 등 디자인적으로 두드러진 장식과 과장 표현이 이루어졌다.

또한 주석이나 놋쇠로 가장자리를 꾸미고 금도금하며, 금속이 푸른빛을 띠게 하는 등의 극에 달한 장식이 이루어진 것은 화려한 르네상스식 갑옷의 제조법을 익힌 직인들이 출입했기 때문일 것이다.

르네상스식과 그리니치식

르네상스식 갑옷

르네상스기에 유통된 갑옷. 처음에는 염가품으로서 판매되었으나, 결국에는 화려하게 장식된 고급품이 되었다.

에칭을 통한 화려한 장식.
방패처럼 커다란 폴드런(견갑).
전체적으로 좌반신이 강화되어 있다.

갑주의 에칭
약품으로 표면을 부식시켜 복잡한 장식 무늬를 형성한다.

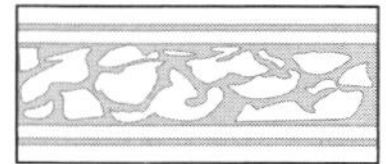

그리니치식 갑옷

헨리 8세의 그리니치 공방에서 제작된 영국산 판금 갑옷.

투구로 영국인이 선호하는 버거넷을 채용.
팔꿈치 부분에 방호판을 겸한 장식.
화려하고 과장된 표현.

관련 항목

●막시밀리안 1세→No.004/031/032
●그리니치식→No.030
●고딕식→No.030/031/033/039
●르네상스식→No.030/045
●헨리 8세→No.032
●폴드런→No.039
●쿠터→No.039

No. 034

풋 컴뱃 아머는 시대에 대응한 갑옷이었는가

무기의 화력이 강해지면서 플레이트 아머가 극한까지 중장화되어간 시대, 긍지 높은 기사도 타격에 취약한 말에서 내려 싸우게 되었다.

●중후한 도보전투용 갑옷이지만 마상창시합용으로도 사용 가능

영국의 그리니치 공방 등에서는 '풋 컴뱃 아머'라는 갑옷도 만들어졌다. 본래 기사용이라기보다 종사(從士)용 보병 갑주지만, 성능적으로 뒤떨어지는 것은 아니다. 나중에는 경기용 갑옷의 통칭도 되었다. 말하자면 말을 타지 않는 기사의 갑옷인데, 기마용 갑옷으로서도 쓸 수 있었던 것이다.

오스트리아의 인스브루크 공방에서도 풋 컴뱃 아머의 진화형이라 할 수 있는 **필드 아머**가 제작되었다.

말에서 내린 기사와 병사용 필드 아머는 '컴플리트 슈트 오브 아머'(완벽한 갑주) 등으로 칭송되며, **플레이트 아머**류의 최종 형태라고 일컬어진다. 다만 전쟁이 근대화하여 그것을 입는 사람이 이미 말을 탄 기사가 아니게 되었다는 점이 아이러니하다.

이 타입의 갑옷은 보다 유연한 철을 재료로 사용하고 있으며 3~5mm의 두께를 자랑했다. 이만큼 두꺼운 장갑이라면 적병이 내지르는 양손 대형 무기의 충격을 흡수하고, 당시의 위력 약했던 총탄도 튕겨낼 수 있다. 문제는 무게였다. 도보로 운용하기에는 너무 무거웠기 때문에 여러 차례 경량화를 꾀하였으나, 그래도 35kg에 달했고 결국에는 40kg 이상이 되고 말았다.

15세기 중반에는 머스킷총(화승총)이 전장에 등장하지만, 그 시대의 탄환은 관통력이 낮아 판금 갑옷으로 충분히 막을 수 있었다. 그래서 이어지는 16~17세기에는 갑옷이 총탄에 견딜 수 있는지 시험 사격하고 나서 납품하는 것이 당연해졌다. '총기의 발달로 플레이트 아머가 시대에 뒤처지게 되었다'는 이야기는 큰 틀에서는 옳다. 다만 정확하게 말하면 머스킷총의 등장이 갑옷의 강화와 진화를 촉진하는 자극이 되면서, 총탄에 대한 대항 수단으로서 효과적인 플레이트 아머는 전성기를 맞이한다.

풋 컴뱃 아머와 필드 아머

풋 컴뱃 아머

본래는 걸어 다니며 기사를 돕는 종사용 갑옷이지만 고성능.

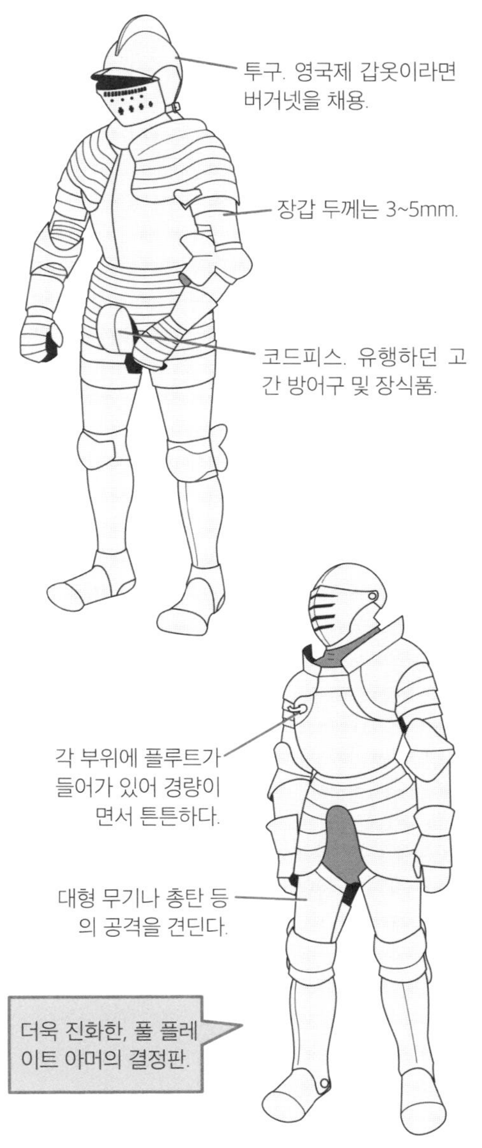

투구. 영국제 갑옷이라면 버거넷을 채용.
장갑 두께는 3~5mm.
중장갑이라 무겁다
코드피스. 유행하던 고간 방어구 및 장식품.
각 부위에 플루트가 들어가 있어 경량이면서 튼튼하다.
대형 무기나 총탄 등의 공격을 견딘다.
더욱 진화한, 풀 플레이트 아머의 결정판.

필드 아머

인스브루크 등 오스트리아와 독일의 공방에서 만들어졌다. 완벽한 갑주라고 칭송받는다.

관련 항목

●플레이트 아머→No.030/031/032/037/038
●필드 아머→No.036

No. 035

플레이트 아머 이후의 근대 갑옷이란

높은 화력을 뽐내는 신형 활과 총기의 등장으로 중후한 플레이트 아머는 자취를 감춰갔지만, 보다 기능적인 철 갑옷은 조금 더 오래 사용되었다.

●실용성 높은 경량 갑옷

아무리 방어력을 높인 갑옷이라도 더 이상 원거리 무기는 당해낼 수 없었다. 하지만 백병전에 대비한 갑옷은 아직 수요가 있었다. **하프 아머**는 그런 시대의 산물로서, 16~17세기에 중부 유럽 지역의 병사용으로 대량 생산된다. 일본에도 소수가 '**난반도구소쿠**(南蛮胴具足)'로서 수입되었다.

상반신만을 감싸는 간이 갑옷은 가볍고 다루기 쉬워 **신대륙** 정복에 나선 스페인과 포르투갈의 콩키스타도르들도 애용하였다. 중남미 등 더운 지역에 대한 출정에는 안성맞춤이었을 것이다. 그리고 원주민 측의 무장이 빈약하기도 하여 예상 이상의 효과를 거두었다.

지역이나 양식에 따라 '코슬릿', '코르슬레'라고도 불린 하프 아머는 동시대에 유행한 **오픈 헬멧**이나 건틀릿과 세트로 착용하는 것이 일반적이었으며, 다리는 따로 방어하지 않았다. 화려한 독일 용병 란츠크네히트, 교황령 바티칸을 경비하는 용감한 스위스 용병 등이 장비하였다.

17세기의 갑옷과 부위 방어구 세트인 '퀴러시어 아머'는 하프 아머의 일종으로서, 다리보다 위를 광범위하게 커버하는 고성능 갑옷이다. 경사장갑 구조, 즉 총탄에 대한 대책을 의식하고 있는 형태로, 표면에는 곡면과 경사가 많다. 당시에는 화승총과 창으로 무장한 근대 중기병이 활약하였는데, 이 갑옷은 총격을 잘 막아냈다. 또 다른 베리에이션 '캐러비니어 아머'는 총을 주무장으로 쓰는 경기병용 간이 내탄(耐彈) 갑옷이었다.

더욱 시대가 흘러 18세기에는 진화형 '**퀴래스**'가 등장한다. 총과 세이버를 장비하는 흉갑기병을 위한 작은 갑옷으로, 30년 전쟁 시의 스웨덴 병사, 19세기 나폴레옹군의 병사가 장비하였다. 그리고 이것이 '전쟁사에 등장하는 마지막 철 갑옷'이라고 일컬어진다. 이후의 군대에서는 갑옷을 장비하지 않게 되었다.

근대 서양의 갑옷들

하프 아머

16세기 이후 유행한 '반갑주'의 총칭이기도 하다. 일본에 난반도구소쿠로서 수입된 것은 이 종류.

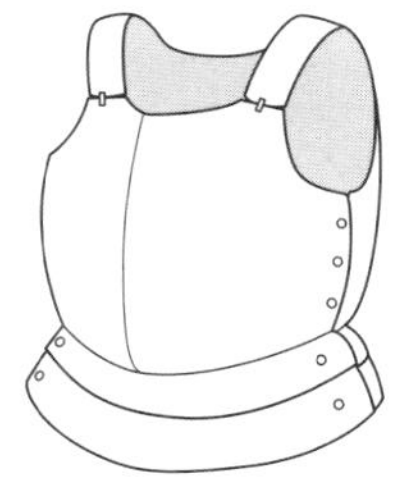

퀴러시어 아머

풀 플레이트 아머의 흔적이 남아, 투구와 건틀릿이 세트로 만들어지기도 하였다. 동체 갑옷은 넓적다리까지 방어한다.

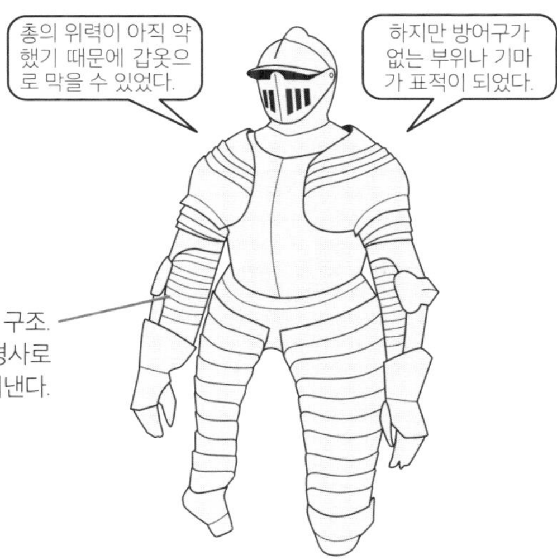

총의 위력이 아직 약했기 때문에 갑옷으로 막을 수 있었다.
하지만 방어구가 없는 부위나 기마가 표적이 되었다.
경사장갑 구조. 곡면과 경사로 총탄을 튕겨낸다.

퀴래스

18~19세기의 마지막 철 갑옷. 흉갑이라고 번역될 만큼 소형화. 이 시대가 되면 머리와 동체 외에는 방어구를 착용하지 않는다.

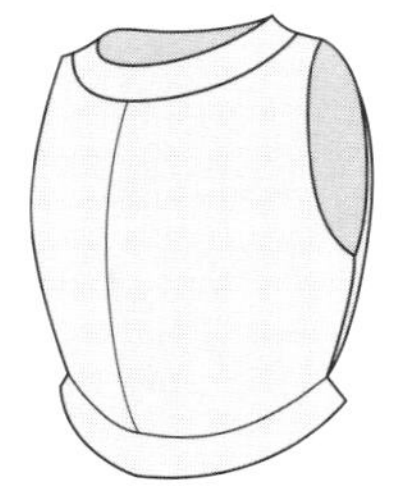

나폴레옹 시대의 흉갑기병

관련 항목
●오픈 헬멧→No.046
●하프 아머→No.066
●난반도구소쿠→No.066
●퀴래스→No.066
●신대륙→No.098/099/100

No. 036

현대에 남아 있는 갑주는 진짜인가

지금도 박물관이나 골동품점에서 중세의 갑주를 볼 수 있다. 그렇지만 그것들의 진위를 판별하기는 사실 어렵다고 한다.

●전문가가 보면 일목요연?

독일 지방에는 갑옷 직인이 갑주를 대여하는 제도가 있어, 시대에 뒤떨어진 오래된 갑옷은 녹여서 새것을 만들었다. 그래서 이 지방에는 현존하는 **플레이트 아머**가 적은 편이다.

한편 이탈리아 등 다른 지역에는 그런 습관이 없었기 때문에, **밀라노식**을 비롯한 옛 갑옷이 어느 정도 남아 있다. 그러나 사료로서 반드시 신용할 수 있는 것은 아니다. 왜냐하면 기본적으로 실전에서 사용되는 갑옷은 손상이 심해, 완전한 물건이 후세까지 남아 있는 자체가 드물기 때문이다.

주문 제작품이 아닌 이상 전투에서 분실·손상된 부품을 다른 곳에서 조달하거나, 쓸 만한 부품을 긁어모아 전신 갑옷을 짜 맞추기도 했을 것이다. 그래서 부자연스럽게 보이는 경우도 있다.

귀족이 특별 주문한 아름다운 예술품은 별개로 치고, 전장의 생생한 공기가 감도는 갑옷은 좀처럼 찾아내기 어렵다. 여러 시대, 다양한 지역의 방어구를 긁어모아 그럴듯하게 꾸며내는 일도 드물지 않다. 이것은 플레이트 아머가 골동품화된 17~19세기 사이에 자주 벌어지던 일이다. 적당히 조합할 뿐 아니라 같은 시대의 정규 부품처럼 보이도록 가공하기조차 하였다.

플레이트 아머 유행기에서 쇠퇴기에 걸쳐 왕후귀족 등 부유층은 용도별로 3종의 갑옷을 준비했다. 첫 번째가 실전에서 착용하는 **필드 아머**, 그리고 무술시합용의 보다 중후한 **토너먼트 아머**, 마지막이 식전(式典)에서 입기 위한 미려한 '퍼레이드 아머'이다. 오늘날 박물관에서 볼 수 있는 것은 토너먼트용과 퍼레이드용 아머가 많다. 외관이 훌륭한 그들 갑옷은 손상되는 경우가 적었고 보존 상태도 좋아 후세에 남길 만한 가치가 있었다.

부유층의 세 가지 갑옷

서유럽의 왕후귀족은 용도에 맞춘 세 가지 주문 제작 갑옷을 소유하고 있었다.

토너먼트 아머

주스트는 무인의 소양이지.

토너먼트 아머

무술시합에서 입는 갑옷. 특히 중후한 방어구.

퍼레이드 아머

식전에서 입는 갑옷. 갑주는 정장으로 취급되었다.

필드 아머

전장에서 입는 갑옷. 실전용 갑주.

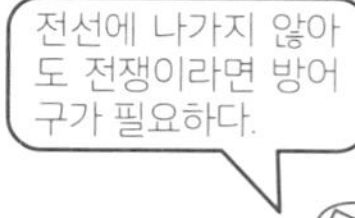

전선에 나가지 않아도 전쟁이라면 방어구가 필요하다.

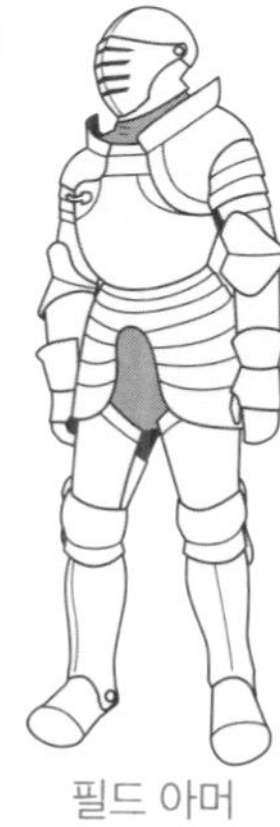

필드 아머

훌륭한 갑옷은 권력과 재력의 상징이야.

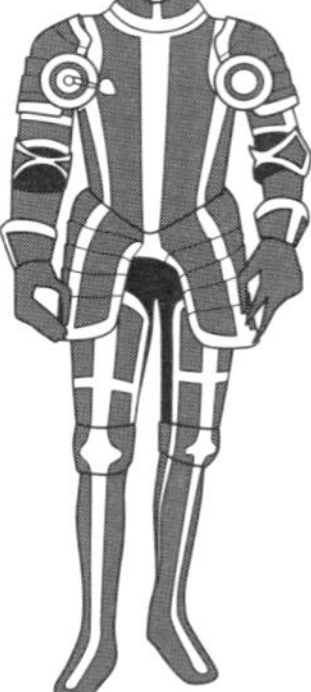

퍼레이드 아머

플레이트 아머의 최후

최종적으로 관통력 높은 라이플총이 보급되자, 플레이트 아머는 완전히 시대에 뒤떨어진 존재가 되어 전장에서 자취를 감췄다. 이후에는 오로지 의례용이나 무술시합용 장비가 된다. 갑옷은 귀족의 정장으로 간주되었기 때문에, 한층 더 화려하고 비실용적인 장식이 가해졌다.

관련 항목

●플레이트 아머→No.030
●밀라노식→No.031
●필드 아머→No.034
●토너먼트 아머→No.048

No. 037

플레이트 아머의 단점이란

중세의 왕후귀족은 두껍고 무거운 갑옷을 선호하였다. 물에 빠져 익사하는 왕이나 쓰러져서 일어나지 못한 채 죽임당하는 사람이 나와도 계속해서 무거운 갑주를 입었다.

●최대의 난점은 숨이 막히는 것

서양인만큼 중후한 판금 갑옷을 사랑한 인종은 없다. 실용성을 감안한 다른 지역에서는 **플레이트 아머**류의 중갑주를 발전시키지 않고, **라멜라**나 **체인 메일**을 최선으로 여겼다.

플레이트 아머의 단점은 많다. 우선 구성이 너무 대대적이어서 혼자서는 입을 수 없다. 다음으로 무게 중심이 높아지는 경향이 있어, 굴러 넘어지거나 적이 노리고 쓰러뜨릴 위험이 있으며 다시 일어나기도 상당히 힘들다. 또한 갑옷을 입은 채 연못이나 늪에 빠지면 위험하다. 실제로, 십자군 원정을 이끈 신성 로마 황제 프리드리히 1세(1123~1190년) 같은 경우는 허리 높이도 안 되는 강에 빠져 익사했다고 전해진다.

그러나 가장 큰 문제는 갑옷보다 투구에 있다. **풀 페이스 투구**를 쓰면 시야가 나빠지고 청력도 빼앗긴다. 그리고 숨이 막히는 것이 최대의 장해가 되었다. 호흡을 방해받는 동시에 내부에 열기가 차기 때문이다. 신체의 열은 머리에서 배출되므로 투구를 쓰는 것만으로 착용 한계 시간이 짧아진다. 여름은 물론이고 극한의 눈보라 속에서 싸우더라도, 열중증과 탈수증을 일으키거나 호흡 곤란 끝에 질식사하는 사람이 있었다고 한다.

덧붙여 관리와 수리에 수고와 시간과 비용이 드는 것도 골치 아프다. 주문 제작 갑옷이라면 더욱더 그렇다.

참고로 풀 장비 시의 무게는 20~30kg으로 여겨지는데, 일단 입으면 그리 힘들지 않다고 한다. 현대 병사의 장비품은 총무게가 40kg이나 된다. 그에 비하면 상당히 준수한 수준임을 알 수 있을 것이다. 실제로 가동 범위가 넓은 갑주라면 체력에 자신 있는 기사는 옆돌기를 하거나 말안장에 뛰어 올라탈 수도 있었다고 한다. 다만 움직이지 않는 상태로는 쾌적하지만, 팔다리의 방어구가 무겁기 때문에 이리저리 움직이면 금방 피로해진다.

플레이트 아머가 최강의 방어구인 것은 분명하지만……

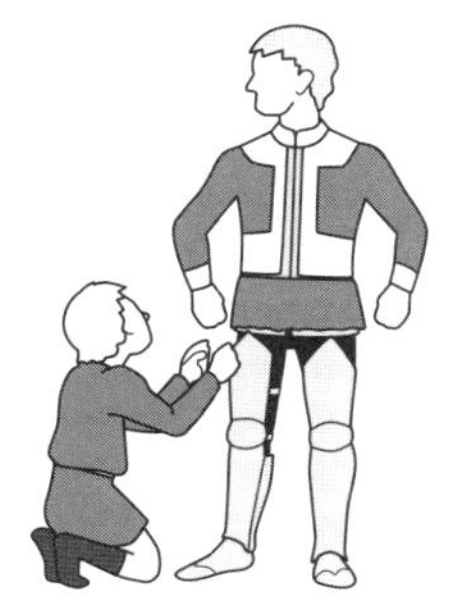

혼자서는 입을 수 없다. 종자 등의 도움이 필요.

물에 빠진다. 무거운 갑옷을 입은 채로 강이나 늪에 빠지면 죽는다.

넘어지기 쉽다. 무게 중심이 위에 있어 잘 쓰러지며 일어나기도 힘들다.

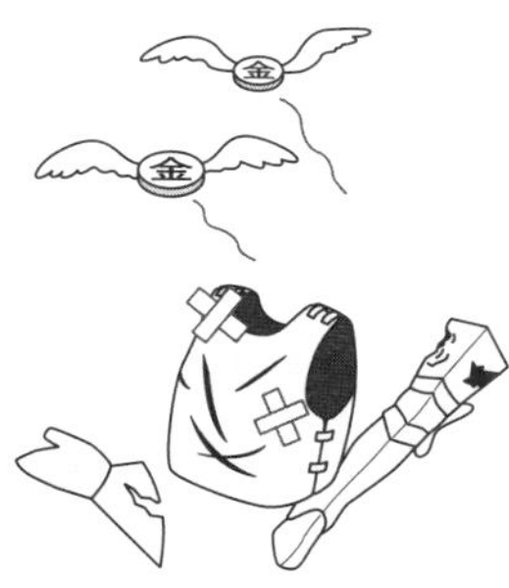

수리와 관리. 수고와 시간과 돈이 든다.

최대의 문제. 열이 차는 것. 전신의 열은 머리에서 배출된다.

투구로 인해 여러 가지 지장이!

· 시야가 나쁘다.
· 청각도 방해.

일단 입으면 그리 무겁지 않으나, 움직이면 금방 지친다.

관련 항목

●체인 메일→No.005/006/028
●라멜라→No.007
●플레이트 아머→No.030
●풀 페이스 투구→No.044/045

No. 038

플레이트 아머의 장점이란

방어력에 관해서는 말할 것도 없으며, 공업 수준이 높을 경우 판금 갑옷류는 사슬 갑옷보다 양산하기 쉽다는 이점이 있었다.

●그래도 플레이트 아머가 좋다!

플레이트 아머는 뛰어난 방어구인데, 구체적인 장점은 무엇일까.

방어구에 요구되는 3요소는 '방호 · 경량 · 가동'으로서, 어떤 요소를 얼마나 우선하느냐에 따라 방어구의 성격이 정해진다. 중세 초기부터 보급되어 있던 **체인 메일**은 가동을 우선하는 방어구였으나, 새롭게 대두한 플레이트 아머는 방호에 중점을 두고 있다.

판금은 베기를 막아내고, 충격을 확산한다. 그리고 사슬 갑옷에 비해 창과 화살 등의 찌르는 힘을 받아넘기는 능력이 높다. 창과 화살은 가장 살상력 높은 공격 수단이므로, 무적까지는 아니더라도 그것들을 막을 수 있다는 것은 대단한 일이었다.

심리적인 효과도 있다. 착용자에게 자신감과 안도감을 주고, 굳건한 갑옷 기사를 본 적에게는 위압감과 공포를 심어준다.

이처럼 착용자의 방호가 완전하면 공격 수단도 확장되고, 반대로 적측은 공격 수단이 한정된다. 약점을 찌르는 식의 방법을 선택해야 하기 때문이다. 그 약점이란 단순한 이야기지만, "방어구로 가리지 못하는 부분"이다. 어떤 강고한 판금 갑옷이라도 인체의 기능구조상 어쩔 수 없이 그런 부분은 존재한다. 투구의 틈이나 관절부(겨드랑이 · 팔꿈치 안쪽 · 고간 · 손바닥 · 무릎 뒤쪽)가 그렇다. 품에 파고들어 나이프로 찌르는 것이 정석이다. 전쟁의 역사 속에서는 갑옷으로 무장한 상대를 공격하기 위한 특수한 무기도 고안되어왔다.

약점을 겨냥하지 않는 다른 수단으로서, 무거운 무기로 힘껏 타격을 가해 갑옷을 찌그러뜨리는 것도 좋다. 판금이 눌려 우그러지면 가동부에 장해가 생기고 착용자도 대미지를 입게 된다.

뭐니 뭐니 해도 방호력은 발군!

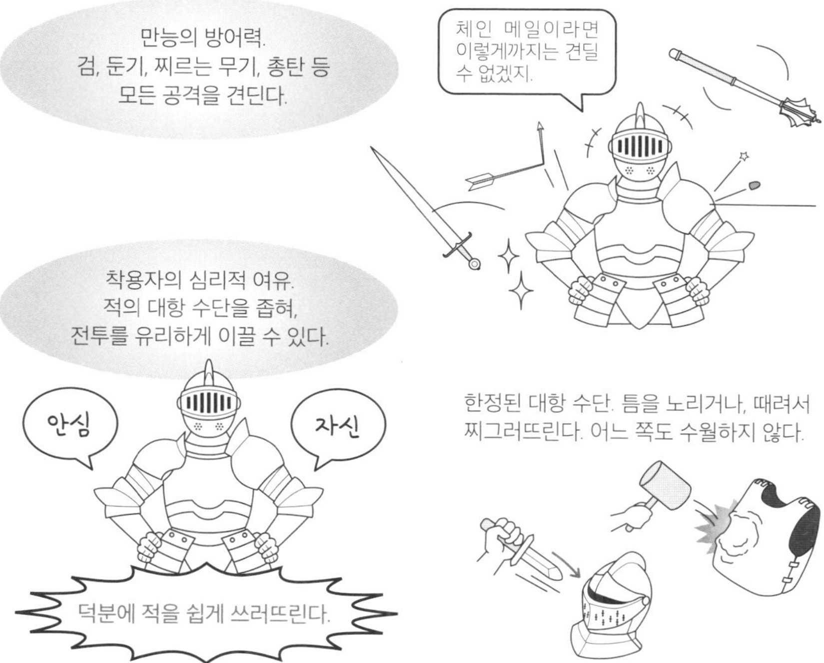

만능의 방어력.
검, 둔기, 찌르는 무기, 총탄 등
모든 공격을 견딘다.
체인 메일이라면
이렇게까지는 견딜
수 없겠지.
착용자의 심리적 여유.
적의 대항 수단을 좁혀,
전투를 유리하게 이끌 수 있다.
안심
자신
덕분에 적을 쉽게 쓰러뜨린다.
한정된 대항 수단. 틈을 노리거나, 때려서
찌그러뜨린다. 어느 쪽도 수월하지 않다.

검은 갑옷과 흰 갑옷

대장장이를 영어로 '블랙스미스'라 부르는 것은 그들이 다루던 철이 검었기 때문이다. 14세기 영국의 왕태자 에드워드(1330~1376년)는 늘 검은 갑옷을 입었기 때문에 '흑태자'라고 불렸다.

기술이 아직 미숙했던 시대의 갑옷은 검은색이어서, 햇빛을 흡수해 뜨거워지는 것이 문제였다. 그러다 나중의 밀라노식 갑옷부터는 갑옷 표면을 연마하여, 눈부시게 빛나는 "흰 갑옷"으로서 완성하게 되었다. "검은 갑옷"보다 뜨거워지지 않으며, 베기를 빗나가게 하는 효과도 기대할 수 있었다. 백년 전쟁의 카리스마적 인물이던 잔 다르크도 은백색 갑옷을 입고 있었다고 전해진다. 한편 16세기 독일에서는 장식을 눈에 띄게 하기 위해, 열을 가하는 등의 방식을 이용하여 검푸르게 빛나는 갑옷을 제작하였다.

관련 항목
●체인 메일→No.005/006/028
●플레이트 아머→No.030/039

No. 039

플레이트 아머의 각 부위에는 이름이 있었는가

말을 탄 중장 기사는 총중량 1톤에 육박하며 전장에서는 시속 20km로 돌진한다. 무시무시한 파괴력이지만 출격 준비는 고생스러웠다.

●수행원이 10명이나 필요한 기사

플레이트 아머 무장 기사가 활동할 때는 보좌하는 종자가 10명가량 전장에 동행하였다고 한다. 갑옷과 무기의 운반, 착용 보조, 또한 기사는 자주 휴식해야 했으므로 그 사이의 호위, 장비의 수리와 관리, 그리고 말을 돌보는 데도 일손이 필요했다.

체력을 되도록 보존하기 위하여 전신 갑옷은 전투 직전에 입었다.

금속 방어구는 피부를 상처 입히므로 내의와 더블릿(천 갑옷의 일종), 그 위에 **체인 메일**을 입는다. 사슬 갑옷은 관절부 보호를 위해 부분적으로 착용하기도 하였다. 사슬 갑옷을 꿰매 붙인 천 갑옷도 있다.

플레이트 아머는 가죽 벨트 등으로 약간은 조절할 수 있으나, 체격에 맞지 않는 경우 특히 팔이나 다리 부위는 결함을 일으킨다. 그것들은 여러 부분으로 나뉘어 있는데, 우선 다리부터 시작하여 다음으로 허리 방어구를 착용하고, 가슴과 등의 갑옷을 연결하며, 아래팔에서 위팔, 마지막으로 건틀릿과 견갑이라는 식으로, 밑에서 위로 올라가며 부품을 장착한다. 투구는 숨 쉬기 답답해지므로 전투가 임박하기 직전까지 쓰지 않았다.

플레이트 아머를 구성하는 부품에는 모두 이름이 붙어 있다. 머리에는 취향에 맞는 투구를 쓰며, 추가 방어구로 비버(턱가리개), 고짓(목가리개) 등이 있다. 팔 부분은 위부터 폴드런(견갑), 리어브레이스(상완갑), 쿠터(팔꿈치 보호대), 뱀브레이스(완갑), 건틀릿(장갑) 등으로 구성된다. 동체는 가슴 부분의 앞뒤판인 브레스트플레이트(흉갑)와 백플레이트(배갑), 그리고 폴드(복갑)와 태싯(판금 스커트) 등으로 이루어진다. 다리 부분은 위부터 퀴스(넓적다리가리개), 폴레인(무릎 보호대), 그리브(정강이받이), 사바톤(판금 신발), **고딕식** 갑옷에서는 추가로 슈나벨(장식 발부리)을 장착하기도 하였다.

전신 갑옷의 착용 순서와 부위별 명칭

전신 갑옷 착용 순서(예)

판금 갑옷 속에는 천 갑옷을 입는다.

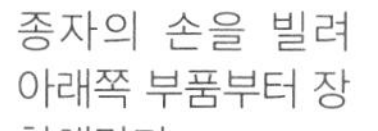

종자의 손을 빌려 아래쪽 부품부터 장착해간다.

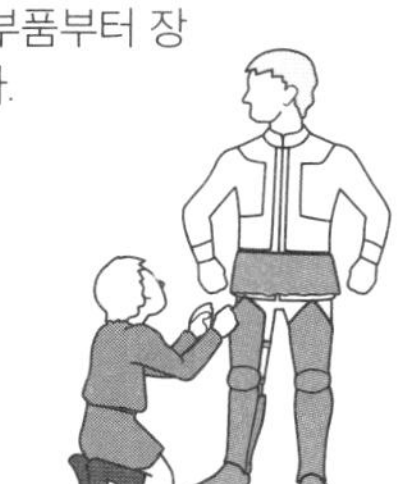

가슴 부분, 이어서 팔 부분을 착용하고, 마지막으로 건틀릿, 견갑을 장착.

플레이트 아머 부위 명칭(예)

시대나 형식에 따라 장갑이 추가되기도 한다.

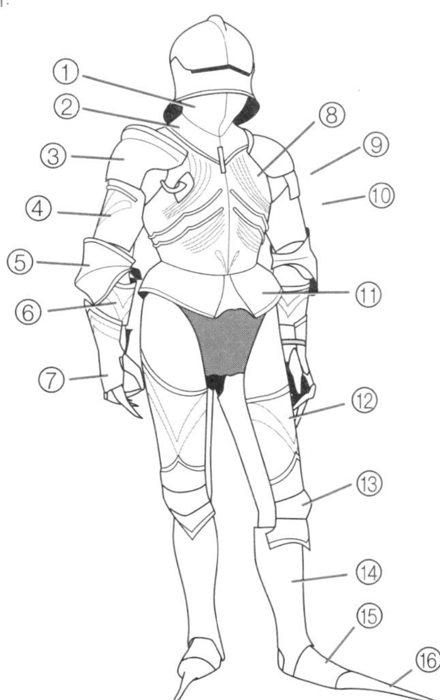

① 비버(턱가리개)
② 고짓(목가리개)
③ 폴드런(견갑)
④ 리어브레이스(상완갑)
⑤ 쿠터(팔꿈치 보호대)
⑥ 뱀브레이스(완갑)
⑦ 건틀릿(장갑)
⑧ 브레스트플레이트(흉갑)
⑨ 백플레이트(배갑)
⑩ 폴드(복갑)
⑪ 태싯(판금 스커트)
⑫ 퀴스(넓적다리가리개)
⑬ 폴레인(무릎 보호대)
⑭ 그리브(정강이받이)
⑮ 사바톤(판금 신발)
⑯ 슈나벨(장식 발부리)

관련 항목
●체인 메일→No.005/006/028
●천 갑옷→No.027
●고딕식→No.030/031/032/033
●플레이트 아머→No.030/038

No. 040

플레이트 아머의 가격은 어느 정도?

만약 현대였다면 주문 제작 갑옷은 얼마가 될지 명확히 계산하기란 무모한 시도일 것이다. 그래도 여러 가지 자료를 토대로 기어이 산출해보았다.

●그 가격은 수천 만에서 1억 원 이상?

갑옷은 대체 어느 정도 가격이었을까. 1441년의 영국 기록에 따르면 **밀라노식 플레이트 아머**는 8파운드 6실링 8펜스, 그 종자의 갑옷은 5~6파운드였다. 종자의 갑옷이라고 해도 그럭저럭 고급스러운 장비이므로, 병사용 양산 갑옷은 더욱 저렴했으리라 추정된다.

1384년의 프랑스에서 **배서닛**(투구)은 2~3리브르, 갑옷 일습은 25리브르였다. 그리고 잔 다르크(1412~1431년)를 위해 급조된 이탈리아제 갑옷은 100리브르로서, 금화 백 닢에 해당했다고 한다. 이 시대의 금화 한 닢은 120만 원으로 환산할 수 있으므로, 잔 다르크의 갑옷은 1억 2,000만 원이라는 말이 된다. 다만 영웅을 위한 특제품, 게다가 특별히 서둘러서 만들었기 때문에 예외적이다. 그보다 50년 전의 기록에 나오는 판금 갑옷은 25리브르라고 되어 있어 환율이 같다면 3,000만 원으로 추정되는데, 이런저런 오차는 있겠지만 고가의 물품이었음은 이해할 수 있다. 개인용 장비로서는 타당한 금액이지 않을까.

참고로 현대 일본의 전문점에서 새로 만든 모조 갑옷(具足, 구소쿠)을 사려고 하면 300만~수천만 원이 든다. 중세와 현대는 형편이 다르지만, 그만한 금액을 부담할 수 있는 사람이 소유하기에 걸맞은 물건이라는 것이다.

구체적인 금액을 산출하기는 어려우나, 모든 방어구가 가치 있던 것은 분명하다. 이를테면 **백년 전쟁** 시, 부상당하거나 도망치다 뒤처진 장병 대부분은 노상강도에게 갑옷을 빼앗기고 다 죽어가는 반라 상태로 버려졌다고 한다.

또한 기사에게 갑옷은 특별한 의미를 가지고 있다. 중죄를 범하는 등의 이유로 신분을 박탈당한 기사의 갑옷은 파괴되어 진흙탕에 처넣어졌다고 한다. 즉 기사의 갑옷은 그 자체가 명예와 긍지를 나타내는 것이기도 하였다. 그렇기에 디자인과 장식을 신경 쓰는 사람이 많았다.

주문 제작 플레이트 아머는 수천만 원?

15세기 중기의 영국

밀라노식 플레이트 아머는 8파운드 6실링 8펜스.

종자용은 6파운드예요.

판금 갑옷의 가격=1700만 원정도.

※1실링=10만 원. 20실링 = 1파운드로서 대략적으로 계산.

14세기 후반의 프랑스

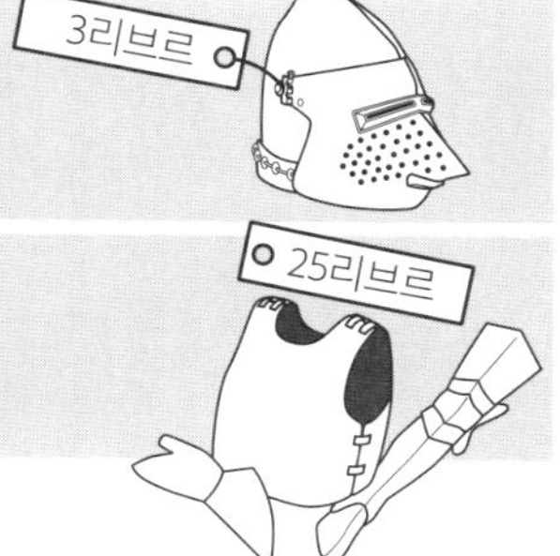

배서닛의 가격=350만 원정도.

같은 갑옷 일습의 가격=3000만 원정도.

※금화 1닢 = 120만 원 = 1리브르로서 대략적으로 계산.

14세기 중기

잔 다르크의 특별 주문 갑옷=1억 2000만 원정도.

다만 이 시대에는 아직 밀라노식 플레이트 아머가 등장하지 않아, 은백색 판금 갑옷의 존재는 전설의 영역에 있다

부품별 중량

판금 갑옷의 부품별 무게는 고딕식을 예로 들면 다음과 같다(단위는 kg). 헬멧 2.1, 목가리개 0.9, 동체 갑옷 5.2, 배갑 2.4, 왼쪽 견갑 1.4, 오른쪽 견갑 1.0, 왼쪽 완갑 1.2, 오른쪽 완갑 1.1, 왼쪽 건틀릿 0.5, 오른쪽 건틀릿 0.5, 왼쪽 넓적다리가리개 1.7, 오른쪽 넓적다리가리개 1.6.

발끝까지 감싸는 전신 갑옷이 아니라 넓적다리까지 덮는 타입이지만, 합계 약 20kg이 된다. 추가로 사슬 갑옷 등을 속에 입으면 실전에서의 하중은 더 커질 것이다.

관련 항목

●백년 전쟁→No.029
●밀라노식→No.030/031/036
●플레이트 아머→No.030/038/039
●배서닛→No.044/045/103

No. 041

카이트 실드와 타지는 기사에게 활용되었는가

중세의 전장에서 흔히 볼 수 있던 방패로 카이트 실드와 타지가 있다. 카이트는 중형 방패, 타지는 소형 방패인데, 기사와 보병 모두 애용하였다.

●태생은 다르지만 함께 다른 병종에게 전용(轉用)된 두 계통의 방패

전장을 질주하는 기사는 보병에게 다리를 공격받는다. 그래서 전통적으로 쓰이던 둥근 방패의 아래쪽 가장자리가 연장되어, 물방울을 뒤집어놓은 모양의 '노르만 실드'가 탄생한다. 세로 50~100cm, 가로 폭 30~40cm이다. 적층한 나무판에 철테를 두른 구조로서, 가죽을 덧대기도 하였다. 뒷면에 달린 두 줄의 가죽 벨트에 팔을 끼워 사용하는 것도 기병용 둥근 방패와 마찬가지이며, 어깨에 거는 벨트도 부속되어 있었다.

바이킹과 **십자군**이 사용하던 이 계통의 방패가 서유럽에서는 주류가 되어간다. 11~15세기에 유행한 **카이트 실드**(서양 연 방패)는 그 진화형으로 가로 폭이 넓다. 전장에서의 개인 판별을 위해 방패에 가문(家紋)이나 문장, 상징을 그리는 것도 유행하였다.

기병뿐만 아니라 보병도 대형 카이트 실드를 사용하기 시작하면서, 방패로 상대의 시야를 차단하거나 몸으로 부딪치는 전법도 고안되었다.

아종인 '히터 실드'는 소형 카이트로, 갑옷의 방호력이 향상되자 방패의 중요도는 낮아졌다.

이탈리아의 '임브라차투라'(어깨끈이라는 의미)는 타원 방패인데, 카이트의 일종으로 여겨진다. 길이가 120cm나 되어 팔을 편 상태에서 수직으로 장착한다. 그 앞쪽 끝에는 스파이크가 달렸으나, 찌르기에 이용하는 것은 아니며 용도는 불명이다.

타지 또는 '타즈', '타깃 실드'는 13세기의 궁병용 소형 방패이다. 철제지만 30cm로 크기가 작아 신체의 약점만을 방어한다. 기본형은 둥근 방패였으나 모서리를 쳐낸 사각형, 일부를 잘라내 시야를 확보한 변형형도 존재했다. 손에 들지 않고 어깨나 팔, 또는 등에 묶기도 하였고, 경장기병은 양 어깨에 달아 사용하였다. 16세기 이후로는 기사의 **토너먼트**에 등장하는데, 랜스를 통과시켜 포방패식으로 사용하거나 왼쪽 어깨를 완전히 가릴 정도의 대형 타지를 제작하기도 하였다.

카이트 실드와 타지의 역사적 변화

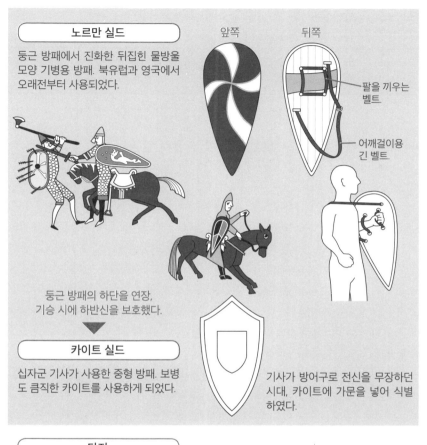

노르만 실드

둥근 방패에서 진화한 뒤집힌 물방울 모양 기병용 방패. 북유럽과 영국에서 오래전부터 사용되었다.

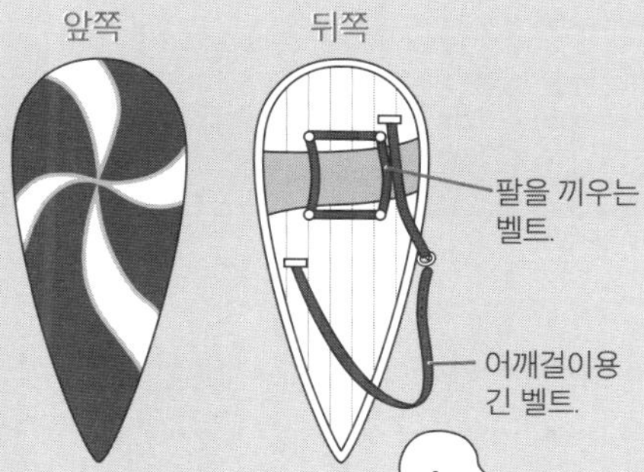

앞쪽 뒤쪽

팔을 끼우는 벨트.

어깨걸이용 긴 벨트.

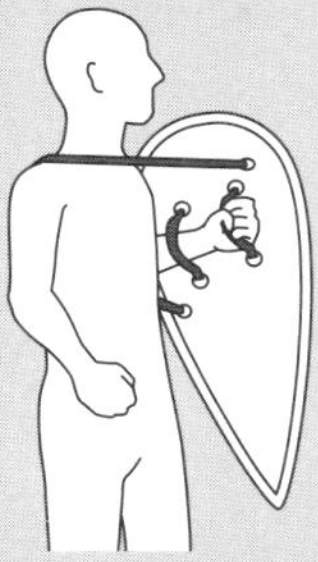

둥근 방패의 하단을 연장, 기승 시에 하반신을 보호했다.

▼

카이트 실드

십자군 기사가 사용한 중형 방패. 보병도 큼직한 카이트를 사용하게 되었다.

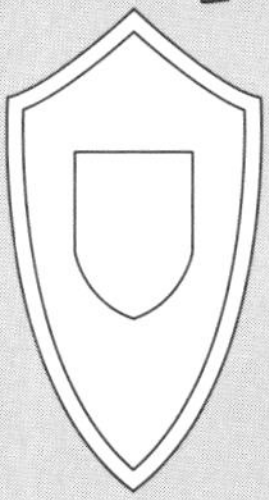

기사가 방어구로 전신을 무장하던 시대, 카이트에 가문을 넣어 식별하였다.

타지

궁병이 급소를 보호하는 데 사용한 소형 방패. 나중에는 경기병이 어깨에 달아 사용하거나, 중장 기사가 랜스용 포방패 형태로 가공하기도 하였다.

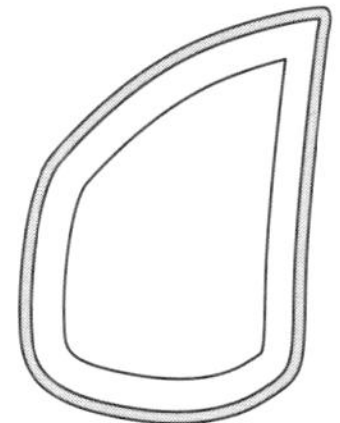

명칭은 영국 고대 노르드어의 타르가(방패)라는 단어가 어원.

관련 항목

●타지→No.002
●카이트 실드→No.002/022
●바이킹→No.023/024
●십자군→No.027/044
●토너먼트→No.048/049

No. 042

파비스는 철벽의 큰 방패였는가

다른 방패와 차별화된 거치식 방패가 파비스이다. 버클러는 사슬 갑옷을 관통하는 가느다란 검에 대한 대항 수단으로서, 한정된 국면에서 사용하는 방패였다.

●파비스는 세계적으로 나타난 거치식 방패의 일종

14~16세기, 화살과 총탄이 난비하는 전장에서는 궁병과 총병용 거대 방패 '파비스'가 사용되었다. 이탈리아의 파비아라는 도시에서 처음 만들어졌기 때문에 이 이름이 붙었지만, **타워 실드**라고 불릴 때도 있다. 프랑스에서 싸우던 이탈리아인 용병이 애용하였다. 모서리를 둥글게 만든 직사각형이 일반적이며, 높이는 100~150cm. 방패 뒤에 숨을 경우 전신을 커버할 수 있는데, 운반 가능한 최대 사이즈였다. 다만 200cm짜리 특대 파비스도 존재했다. 무게는 무거운 것이 8~10kg에 달하여, 기본적으로 들고 사용하는 방패가 아니다. 전선까지 짊어지고 옮긴 다음 바닥에 세워 진지를 구축하며, 방패 뒤에서 사격하는 것이다. 크로스보우나 총을 쏘기 편리하도록 일부를 잘라낸 모델도 찾아볼 수 있다. 지지대를 땅에 묻고 사용하는 타입의 파비스도 있었다.

방패 표면은 보호를 위해 양피지 · 돼지 생가죽 · 무두질한 가죽 등으로 덮는다. 가벼운 목재로 작게 만들 경우에는 4kg 정도인데, 표면을 도장하거나 본연의 상태 그대로 이용했다. 일본의 전국 시대에도 이와 비슷한 큰 방패가 사용되었다.

참고로 같은 파비스라는 이름을 가진 동일한 형태의 소형 방패도 존재했다. 크기는 40~60cm이며, 가죽이나 양피지로 만들기도 한다. 용도는 전혀 달라, 상대의 검을 일부러 관통시켜 움직임을 봉쇄하기 위한 특수한 방패였다.

●대(對) 레이피어용 버클러

13~15세기 영국에서 유행한 '버클러'는 30cm까지 소형화된 둥근 방패로서, 사각형 타입이나 표면에 사람 얼굴을 묘사한 타입도 찾아볼 수 있다.

레이피어 등 가느다란 검에 대항하여 탄생한 방패로, 손을 뻗어 상대를 견제하면서 공격을 튕겨내듯 사용한다. 중앙에 원뿔 가시가 달린 '추테니안 버클러'는 버클러의 보다 공격적인 아종이다.

파비스와 버클러

파비스

궁병과 총병용 큰 방패. 전장에 세워 차폐물로 삼는다.

크로스보우나 총을 사용하는 경우에 효과적.

버클러

대 레이피어전 전용 방패. 주로 플레이트 아머 보급 이전과 쇠퇴한 이후 시대에 사용되었다. 사슬 갑옷은 레이피어로 관통할 수 있다.

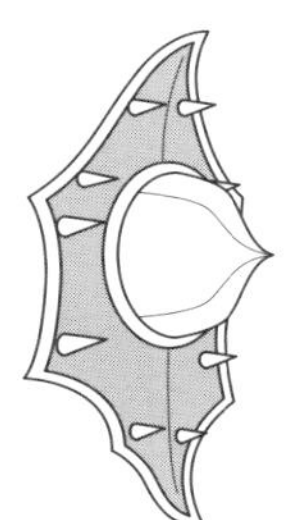

지름 30cm로 아주 작아서 다루기 어렵다.

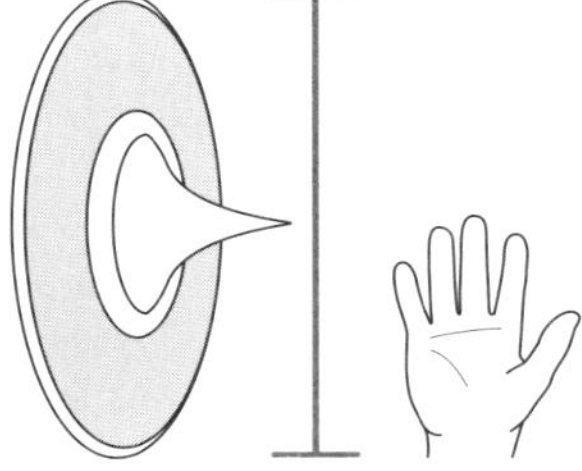

지름 30cm

팔을 있는 힘껏 뻗어 상대를 견제한다.

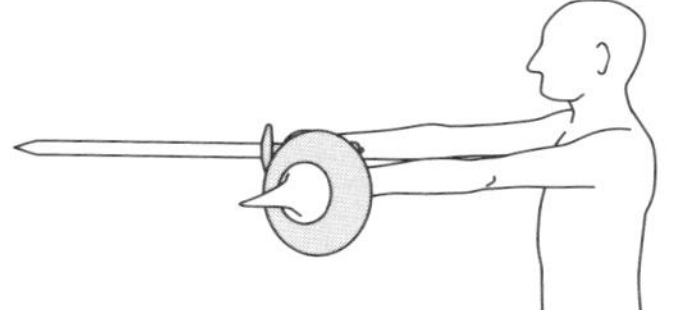

건틀릿에 가까운 역할을 한다.

관련 항목

●타워 실드→No.090/091/099

No. 043

서양에는 어떤 색다른 방패가 있었는가

공방 일체형 방패는 세계의 다른 지역에도 존재하지만, 둥근 방패에 등불을 집어넣거나 추가로 무기까지 포함시킨 방패, 또한 결투용 방패는 희귀하다고 할 수 있다.

●적극적으로 공격할 수 있는 방패

르네상스기(16~17세기)에 이탈리아를 중심으로 유행한 '랜턴 실드'는 '로텔라', '라테른 실드'라고 불리기도 한다. 시민이 야간 경비를 서기 위해 랜턴과 시야 확보용 구멍을 설치한 둥근 방패이다. 등불을 장착한 방패를 한쪽 손으로 치켜들고, 다른 한쪽 손에도 무기를 들었을 가능성이 있다.

그 밖에 건틀릿 · 스파이크 · 쇠꼬챙이 · 수납식 대거 등이 부속한 모델도 존재한다. 금속이나 목재로 만들어지며 지름 50~60cm, 무게 2kg 정도이다.

무기 내장식 둥근 방패로 '건 실드'라는 것도 있었다. 중앙에 단발식 총기구가 장치되어 있다. 뒤쪽에는 철망을 씌운 시야 확보용 구멍과 방아쇠, 예비탄용 주머니 등이 있다. 영국왕 **헨리 8세**를 호위하는 데 사용되었다.

'듀얼링 실드', '스파이크 실드', '긴 방패' 등으로 불리는 방패는 결투 시에만 쓰였다. 세로 약 150cm나 되는 타원형 본체 양끝은 갈고리와 스파이크로 되어 있으며, 뒤쪽에 긴 봉이 달려 있다. 갈고리는 상대의 목을 걸기 위한 것, 스파이크는 찌르기 위한 것이다. 양손으로 봉 부분을 잡고 휘두르거나 부딪치는 식으로 사용한다.

독일 등 중부 유럽의 법 제도 안에는 당사자 간의 싸움을 통해 사건을 해결하는 결투 재판이라는 것이 있어, 재판 때마다 제작되었다(종교적인 의미가 있었다고 여겨진다). 한 번밖에 사용하지 않으므로 전부 목제에 간소한 구조이다.

헝가리의 방패 중에도 공방 일체형이 있다. 서프보드형 또는 그것을 반으로 자른 형태로서, 벨트에 팔을 고정하여 사용한다. 방패 끝의 뾰족한 부분으로 공격할 수 있게 되어 있다. 표면에 스파이크가 달린 모델이나, 넣었다 뺐다 할 수 있는 검이 장치된 것도 있었다고 한다. 헝가리 경기병이 사용한 예각 있는 사각 방패(이른바 헝가리안 실드)와 유사점이 있어, 그 일종으로도 여겨지지만 자세히는 알 수 없다.

랜턴 방패/총 방패/결투 방패/찌르기 방패

랜턴 실드

랜턴 달린 방패에서 발전. 흉기를 내장한 방패.

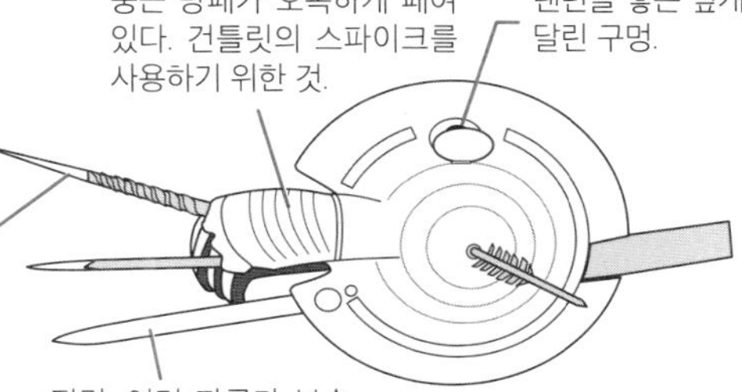

둥근 방패가 오목하게 패여 있다. 건틀릿의 스파이크를 사용하기 위한 것.
랜턴을 넣는 덮개 달린 구멍.
고정된 건틀릿. 주먹에 스파이크가 달렸다.
직검. 여러 자루가 부속되는 경우도 있다.

건 실드

총이 장치된 둥근 방패.

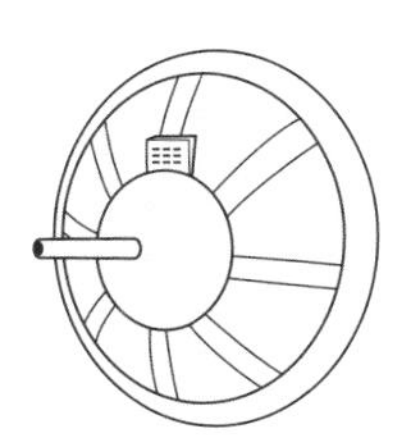

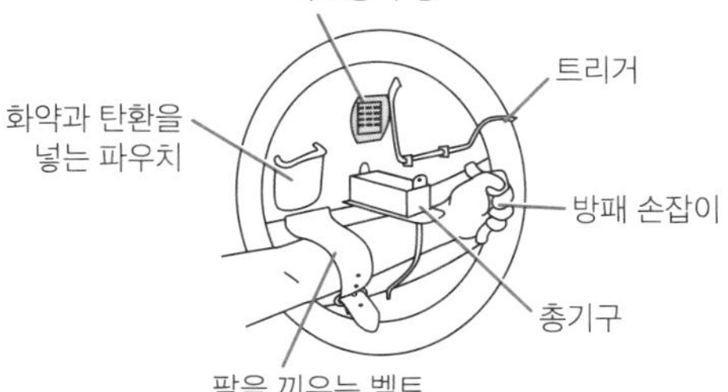

듀얼링 실드

결투 재판만을 위해 만들어지는 독일의 방패.

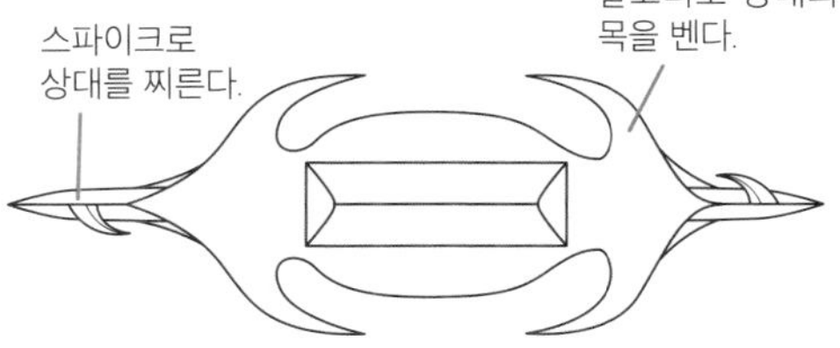

스파이크로 상대를 찌른다.
갈고리로 상대의 목을 벤다.

뒤쪽의 긴 봉을 양손으로 잡고 휘두른다.

비슷한 형태로 15세기에 기사의 무술시합에서 쓰이던 '소드 실드'라는 큰 방패도 있었다.

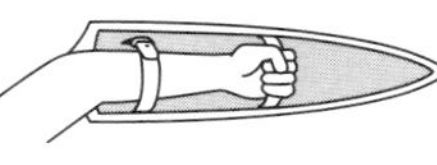

끝이 뾰족한 헝가리의 방패. 팔을 보호하면서 공격할 수 있다.

관련 항목

●헨리 8세→No.033

No. 044

바렐 헬름은 풀 페이스 투구의 대표였는가

헬름은 고대 게르만어의 '덮는 것', '감추는 것'을 어원으로 하는 투구류로서, 오랫동안 기사에게 애용되었다. 프랑스에서는 옴이라고 불린다.

●바렐 헬름에서 배서닛으로

11~13세기에 유행한 '바렐 헬름'은 **십자군** 등에서 이용된 투박한 인상을 가진 투구이다. 5~6장의 철판을 겹쳐 리벳으로 고정한 것으로서, 정수리 부분이 평평한 양동이 모양이다. 이러한 초기형에서는 충격을 완전히 흡수할 수 없었으나, 이후의 포탄형에서는 방호력이 향상된다. 시야 확보용 구멍은 가로 한 줄짜리 틈으로 십자형 보강판 겸 장식이 달렸고, 입 주위에 호흡을 위한 구멍이 있다. 개인 식별을 위해 이마나 정수리에 새나 짐승 모양 장식, 가문의 문장 등을 달았다. 투구 속에 **코이프**(두건)를 착용하며, 평시에는 말안장에 매달아두었다.

14세기 들어 복각판 '그레이트 헬름'이 마상창시합에서 쓰이거나, 또는 **맨앳암즈**(하마下馬 기사)에게 사용되었다. 이 시대의 헬름은 곡선이 많고 정수리가 뾰족하여 '슈거로프'(설탕산)라고 불렸다.

무게가 7kg이나 되는 '프로그마우스 헬름'은 15세기의 마상창시합에서 사용된 헬름의 아종으로, 정면은 밋밋하게 막혀 있어 눈을 치켜뜨고 위쪽 틈을 통해 밖을 내다본다. 시야가 나쁘지만 얼굴을 보호하기 위한 조치였다. 프랑스에는 검도에서 쓰는 호면 같은 방식으로 시야를 확보한 시합용 투구도 있었다.

이들 헬름계 투구는 모두 **바이저**가 없는 밀폐형이어서 시야가 나쁘고 숨 쉬기 답답하다. 튼튼해 보이지만 의외로 빈틈이 있어 취약하기도 하였다.

배서닛은 헬름에서 진화한 투구로, 13~15세기의 영국, 프랑스, 독일에서 이용되었다. 프랑스어 '바생'(水盤, 수반)이 어원이며, 처음에는 바리형 투구로서 얼굴 일부가 노출되어 있었으나 일그러진 포탄형이 주류이다. 여우 주둥이처럼 뾰족한 형태의 바이저는 위로 올릴 수 있는 구조로 되어 있다.

이 뾰족한 바이저를 두고 영국에서는 '하운드스컬', '피그페이스' 등의 속칭이 붙었다. 독일에서는 '베켄하우베', '훈츠구겔'(개의 두건) 등으로 불린다.

헬름의 베리에이션과 혁신적인 배서닛

바렐 헬름

시야가 좁은 데다 숨 쉬기 답답해 실전에 적합하지 않다.

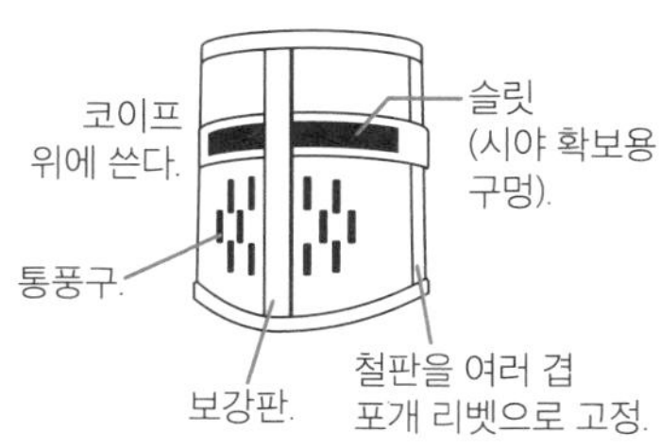

코이프 위에 쓴다.
슬릿 (시야 확보용 구멍).
통풍구.
보강판.
철판을 여러 겹 포개 리벳으로 고정.

그레이트 헬름

시대가 흐르면서 시합용 투구가 되었다.

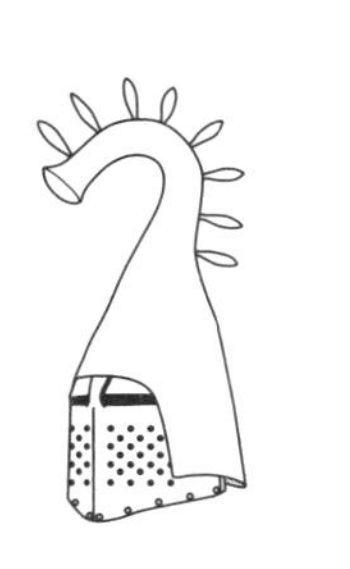

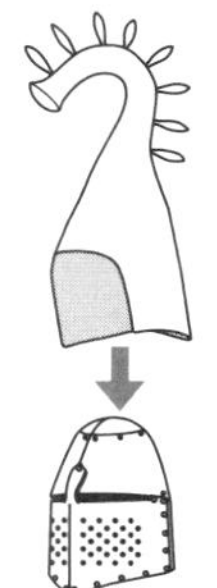

프로그마우스 헬름

'개구리 입'이라고 불리는 마상창시합용 중후한 헬름. 통풍구 겸용 시야 확보 구멍으로 눈을 치켜뜨고 내다본다. 무게 7kg.

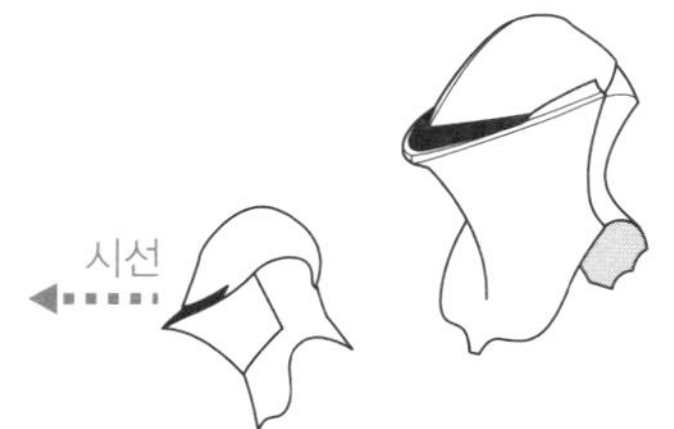

시선

배서닛

얼굴을 가리는 뾰족한 바이저가 특징. 그 밖에 가면형이나 지주(支柱)형, 책(柵)형도 있었다.

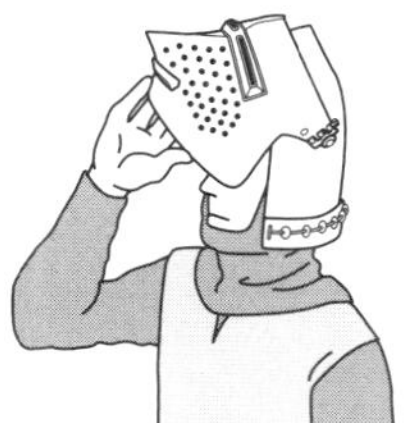

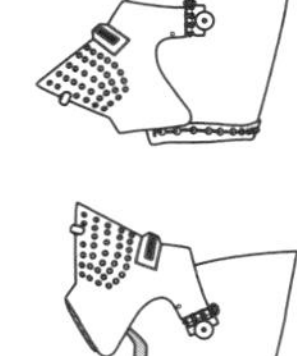

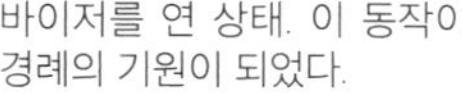

바이저를 연 상태. 이 동작이 경례의 기원이 되었다.

경례의 기원

서양에서 처음으로 바이저를 올릴 수 있게 된 투구가 배서닛이다. 무기를 들지 않은 오른손으로 바이저를 올려 상대에게 얼굴을 보여주는 동작이 기사의 인사=군대의 경례의 기원이 되었다.

관련 항목

●십자군→No.027/041
●맨앳암즈→No.029/059
●배서닛→No.040/045/103
●바이저→No.045
●코이프→No.046/097

No. 045

아멧은 기사용 헬멧의 집대성이었는가

전신 갑옷을 입는 시대가 되면 철로 된 양동이를 뒤집어쓸 뿐이던 초기의 투구는 부품 조립식에 바이저도 여닫을 수 있는 고도의 투구로 진화한다.

●배서닛 이후 풀 페이스 투구의 계보

'비코켓'은 여우 얼굴 모양 투구 **배서닛**의 개량판으로서, 프랑스어로는 '비코케'라고 부른다. 요새 또는 작은 요새라는 의미이며, 고급 투구로 간주되었다. 이것은 코끝이 둥글고 목까지 완전히 덮이게 되어 있다.

배서닛 이후 나타나 15~16세기, 즉 초기에서 중기의 **르네상스식** 갑옷에 자주 채용되었던 것이 '아멧'이다.

프랑스에서는 '아르메', 독일에서는 '아르메트', 이탈리아에서는 '엘메토'(소형 투구)라고 불렸는데, 이탈리아에서의 호칭이 어원이 되었다. 참고로 아멧은 영국에서는 어쩐지 인기가 없었다. **플레이트 아머**에 채용된 투구로서 언뜻 보면 **풀 페이스 투구**의 일종 같지만, 하프 헬멧으로 분류된다. 실은 머리 부분+좌우의 볼가리개+가동 **바이저** 등의 부품으로 구성되어 있다. 매끈한 곡면 구성, 혹은 뾰족한 형태의 바이저는 경첩으로 열리는 구조이다. 그래서 '참새 부리'라는 속칭이 있었다.

이 투구는 구조가 복잡하여 무게가 3.5kg에 달한다. 갑옷의 목 부분과 접속하도록 만들어져, 이전까지의 투구보다 척추에 주는 부담을 줄일 수 있었다. 다만 장착에는 시간이 걸린다.

정수리부터 후두부에 걸쳐 한 줄기의 볏을 다는 경우도 많았는데, 장식이라기보다 꼭대기 부분의 강도를 높이기 위한 조치였다.

'클로즈 헬멧'은 플레이트 아머용 풀 페이스 투구의 최종 형태로서, 15~17세기에 영국과 독일에서 유행하였다. 아멧과 비슷하지만 볼가리개의 좌우가 일체화되고 목 부분도 연장되었다. 바이저는 뾰족한 형태·주름 가공·곡면 구성 등 여러 종 있었다. 후두부에 볏이 있는데, 바이저의 무게 때문에 목이 내려가는 것을 막기 위한 균형 장치였다.

풀 플레이트의 투구로 채용된 모델

비코켓

배서닛의 일종으로 여겨진다. 아멧과 비슷한 부품 구성을 가지고 있다.

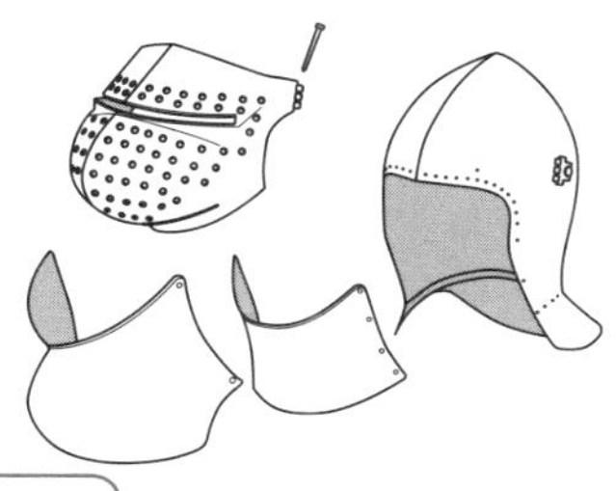

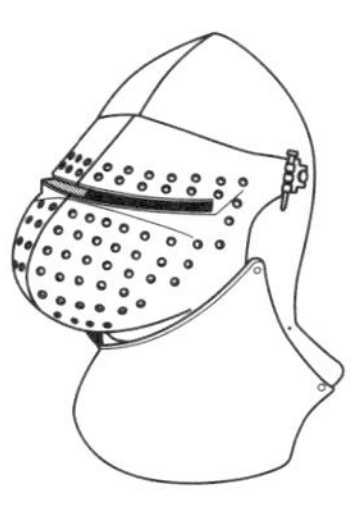

아멧

머리 부분에 부품이 달려 풀 페이스 투구처럼 된다.

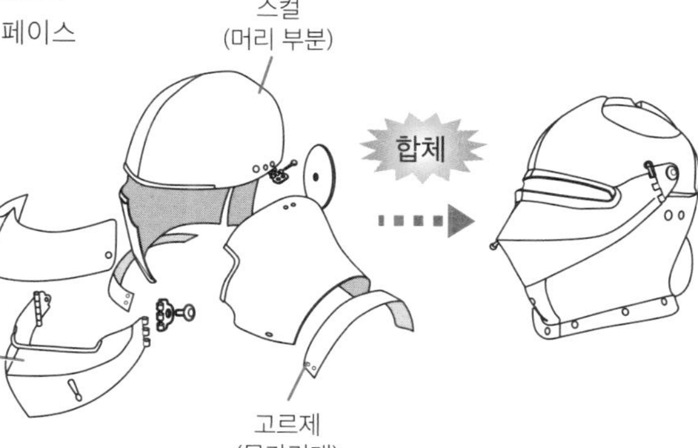

클로즈 헬멧

이 시대의 투구는 전신 갑옷과 함께 쓰는 것을 전제로 하여 주문 제작이 많다.

앞으로 무게 중심이 쏠리기 때문에 후두부의 볏으로 균형을 잡는다.

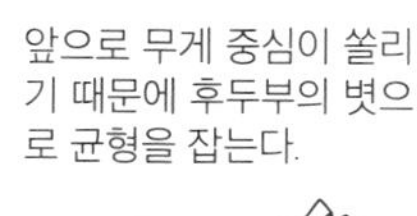

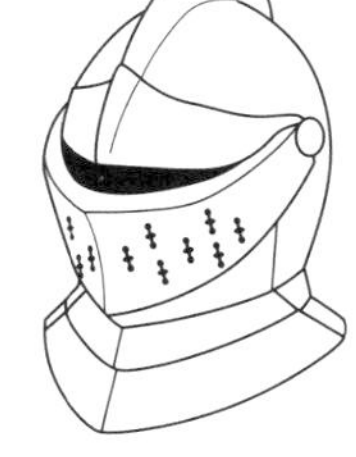

관련 항목

●르네상스식→No.030/033
●플레이트 아머→No.030/038/039
●풀 페이스 투구→No.037/044
●배서닛→No.040/044/103
●바이저→No.044

No. 046

서양의 오픈 헬멧에는 어떤 것이 있었는가

기사의 투구는 풀 페이스지만, 보병이나 궁병은 얼굴 아래쪽이 열린 오픈 헬멧을 사용했다. 염가판이라고는 하지만 잘 고안되어 있었다.

●완성의 영역에 이른 중세 오픈 헬멧

보병은 이전까지 코이프(머리용 사슬 갑옷) 등을 이용하였으나, 15~16세기의 이탈리아와 독일에서는 **샐릿** 투구가 보급되었다. 코에서부터 위를 덮는 깊은 사발형 투구로서, 한 줄로 된 가로 틈을 통해 시야를 확보했다. 상등품이라면 위로 올릴 수 있는 **바이저**가 달리거나, 다른 부품인 비버(턱가리개)를 추가하기도 한다. 샐릿은 대개 투구의 후두부가 연장된 디자인이지만, 철판 조각을 40cm나 이어 붙여 후두부를 커버하는 경우도 있다. 후방 공격에 대비하기 위해서인데, 서양 검술에는 정면으로 대치하면서도 등이나 후두부를 노리는 기술도 있기 때문에 방심할 수 없었다.

'버거넷'은 프랑스의 부르고뉴 지방에서 탄생한 투구로, 호칭은 거기에서 유래하였다. 영국에서 인기를 끌어 그리니치 공방의 명물이 되기도 한다. 샐릿에서 발전하여 16~17세기 영국과 프랑스에서 쓰인 경량 투구이다. 초기의 모델은 기병용이었으며, 얼굴 부분이 마스크로 덮여 있었다. 나중에는 접이식이나 격자형 호면이 달렸고, 최종적으로는 얼굴을 노출하는 오픈 헬멧이 된다. 턱까지 내놓는 현대의 제트 헬멧과 같은 형태이다.

본래는 병사와 용병용이지만, 기사나 귀족도 자주 이용하였다. 실전에서 시야를 넓게 확보하는 것은 중요한 일이었고, 무엇보다 기마전에서 도보전으로 전환되면서 경무장이 좋게 평가받던 시대였기 때문이다.

로브스터테일 포트는 '캐플린', '치셰게' 등으로도 불린다. 16~17세기의 영국과 독일에서 인기가 있었다. 샐릿, 그리고 14세기에 중동에서 서유럽으로 전해진 투구 **시샤크**가 융합하여 탄생했다고 여겨진다. 꼭대기 부분은 둥글고 측면에 경첩식 볼가리개가 달리며, 로브스터의 꼬리처럼 금속판을 나란히 이어 후두부를 연장시켰다. 또한 얼굴 앞에는 V자와 가로대로 이루어진 철격자 가드가 달리기도 하였다.

샐릿/버거넷/로브스터테일 포트

샐릿

유럽에서 널리 사용되어 베리에이션이 많다. 머리 상반부를 보호하는 간소하면서도 충실한 투구.

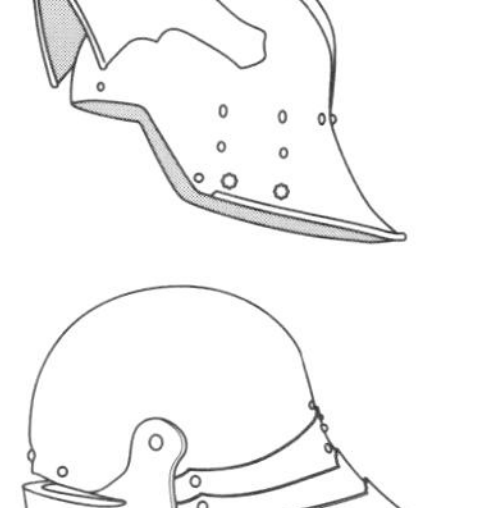

버거넷

처음에는 풀 페이스형이었다가 호면을 떼고 오픈 헬멧으로서 사용하게 된 기병 투구.

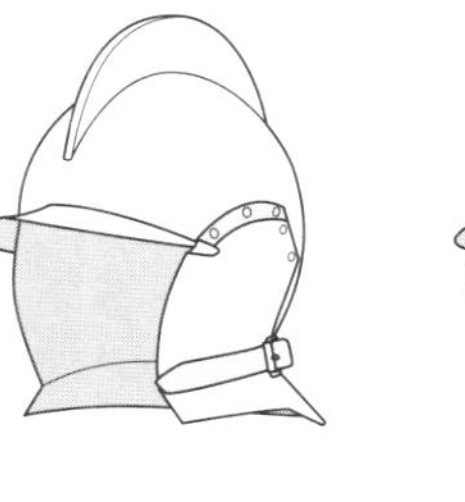

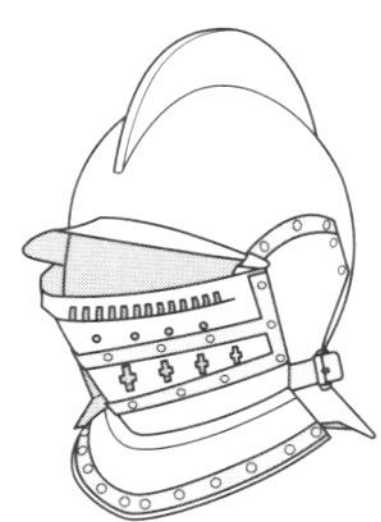

로브스터테일 포트

정식 명칭은 지스차지이나, 속칭이 더 유명해졌다. 포탄형 머리 부분에 볼가리개와 후두부의 철판 조각이 붙은 구조로, 중동의 시샤크와 유사하다.

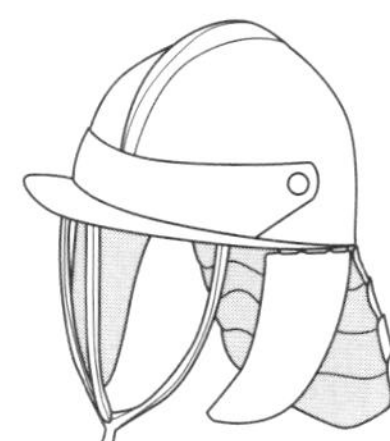

관련 항목

●샐릿→No.041/047/048/103
●바이저→No.044/045
●로브스터테일 포트→No.097
●시샤크→No.097

No. 047

서양 병사의 장비는 철 투구에서 철모로 변해갔는가

시대가 흐름에 따라 병사의 투구는 계속 경량화되었고, 그 유용성을 인정받았다. 르네상스기에는 고대 무기·방어구의 재평가와 복각도 이루어진다.

●심플하고 가벼운 철모

'바르부타' 또는 '바르바토'(이탈리아어로 수염이라는 뜻)는 포탄형 투구로서, 눈과 코에 해당하는 부분을 Y나 T자형으로 잘라냈다. 고대 그리스 투구인 **코리스**와 많이 닮았는데, 실은 14~15세기 이탈리아의 르네상스 운동 속에서 나타난 복각품이었다. 영국, 프랑스, 독일에서도 쓰였는데 구조가 단순하여 많은 병사가 이용하였다. 테두리는 판금으로 보강하여 리벳으로 고정했고, 또한 안쪽에는 가죽을 덧댔다. 나아가 보다 염가인 이탈리아 투구로 '첼라타'(은폐한다는 뜻)가 있다. 이것은 현대의 헬멧과 비슷하지만 목덜미 부분이 길다.

'케틀 해트'라 불리는 종류의 철모는 12~17세기라는 오랜 세월에 걸쳐 서유럽 전역에서 이용되었다. **샐릿**과 비슷하게 생긴 모델도 있어 혼동하기 쉽다. 원래는 보병과 궁병용이지만, 17세기에는 기병도 사용하였다. 독일의 투구는 머리 부분이 깊어 눈까지 덮으며 홈이나 있었다. 이탈리아의 것은 머리 부분이 평평하나, 스페인에서는 뾰족하여 물방울 같은 모양이다. 프랑스의 아종 '샤펠 드 페르'는 머리 부분이 독특한 모양을 하고 있다. 또한 현대까지 탐험가가 쓰는 '챙 모자'도 실은 케틀 해트의 일종으로 본래는 금속제이다.

16~17세기의 **모리온**도 철모인데, 유럽 각지에서 디자인 차이가 있었다. 이탈리아에서는 '모리오네'라 불리며 차양이 위로 젖혀진 독특한 모양이었다. 이러면 시야를 확보하기 쉬워 총을 쏘기에 적합하다. 이 타입의 볏은 최대 15cm 정도이다. 스페인에서는 **카바세테**라고 불린다. 머리 부분은 포탄형이며 차양은 심플하고 작다. 꼭대기의 돌기가 향하는 쪽이 뒤쪽이다. '모리온카바세'는 절충형으로, 차양이 교자만두 모양에 머리 부분은 포탄 형태, 그리고 볏은 없다.

17세기에는 이러한 투구가 유행하였다. 이후 갑옷은 입지 않게 되어도 철모만은 현대에 이르기까지 계속 사용된다.

바르부타/케틀 해트/모리온

바르부타

그리스 투구의 복각판. 각 부분의 보강 등 다소는 개량되어 있다.

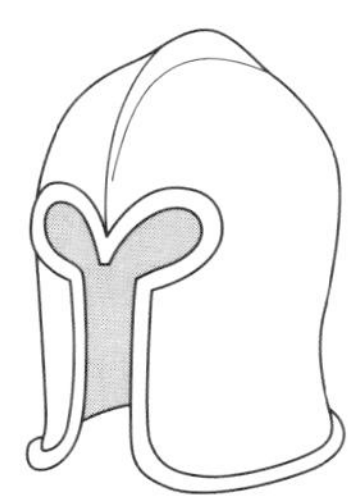

케틀 해트

각지에서 오랫동안 쓰인 철모로 형태는 가지각색. 샐릿을 닮은 모델도 있으나 케틀은 후두부 연장이 없다.

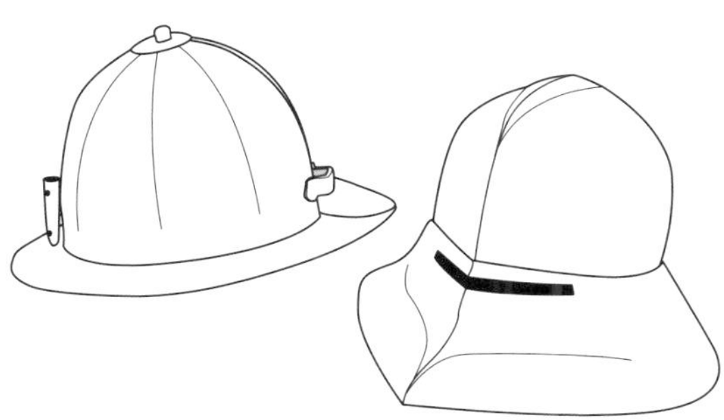

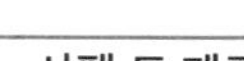

샤펠 드 페르

프랑스제로 케틀의 일종.

모리온

남유럽에서 선호된 세로로 긴 차양이 달린 철모. 총을 쏘기에 적합한 독특한 형태이다.

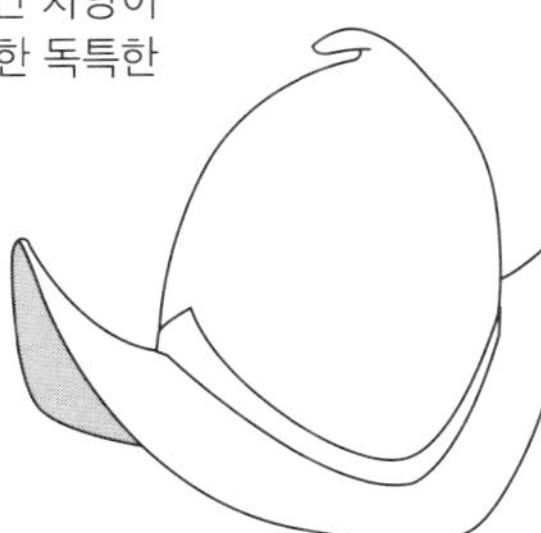

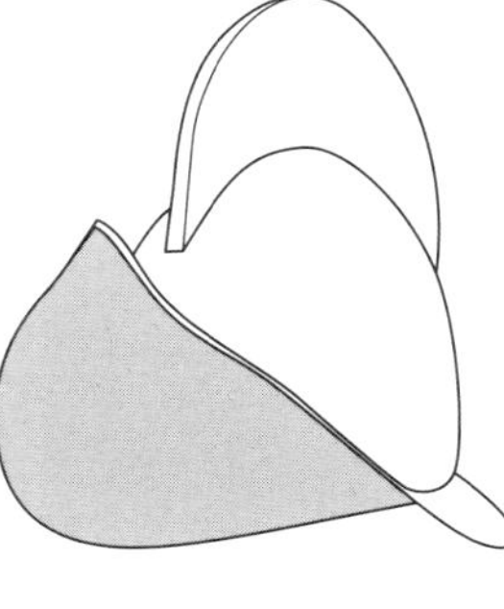

관련 항목

●코리스→No.012
●샐릿→No.041/046/048/103
●모리온→No.066
●카바세테→No.076

No. 048

토너먼트용 갑옷이 존재하였는가

서유럽의 무술시합은 결투 재판을 기원으로 하여 1066년 프랑스에서 처음 개최되었다. 이것이 경기가 되어 규칙이 정비되고 각국으로 확산된다.

●중후한 무술시합용 판금 갑옷

유럽 각국에서는 13~16세기 사이, 갑옷을 입고 벌이는 무술시합 '**토너먼트**'가 성행하였다. 왕후귀족은 물론 민중도 열광했기 때문에 교회가 그것을 꺼려 금지령을 내린 적도 있었다. 여성 구경꾼도 많아, 토너먼트는 기사도 정신을 함양하는 장도 되었다고 일컬어진다. 실전에 대비한 훈련과 연습이라는 명목으로 개최되는 것이 대부분이지만, 간혹 결투나 분쟁 해결에도 이용되었다(그 경우 패배한 사람은 처형된다).

개인전과 단체전 등 몇 가지 종목이 있었으나, 가장 주요한 종목은 랜스를 이용하는 일대일 마상창시합일 것이다. 영어로는 '자우스팅', '주스트'(두 사람의 승부)라고 하는데, 13세기에는 이미 '창으로 싸운다기보다 정면으로 부딪쳐 승부를 내는' 양식이 되어 있었다.

시합에서 사용하는 랜스는 자루가 잘 부러지도록 세공되었으며, 갑주도 격심한 충격을 막아낼 수 있게 강화한 장비 '토너먼트 아머'였다. 무게가 대략 30~40kg이나 되어 걷지 못할 정도였지만, 실전이 아니므로 말을 탈 수만 있다면 문제없었다.

충돌 시의 충격이 크기 때문에 뼈를 보호하기 위해 목 부분과 갑옷을 고정하는 넥 가드(왼쪽 가슴의 증가장갑 겸용)를 장착했으며, 투구는 두껍고 시야가 매우 나빴다. 처음에는 **그레이트 헬름**, 나중에는 **샐릿**이 채용되었다.

갑옷은 실전용보다 중후한데, 규칙에 의해 왼쪽 가슴 부위를 공격하게 되어 있어 왼쪽 면이 보다 무겁고 두껍게 만들어졌다. 또한 오른쪽 가슴 아래 부근에는 랜스를 얹는 받침대가 달려 있었다.

14세기에는 도보결투도 이루어지지만, 마상창시합의 인기는 탄탄하여 17세기 들어 주스트는 '캐러셀'이라는 마술(馬術) 대회로 변화해갔다.

토너먼트 아머와 마상창시합용 랜스

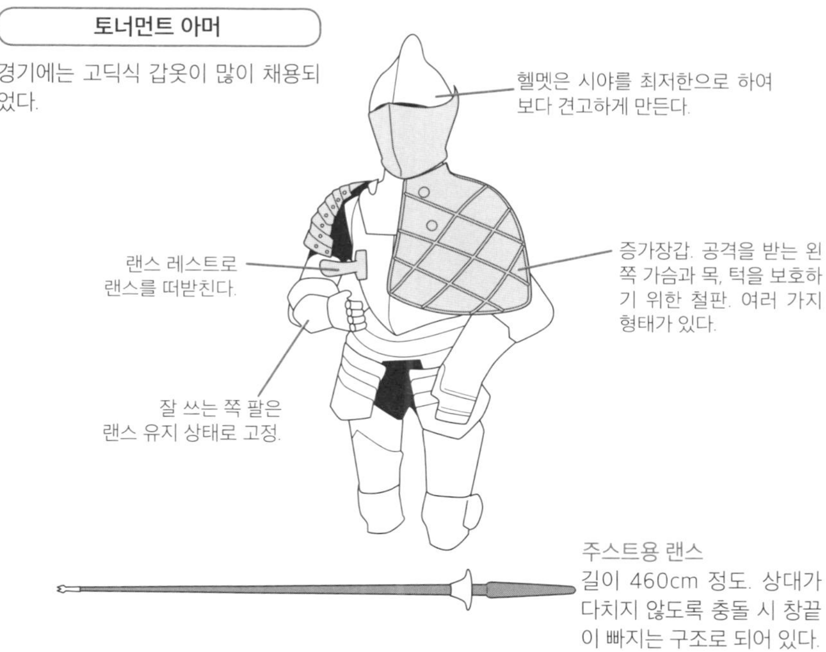
토너먼트 아머
경기에는 고딕식 갑옷이 많이 채용되었다.
헬멧은 시야를 최저한으로 하여 보다 견고하게 만든다.
랜스 레스트로 랜스를 떠받친다.
증가장갑. 공격을 받는 왼쪽 가슴과 목, 턱을 보호하기 위한 철판. 여러 가지 형태가 있다.
잘 쓰는 쪽 팔은 랜스 유지 상태로 고정.
주스트용 랜스
길이 460cm 정도. 상대가 다치지 않도록 충돌 시 창끝이 빠지는 구조로 되어 있다.

집단 무술시합

일대일 결투뿐만 아니라 집단끼리의 모의전도 11세기부터 이루어진다. '토니' 또는 '밀리' 등으로 불리는데, 기사는 물론 보병까지 넣어 경기하기도 하였다. 일정 시간 안에 승패를 겨루며 진 팀은 무기 · 방어구와 말을 빼앗기는 규칙으로서, 이기면 한밑천 벌 수 있었다.

그러나 집단전은 실전을 방불케 하는 전투가 되어 너무나 위험했기 때문에, 13세기에는 칼끝을 뭉갠 검이나 곤봉을 이용하는 식이 되었다. 그 밖에 허리 아래 부위에 대한 공격이나 밀고 당기는 행위 금지, 투구가 벗겨진 사람은 다시 쓸 때까지 공격받지 않으며 갑옷이나 말을 잃은 사람은 탈락하는 등의 세칙을 정하는 경우도 있다.

특이하게는 14세기에 보트를 이용한 수상결투도 이루어졌다. 한 척에 기사 1명과 노잡이 몇 명이 올라타 전투에 임한다.

관련 항목
●샐릿→No.041/046/047/103
●그레이트 헬름→No.044
●토너먼트→No.041/049

No. 049

말이나 코끼리에게도 갑옷을 입혔는가

서유럽의 경우에는 5세기 서고트에서 말을 위한 스케일을 채용하였다. 세계적으로 보면 실전에서 동물에게 갑옷을 입히는 습관은 아시아 지역에서 성행한다.

●중장갑 기사를 태운다면……

역사상 기사가 등장하는 것은 8세기가 되고 나서지만, 서고트 왕국에서 기병이 타는 말에 갑옷을 입힌 것이 그 시초라고 할 수 있다. 다만 서유럽에서는 마구(馬具)의 채용이 늦은 점도 있어 **중장기병**대에 의한 전술은 확립되지 않았다. 전장이 아니라 오히려 **토너먼트** 속에서 중후한 기사 갑옷과 말 갑옷이 발달한다. 서유럽에서는 **마갑**을 '바드', '바딩'이라고 부르는데, 주로 무술시합 중의 부상으로부터 말을 보호하기 위한 것으로 경기용 성격이 강하다.

기사들이 무거운 갑옷을 입었기 때문에 현실의 마갑은 가죽제가 주류였고, 전장에서는 마면만으로 끝내는 경우도 적지 않았다고 한다. 몸통에 체인 메일을 씌우기도 했고 판금 바드도 유통되었으나, 너무 무거워 보이는 장비는 퍼레이드용이었을 가능성도 있다. 유니콘을 본떠 뿔 장식을 단 마면 등은 인상적이다.

15~16세기 판금제 바드의 총중량은 30kg 정도로서 마면 '챔프런', 목가리개 '크리넷', 흉갑 '페이트럴', 고갑 '크러퍼', 복갑 '플랜차드'의 다섯 부분으로 구성되어 있었다. 독일제 고급품은 당시 유행하던 **플루트**(홈)가 들어가 아름답다.

중장기병은 아시아에서도 운용되었으며 특히 몽골이 유명했다. 그 몽골에 적대하던 인도의 국가 등에서는 말에 더해 코끼리를 전력으로서 투입하였다. 말보다 먼저 코끼리를 전투용으로 훈련시켰다는 설조차 있다. 성난 코끼리는 적군에게 있어 공포의 대상이었으나, 생물 병기로서는 컨트롤이 어려웠다고 한다.

17세기 **무굴 제국**에서는 전투 코끼리에 갑옷을 장착하였다. 코끼리는 단단한 피부를 가지고 있지만, 추가로 천이나 금속 방어구를 입힌 것이다. 라멜라형, 체인 메일과 플레이트의 복합형 등 몇 가지가 있다. 또한 나아가 몇 명의 궁병이 타는 망루나 무거운 화포를 실어 이동포대로 삼기도 하였다.

서유럽의 말 갑옷과 인도의 코끼리 갑옷

서고트의 중장 기마

스케일을 덮고 마면을 씌웠다.

판금제 바드

마갑에는 가죽제나 판금제 등이 있었다.

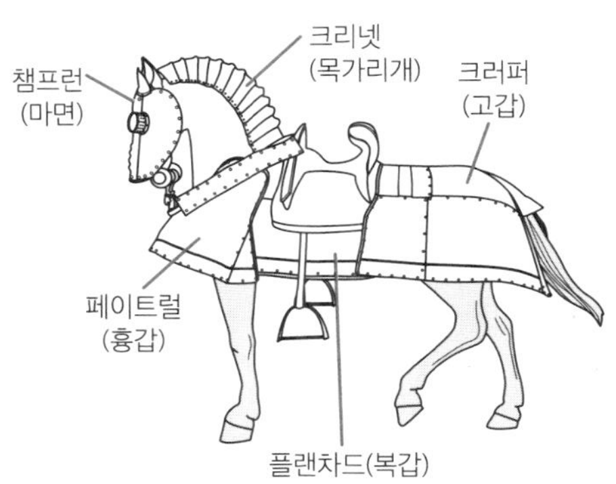

무굴 제국의 코끼리 갑옷

천에 금속판을 꿰매 라멜라식으로 만든 갑옷을 입힌다. 말에도 같은 사양의 갑옷을 입혔다.

전투 코끼리 망루

궁병 또는 지휘관이 올라타거나 혹은 무거운 화포를 실은 망루를 등에 동여매기도 하였다.

관련 항목
●중장기병→No.016/086/089/090/092/096
●플루트→No.032
●토너먼트→No.041/048
●마갑→No.086/092
●무굴 제국→No.095/096

멋쟁이 용병 란츠크네히트와 슬래시 패션

15세기 후반에서 16세기에 걸쳐 신성 로마 황제 막시밀리안 1세(이 책에서도 여기저기 등장하는 갑주 마니아 군주)의 소집에 응하여 싸운 것이 란츠크네히트라 불리는 독일인 용병들이었다. 용맹스럽기로 유명한 스위스 용병이 그 원류라고 한다.

란츠크네히트는 줄무늬나 원색 조합 등 화려한 복장을 선호하였다. 타조 깃털 장식을 곁들인 코카르라는 모자를 쓰고 좌우가 다른 긴 양말을 신기도 했다. 그들은 그처럼 특이한 차림을 함으로써 동료들 사이의 연대감을 높였다고 한다. 다른 곳에서는 볼 수 없는 독특한 패션에는 군대의 제복과도 같은 의미가 있던 것이다.

의복의 소매 부분에서는 특히 공들여 취향을 살렸다. 옷의 겉감에 절개선을 넣어 안감을 내보였는데, 슬래시라는 이 장식 기법은 당시의 엄격한 풍조에서 보면 사람들의 빈축을 사기에 충분했다. 그러나 막시밀리안 황제는 '전장에서 목숨을 거는 용병들에게 있어 몇 안 되는 즐거움'이라며 특별히 허락해준다.

당초 슬래시는 세인들에게 꺼려졌지만, 란츠크네히트가 독일에 귀국하자 사람들 사이에 공전의 붐이 일어났다.

이 유행이 16세기 중에는 유럽 전체에 확산되면서 슬래시는 왕후귀족에게까지 사랑받게 된다. 옷감을 많이 사용하는 값비싼 고도의 장식에 눈길을 끄는 디자인이므로, 부유층에게 인기 있던 것도 이해가 간다. 나아가서는 퍼프 앤드 슬래시라 불리는, 슬래시를 본뜬 장식을 넣은 갑옷도 만들어졌다.

참고로 코드피스 또는 브라게트(독일에서는 라츠)라 불리는 반구형 낭심 보호대도 란츠크네히트가 활약하던 시대의 방어구이다. 고간을 강조하도록 의도적으로 크게 만들었다. 전투에서도 사용했지만 귀족들이 몸에 걸치는 장식품도 되었다.

그런데 슬래시의 기원에 관해서는 이런 설이 있다.

용병에게는 정규군 같은 나라의 후원이 없고 아무런 보상도 없다. 전쟁에서 입은 부상에 대한 배상도 없다. 성실하게 싸우기만 해서는 소모된다. 그래서 그들은 이긴 싸움에서는 당연하다는 듯 약탈을 행했고 불리해 보이면 당장 도망쳤다. 그렇게 부상을 두려워한다면 싸우기보다 도망치는 경우가 더 많았을 것이다. 다만 달아나기만 했다가는 지휘관의 노여움을 사게 되므로, 자신의 의복을 찢음으로써 격렬하게 싸운 척을 했다. 이것이 슬래시의 시작이었을 것이다. 전장에서 찢은 옷이 어느새인가 원래부터 절개선을 넣은 옷이 된 것이다.

란츠크네히트가 화려한 옷을 입은 것은 징병관의 눈을 끌기 위해서이기도 했다. 용병의 채용은 경쟁률이 높아, 활기차고 눈에 띄는 사람이 우선 채용되었기 때문이다.

제3장
일 본

No. 050

단코는 고대 일본을 대표하는 갑옷이었는가

일본에서는 야요이 시대(弥生時代, 3세기 이전)부터 동체 갑옷을 이용했다고 추측된다. 물론 전쟁을 위한 장비지만, 제례에서 사용하는 경우도 적지 않았다.

●일본에서 가장 오래된 갑옷의 한 형태

일본에서 출토되는 가운데서도 가장 오래되었다고 여겨지는 것이 단코(短甲, 단갑)라는 타입의 흉갑이다. 옛말로 미지카요로이라 불렀으며 대부분은 목제나 가죽제였지만, 드물게 물고기의 껍질도 소재로 사용했으리라 생각된다.

단코는 나뭇조각 또는 소가죽을 끈이나 징으로 연결한 것으로서, 코르셋 같은 모양을 하고 있었다. 몸을 끼워 넣듯이 입고 나서 앞쪽 가슴 부분에서 잠그는 구조이다. 후세에는 착용하기 쉽도록 왼쪽이나 오른쪽이 경첩으로 열리게 되어 있는 모델도 등장한다. 가슴과 배를 보호하기 위한 방어구이다.

일본의 단코는 고대 중국의 혁갑(革甲), 동남아시아 지역에서 볼 수 있는 (덩굴을 엮어서 만드는) 등갑(藤甲)이나 물고기 껍질을 이용한 혁갑 등과 구조가 비슷하다. 따라서 남쪽이나 서쪽에서 전해진 갑옷인지도 모른다.

3~4세기 고훈 시대(古墳時代)의 출토품으로 철제 단코가 나타나기 시작한다. 수는 적지만 지배 계급용으로서 구리에 금도금을 한 단코도 존재했다. 이 시대의 단코에는 말가죽 안감을 붙였던 듯하다. 또한 흉갑뿐만 아니라 스커트처럼 긴 원뿔 모양 드리개가 추가되었다.

참고로 철이 아직 귀한 시대였기 때문에, 모든 단코가 가죽에서 철로 이행한 것은 아니다. 부식되지 않고 출토된 금속 갑옷은 모두 고급품인 것으로 보아, 주류는 여전히 가죽제였던 듯하다. 고분에서 발견되는 병사의 토용 중에도 단코를 입은 것이 있는데 가죽제로 여겨진다.

단코는 이후 5~6세기에는 점차 쇠퇴해간다. 전쟁이 기마전 위주로 이행하면서 보다 쓰기 편한 **게이코**(挂甲, 괘갑)를 애용하게 되기 때문이다.

또한 단코는 이후 등장하는 **도세이구소쿠**(当世具足)의 일종인 판물갑의 조상으로 평가되기도 한다.

단코——판을 서로 연결한 원시적인 동체 갑옷

단코

동체를 사이에 끼워 착용하는 흉갑. 중국이나 동남아시아의 고대 갑옷과 같은 형태. 고대 그리스의 동체 갑옷 토락스도 방불케 한다.

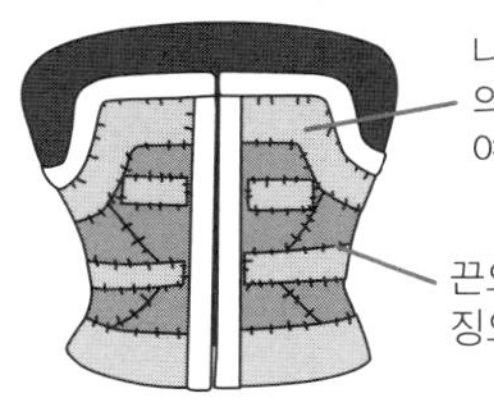
나무나 가죽 등
의 판을 접합하
여 성형.
끈으로 묶거나
징으로 접합.

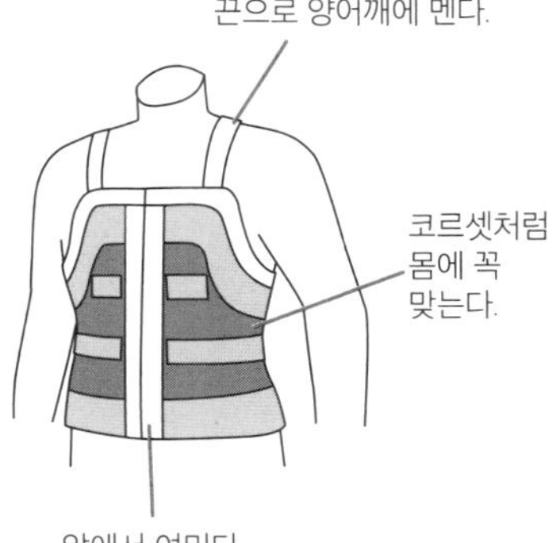
끈으로 양어깨에 멘다.
코르셋처럼
몸에 꼭
맞는다.
앞에서 여민다.

제사용 단코

야요이 시대부터 존재하지만 전투용이 아니다. 목제이며 표면에 문양이 새겨져 있다.

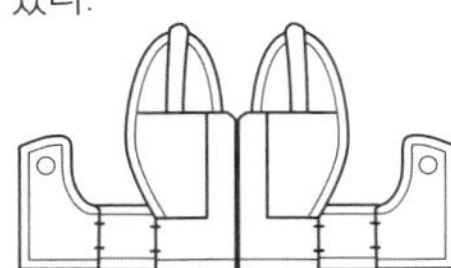

철제 단코

고훈 시대가 되자 철제 단코가 많아지고, 허리를 보호하는 드리개가 부속하게 되었다. 그 후에 말이 보급되면서 게이코로 교체가 진행된다.

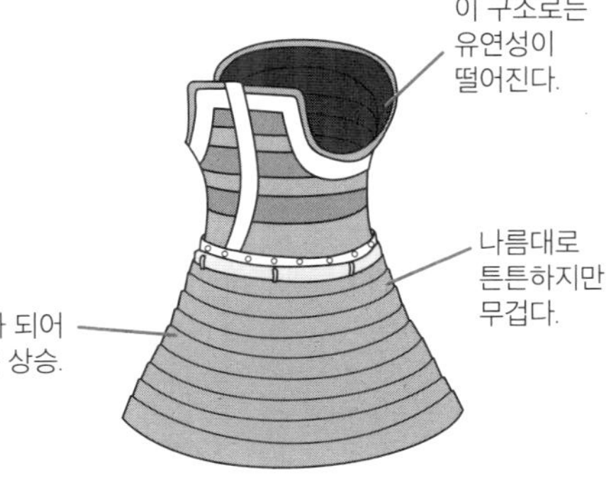
이 구조로는
유연성이
떨어진다.
나름대로
튼튼하지만
무겁다.
철제가 되어
방어력은 상승.

관련 항목

●단코→No.051/052
●게이코→No.051/052
●도세이구소쿠→No.064/065/073
●등갑→No.082/088

No. 051

일본의 게이코는 세계 표준형 갑옷이었는가

고훈 시대가 한창이던 5세기 중반에 게이코라는 갑옷이 등장한다. 원시적이기는 하지만 일본 갑옷의 뿌리가 되는 중요한 방어구였다.

●고훈 시대부터 헤이안 시대(平安時代, 794~1185년)까지 사용된 고급 갑주

게이코(挂甲)는 **라멜라**의 일종으로, 일본풍으로 말하면 소찰갑=그 후에 등장하는 모든 갑주의 조상에 해당한다. 판이나 미늘 등의 작은 조각을 여러 개 잇대어 완성하는 라멜라는 예로부터 아시아, 인도, 오리엔트 등 유럽 이외의 거의 전 세계에서 가장 많이 보급된 갑옷으로서, 갑주의 최적해라고 여겨진다. 일본의 갑옷도 그 일종이었다. 대륙 북방의 유목 민족은 옛날부터 게이코와 유사한 라멜라를 이용했으므로, 도래인(渡来人) 등이 가지고 들어온 갑옷에서 게이코가 탄생하지 않았을까 생각되고 있다. 그때까지 일본에 존재하던 **단코**보다 유연하여 기병의 갑옷에 적합했다. 반대로 고고학자는 '게이코가 출토되는 유적에는 아직 전국에 보급되지 않았던 말이 존재하는 것으로 보아, 도래인이 관계하고 있었으리라' 추측하기도 한다.

사용된 소찰은 '게이코자네(挂甲札)'라고 하는데, 명함을 세로로 반 자른 정도의 크기에 두께는 5mm가량이다. 형태는 아직 고르지 않았다. 여기에는 엮기 위한 구멍이 10군데 정도 뚫려 있다. 재질은 금속이나 가죽, 나무지만, 군마현(群馬県)의 가나이히가시우라(金井東裏) 유적(6세기)에서 출토된 소찰은 희귀하게도 사슴뿔로 만들어졌다.

게이코는 흉복부와 드리개로 이루어진 본체 및 견갑으로 구성된다. 후기의 것은 몸통에 300장 이상, 드리개에 350장 이상의 소찰이 소비되며 하나의 갑옷(한 벌) 제작에 120일이 걸렸다. 형식은 동체를 빙 둘러 감아 앞쪽 가슴 부분에서 여미는 '도마루식(胴丸式) 게이코'와 '우치카케식(裲襠式) 게이코'의 두 타입이 있었다. 도마루식은 나중에 도마루(胴丸)로 진화한다. 우치카케식은 앞뒤판 한가운데에 목을 집어넣어 착용하고, 노출된 좌우 측면에 추가판 '와이다테(脇楯)'를 단다. 이것은 나중에 **오요로이**(大鎧)로 진화하였다.

게이코는 당시 조정의 무관이 사용했다고 하는데, 실전에서 쓰이지 않게 되어서도 의식용 의상으로서 계속 존속하였다. 현대에도 천황가에서 거행되는 의식에서 사용하고 있다고 한다.

게이코——갑옷의 최적해인 소찰갑

게이코는 크게 나눠 도마루식과 우치카케식의 2종이 있다.

도마루식 게이코

동체를 감싸는 형식. 앞에서 좌우 끝을 여민다.

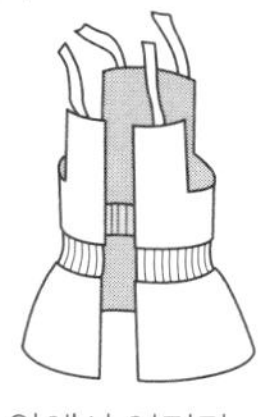

앞에서 여민다.

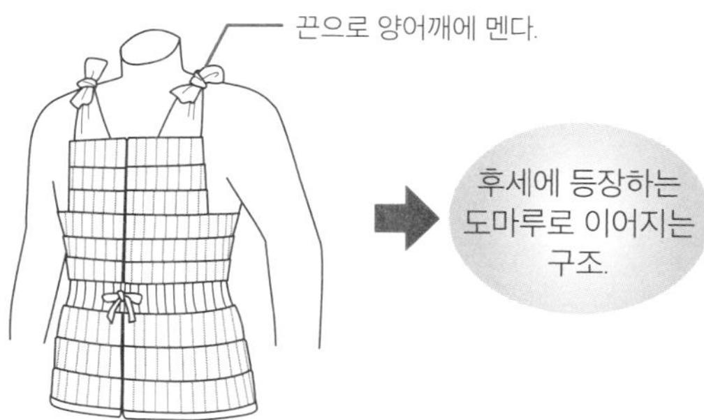
끈으로 양어깨에 멘다.
후세에 등장하는 도마루로 이어지는 구조.

우치카케식 게이코

앞뒤의 긴 갑판 중앙에 목을 집어넣고, 좌우 옆구리에 와이다테를 다는 타입.

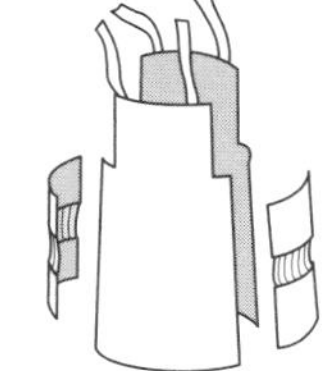

도마루식보다 여유롭지만 좌우가 열린다.

끈으로 양어깨에 멘다.

후세에 등장하는 오요로이와 같은 구조.

와이다테.

초기 게이코와 소찰

고훈 시대의 게이코는 큼직한 미늘을 옆으로 십수 장 엮는다. 그것을 3~4단 이어 가슴 부분을 완성하였다.

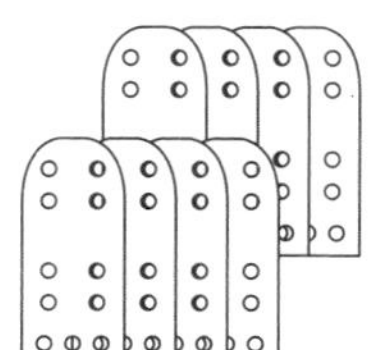

소찰에는 끈을 꿰는 구멍이 10군데 이상 있다.

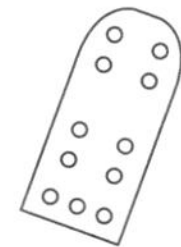

나라 · 헤이안기의 것에 비해 만듦새가 조잡하다.

관련 항목

●라멜라→No.007
●단코→No.050
●오요로이→No.055/056/057/059/062

No. 052

중국에서 전래된 멘코는 병사 전원에게 보급되었는가

가마쿠라 시대(鎌倉時代, 1185~1333년) 이전까지는 율령으로 무기 · 방어구의 개인 소유가 금지되어, 국가에서 생산과 관리를 행했다. 수량을 채우기 위한 염가형 갑옷도 많이 만들어졌다.

●나라 · 헤이안 시대의 병단은 각종 갑옷을 장비하였다

게이코와 **단코** 등 고대의 갑주는 9세기의 헤이안 시대에 이르기까지 사용되었다. 다만 나라 시대(奈良時代, 710~794년)에는 이미 '제작에 품이 많이 든다', '금속 갑옷은 너무 무거워서 불편'하다고 여겨, 헤이안 시대 초기에는 가죽제가 주류가 되어 있었다. 『엔기시키(延喜式)』(법률서)에는 '그들 갑옷은 쇼소인(正倉院) 등의 창고에 보관되며, 전란이 있을 때마다 병사에게 지급하여 수 세대에 걸쳐 사용하였다'고 기록되어 있다. 그 결과 심하게 소모되어 게이코의 실물은 그다지 남아 있지 않다. 참고로 야마토 조정(大和朝廷)이나 막부(幕府)와 오랫동안 싸웠던 아이누의 전사도 소찰갑을 이용하였다. 근세까지 쓰인 '아이누 갑옷'은 티베트의 라멜라와 형태가 비슷하지만, 롱스커트처럼 자락이 길다. 소찰은 주목(朱木) 나뭇조각으로 만들어지며 이음매는 등 또는 정면에 있다. 아이누는 또한 바다사자나 바다표범 등 바다짐승의 가죽을 가공하여 갑옷을 제작하기도 하였다. 갑옷을 입은 뒤, 천에 나뭇조각을 붙인 두건 투구를 쓰는 경우도 있다.

다시 조정이 관리하는 갑옷에 관한 이야기로 돌아오면, 간무 천황(桓武天皇, 재위 781~806년) 시대에 철제 갑옷은 3,000벌 있었다고 한다. 이것은 호족이나 무관용 장비이니, 일반 병사용 가죽 갑옷과 **멘코**(綿甲, 면갑)까지 더하면 방어구의 재고 총수는 수만에 달했을 것이다. 지방에서의 생산도 지시되어, 『쇼쿠니혼기(続日本記)』에 따르면 멘코류는 다자이후(太宰府, 규슈九州에 설치되었던 지방 행정 기관-역주)에서만 2만 250벌이나 만들어졌다고 한다.

멘코 또는 면 갑주는 나라 시대 이후에 채용된 관제 양산 갑주로, 중국 당나라에서 전래된 것이다. 대륙의 것과 구조가 달라, 일본에서는 피륙 위에 철이나 가죽, 나무판을 징으로 고정한 갑옷과 투구가 양산되었다. 간소하지만 화살을 막을 만큼 성능이 높았으며, 방한복으로도 이용되었다. 멘코는 병사의 제복이기도 하였는데, 갑판에 색을 칠해 5색 부대로 편제한 듯하다. 멘코의 일종으로서 갑판 없이 천에 철판 모양 색을 입혔을 뿐인 '멘오(綿襖)'라는 군복도 있다.

멘코와 아이누 갑옷

멘코

상세한 사항은 불명이지만, 세계적으로 사용된 '천에 판을 붙인 갑옷'의 일종. 일본에서는 군복이나 방한복으로서도 이용되었다. 판을 붙여야 할 부분에 색만 칠한 멘오라는 방어구도 있었다.

천 두건에도 판을 붙여 강화.
색을 입힌 방호판으로 부대 식별.
판이 없어도 의외로 튼튼.
일반 병사용으로 대량 생산이 가능.

아이누 갑옷

라멜라 타입의 갑옷. 일본의 게이코와 마찬가지로 대륙에서 전래된 갑옷이 토대가 된 것으로 보인다. 바다짐승의 가죽을 재료로 사용하기도 하였다.

투구는 천에 판을 붙인 것.
가슴 부분은 가죽제.
앞에서 여며 입는다.
소찰은 단단한 목제.
자락이 길어 하반신도 보호할 수 있다.

관련 항목

●단코→No.050
●게이코→No.051
●멘코→No.087

No. 053

쇼카쿠쓰키카부토와 마비사시쓰키카부토는 일본의 독자적 투구였는가

중국과 일본의 "갑주"라는 단어는 갑옷과 투구를 나타낸다. 반드시 한 세트인 것은 아니지만, 갑옷을 입는다면 투구도 갖추는 경우가 많다.

●고훈 시대부터 헤이안 초기까지 사용된 투구

고대 일본에는 '쇼카쿠쓰키카부토(衝角付冑)'와 '마비사시쓰키카부토(眉庇付冑)'라는 두 종류의 투구가 존재하였다. 후자가 더 격이 높다. 그 밖에 독특한 형태의 금속 투구도 발견되고 있다. 이들 이외에 나무를 도려내 만든 엉성한 투구도 병사들에게 이용되었던 듯하나, 쉽게 쪼개져 실전에 적합하지 않았다. 일본 투구의 원형으로 여겨지는 쇼카쿠쓰키카부토는 살짝 돌출된 정도의 볏을 가지고 있다. 이것은 옛날 나무나 가죽을 구부려 형태를 만들던 시절의 흔적이다. 4세기 후반부터 판금 투구도 출현하는데, 부품은 하치(鉢, 머리를 덮는 부분-역주), 그것을 보강하고 장식하는 쇼카쿠(衝角), 좌우와 후두부를 빙 둘러싸는 방호판 '시코로(錏)'로 구성된다. 이후 일본의 투구에는 거의 반드시 시코로가 부속하는데, 이 시대라면 재질은 가죽이나 철이다. 쇼카쿠쓰키카부토는 6세기에는 반구형이 되었고, 정수리에 꿩의 꽁지깃 장식이 달렸다.

한편, 마비사시쓰키카부토는 5세기 초에 탄생하였다. 중국의 투구를 닮았지만, 그 구조는 일본 고유의 것이라고 한다. 둥근 하치에 시코로가 있고, 이마 부분에 히사시(庇)가 달리는 것이 특징이다. 히사시는 차양인데, 베기 공격을 미끄러뜨리는 효과도 있다. 추가로 정수리에 '우케하치(受鉢)'라는 술잔 형태의 장식도 있었다. 우케하치의 용도는 아직 불명이나, 구멍이 여러 개 뚫려 있는 것으로 보아 천이나 깃털 장식을 꿰어 늘어뜨렸으리라 추측된다. 다른 부위 방어구도 살펴보자. '경갑(頸甲)' 또는 아카베요로이(頸鎧)라 불리는 깃 달린 판금 흉갑은 좌우 두 부분이 한 세트이다. 이것으로 어깻죽지, 가슴, 등을 방호할 수 있었다. '견갑'은 뱀의 배 모양 판금으로, 어깨부터 팔꿈치까지 덮는다. 일본 갑옷의 주요 부품인 '소데(袖)'의 기원이 되었다. 팔을 보호하는 '고테(籠手)'는 천이나 가죽제로서 뎃코(手甲, 손등 보호구-역주)가 부속되며, 손목 부근을 위에서 묶어 고정하였다. 무릎에서 발목까지 보호하는 '스네아테(脛当)'는 바퀴 모양 소찰 타입, 그리고 통형 철판에 다리를 집어넣는 타입이 있었다. 이들 부위 방어구의 가동부는 철제 징이나 가죽끈으로 연결한다.

고대 투구와 부위 방어구

쇼카쿠쓰키카부토

띠 모양 철판을 구부려 제작하고 쇼카쿠를 장착한다. 오래된 투구의 경우, 시코로는 처음부터 없거나 부식되어 사라진 경우도 많다.

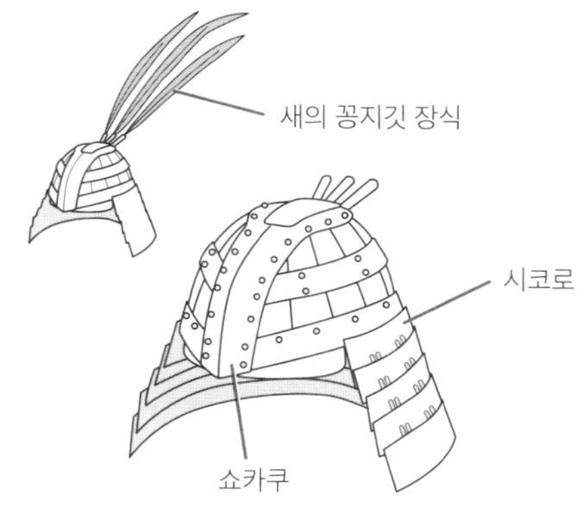

마비사시쓰키카부토

하치에 히사시와 시코로를 단 투구. 전금속제인 경우가 많다. 중국이나 인도의 투구와 비슷하다. 우케하치에는 장식을 달았으리라 추측된다.

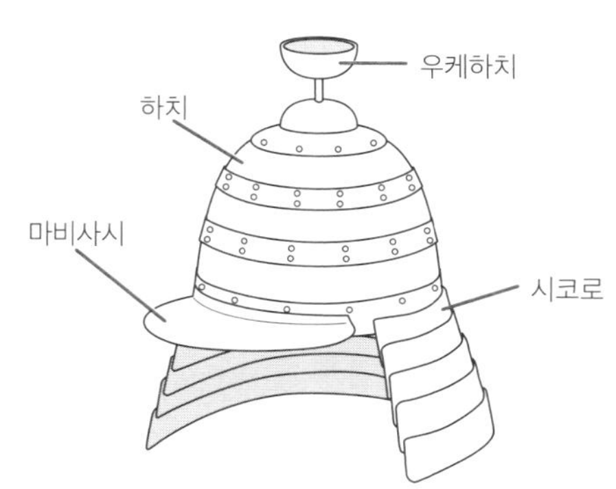

부위 방어구

갑옷과 투구 이외의 방어구는 본래 무관 등 지휘관용 장비이다. 재질은 철 또는 목재였다. 철판 위에 얇게 동판을 붙이고 금도금으로 마감한 호화로운 물건도 출토된다.

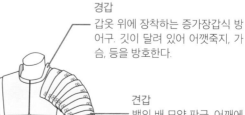

경갑
갑옷 위에 장착하는 증가장갑식 방어구. 깃이 달려 있어 어깻죽지, 가슴, 등을 방호한다.

견갑
뱀의 배 모양 판금. 어깨에서 팔꿈치까지 덮는다. 후세에 등장하는 소데라는 방어구의 기원이 되었다.

No. 054

일본의 방패는 다케타바로 퇴화하였는가

방패는 전 세계에서 사용된 방어구이며, 인류가 최초로 손에 넣은 방어구라고까지 일컬어진다. 그러나 오요로이 발명 이후의 일본에서는 손방패가 자취를 감췄다.

●일본인은 방패가 싫어진 것일까?

야요이 시대부터 고훈 시대를 거쳐 헤이안 시대 초기까지, 즉 **단코**와 **게이코** 등 고대 갑옷 전반이 활용되던 시대까지 방패는 흔히 쓰이는 방어구였다. 한쪽 손에는 직검, 다른 손에는 철이나 가죽제 소형 방패, 혹은 목제 직사각 방패를 들었을 것으로 추측된다.

직사각 방패에는 주술적으로 보이는 소용돌이 무늬나 기하학 패턴이 그려져 있었다. 나라 시대까지 많이 사용되던 '손방패'는 세로 90~160cm, 가로 30~70cm의 목제 사각 방패로서, 가장 오랫동안 명맥을 유지한 방패라고 여겨진다.

서양 등에서는 **플레이트 아머**가 보급되기 전까지 **방패**가 가장 기본적인 방어구였다. 아시아와 중동의 기병은 소형 둥근 방패를 애용하였고, 아프리카와 **남북아메리카의 전사**도 커다란 방패나 네모난 손방패를 사용했다. 그런데 일본에서는 **오요로이**의 등장을 계기로 방패가 전혀 쓰이지 않게 된다. 다만 말을 타는 무사에 한해서는 오요로이의 소데가 방패 역할을 하였다.

전장에서는 화살과 총탄이 난비하므로 방패는 있는 편이 좋다. 그러나 무사는 물론 졸병조차 방패를 상시 지참하지는 않게 되었다. 커다란 나무판을 방패처럼 화살막이로 사용하기도 했던 듯하나, 백병전용 방패는 존재하지 않는다. 전장에서는 이른 단계부터 아시가루(足軽, 최하급 무사, 보병-역주)도 양손이 필요한 장창이나 활을 사용하게 되었기 때문에, 방패를 들 여유가 없었다고도 추측할 수 있다.

한편으로, 대나무를 베어 묶은 다발을 방패로 사용하는 사례는 전장에서 흔히 볼 수 있게 된다. 모은 대나무를 나무틀에 끼우거나, 사찰에서 커다란 문짝을 빼앗아와 방패 대용품으로 삼는 경우도 많았다. 너무나도 방패 그 자체를 사용하지 않는 느낌이 드는데, 그 이유는 불명이다. 굳이 말하자면 방패 이외에 진지의 울타리도 대나무로 만드는 것이 일반적이었으며, 일본 국내라면 대나무는 어디서든 잔뜩 자랐다. 현지에서 조달 가능한 데다 쓰고 버리기도 편하니, 더할 나위 없었던 것이라고 생각할 수밖에 없다.

고대의 방패와 대나무를 이용한 화살막이

고대 방패

고대 일본에는 세계의 다른 지역에서 나타나는 것과 같은 손방패가 존재하였다. 그러나 그리 훌륭한 것은 아니다. 재질은 나무가 많았고, 금속이나 가죽을 붙이는 경우도 있었다.

큰 방패

나무판을 그대로 이용하는 듯한 방패도 있었지만 허술하여, 백병전에서 맞부딪칠 때 쓸 만한 것은 아니다.

다케타바(竹束)

전국 시대에 흔히 볼 수 있던 것이 대나무 다발이나 큰 문짝을 화살막이로 이용하는 방법. 너무 조잡해서 방패라고 불러도 좋을지 알 수 없는 수준이다.

관련 항목

- 방패→No.002/010/022
- 플레이트 아머→No.030/038/039
- 단코→No.050
- 게이코→No.051
- 오요로이→No.055/056/057/059/062
- 남북아메리카의 전사→No.098/099/100

No. 055

일본의 방어구 역사에는 두 번의 약진이 있었는가

일본에서는 헤이안 시대 초기(9세기)까지 3~5세기에 완성된 단코와 게이코 등의 방어구를 이용하다가, 그 후 커다란 발전을 이룬다.

●오요로이로부터 시작되는 일본 갑주의 역사

일본에서는 헤이안 중기~말기에 걸쳐 커다란 기술 혁신이 일어나 무장(武將)용 **오요로이**(大鎧)와 종자용 **하라마키**(腹巻), **도마루**(胴丸)가 탄생하였다. 특히 오요로이는 일본 방어구 역사 속의 신기원으로서, 당시 최상급의 갑주였다. 세계적으로 보급된 **라멜라**의 일종이기는 하지만, 지명도나 품격으로 따지면 **플레이트 아머**에 해당한다. 참고로 이 시기에 무기도 직검에서 곡도(일본도)로, 활도 강력한 **후세다케노유미**(伏竹弓, 나무 활 바깥쪽에 대나무를 겹쳐 붙인 복합궁-역주)로 진화를 이루었다. 이전까지 조정이 관리하는 관급품이던 무기 · 방어구류가 개인의 소유물=무가에 의한 자가제가 된 것도 이 무렵이다. 귀족이 힘을 잃고 무사가 대두하여 겐지(源氏)와 헤이시(平氏)가 싸우던 시대 속에서 갑주는 극적으로 진화한 것으로 보인다. 거꾸로 말하면 그 이전까지는 강력한 병기가 필요하지 않은 평화로운 시대였다는 것이다.

헤이안 말기의 기술 혁신을 통해 일본 방어구의 기초와 흐름이 확정되었고, 이후에는 개량을 거듭하며 가마쿠라 시대에 돌입한다. 그리고 실전은 계속 격화하여 남북조(南北朝)~무로마치(室町)~전국기(15~16세기)에 차세대 갑주로서 **도세이구소쿠**(当世具足)가 등장하였다. 이렇게 아즈치모모야마 시대(安土桃山時代, 16세기 후반)에 이르기까지 우수한 갑주가 모두 갖추어졌으니, 이것을 일본 방어구 역사의 약진 제2기라 할 수 있겠다.

일본에는 유럽과 같은 플레이트 아머는 끝까지 등장하지 않았는데, 두껍고 무거운 철제 판금 갑옷이 '고온다습하고 산이 많은 지형이면서 군마의 몸집은 작았던' 일본의 풍토에 맞지 않았기 때문이다. 일본의 갑옷은 기술적으로 여러 외국의 그것과 비교해 조금도 뒤처지지 않았고, 실용성과 예술성 면에서는 오히려 서양 갑옷을 웃도는 일품이었다. 오요로이를 예로 들면 헤이안 귀족 문화와 무가 문화의 융합으로 탄생하여, **오도시게**(威毛) 등의 장식도 갖춘 우아하고도 강건한 방어구이다.

일본 독자적 갑주의 발전사

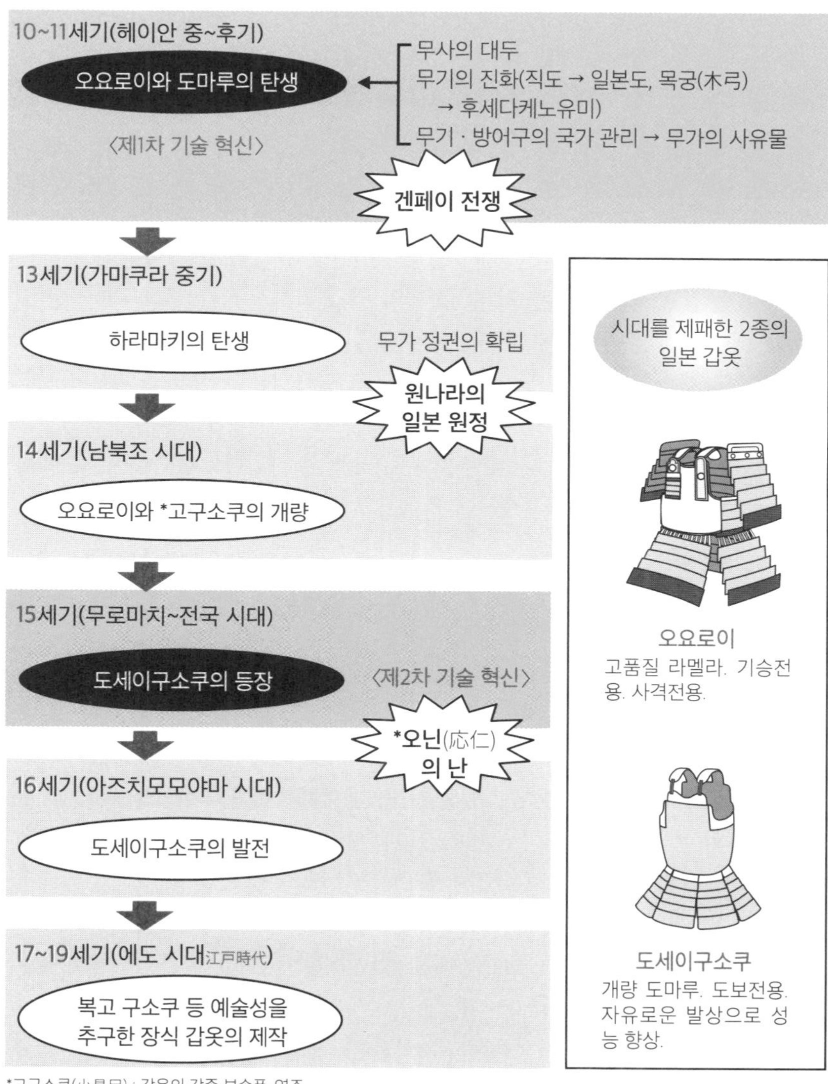

*고구소쿠(小具足) : 갑옷의 각종 부속품-역주
*오닌(応仁)의 난 : 쇼군의 후계자 자리를 놓고 일어난 분쟁. 전국 시대의 서막을 연 사건이라 일컬어진다-역주

관련 항목

- 라멜라→No.007
- 플레이트 아머→No.030
- 오요로이→No.056/057/059/062
- 오도시게→No.057/061
- 하라마키→No.058/059
- 도마루→No.059
- 후세다케노유미→No.063
- 도세이구소쿠→No.064/065/073

No. 056

오요로이란 어떤 갑주였는가

오요로이에는 기세나가(着背長), 시키쇼노요로이(式正鎧) 등의 별명이 있다. 전자는 군담(軍談) 소설 속에서의 호칭이고, 후자는 갑주의 기초 · 규범이 되었다 하여 붙은 무로마치 시대의 속칭이다.

●최초로 등장한 격조 높은 기마 무사의 갑옷

오요로이는 헤이안 시대 중기(10세기 후반)에 나타나 겐페이 전쟁(源平合戦)부터 가마쿠라 시대에 걸쳐 전성기를 맞은 일본의 독특한 갑옷이다. 그 후 남북조 시대의 30년간 제작 기술이 발전하였으며 장식도 웅장하고 화려해졌다. 13~14세기까지 이용되다가 무로마치 시대 이후 전국 시대 들어 '도세이구소쿠'라는 신형 갑옷으로 대체되어간다. 오요로이는 실전에서 쓰이지 않게 되고 나서도 격식 높은 갑옷이라고 인식되어, 지위가 높은 무장이 제례의 무장(武裝) 행렬에서 몸에 걸쳤다.

오요로이는 기마 무사용 고급 장비로서, 마상에서 활을 쏘는 전투를 전제로 하고 있다. 기마전에서의 기능을 추구했기 때문에 도보전에서는 불리해진다.

이전 시대의 게이코에서 진화한 갑주로, 투구와 동체 갑옷, 어깨 부분 **소데**의 세 부품이 한 세트이며 한 벌을 일령(一領)이라 표현한다.

동체 갑옷은 더 나아가 몇 가지 부품 조합으로 구성된다. 도(胴, 가슴과 배 부분)+전후좌우 4장의 구사즈리(草摺, 허리 부분)+와이다테(脇楯, 이음매의 방호판), 거기에 센단노이타(栴檀板, 소찰제 오른쪽 가슴 방호판)와 규비이타(鳩尾板, 철판제 왼쪽 가슴 방호판)를 매달고, 사카이타(逆板, 등의 방호판)를 부착하며, 그 밖에도 신체를 국소적으로 보호하는 가죽이나 금속제 방호판이 존재한다.

도는 발과 같은 형태로서 몸에 둘러 감아 장착하는데, 왼쪽 측면에 '이음매'가 생기며 그곳이 약점이 된다. 와이다테는 그 접합부를 보호하는 판이다. 그 밖에 좌우 가슴의 것을 비롯한 방호판 대부분은 활을 쏠 때 약점을 보호하기 위한 것이다.

오요로이의 재료는 철 · 옻 · 무두질한 사슴 가죽 · 소 생가죽 · 면 등 다방면에 걸쳐 있다(동시대 다른 형식의 갑주도 마찬가지).

살짝 크고 넉넉하게 만들어지는데, 서양의 판금 갑옷보다는 가벼워 오요로이 한 벌의 무게는 22~26kg, 여타 부위 방어구 및 활과 화살, 칼 등 장비 일습을 합치면 38kg 정도가 된다.

오요로이 각 부위의 명칭

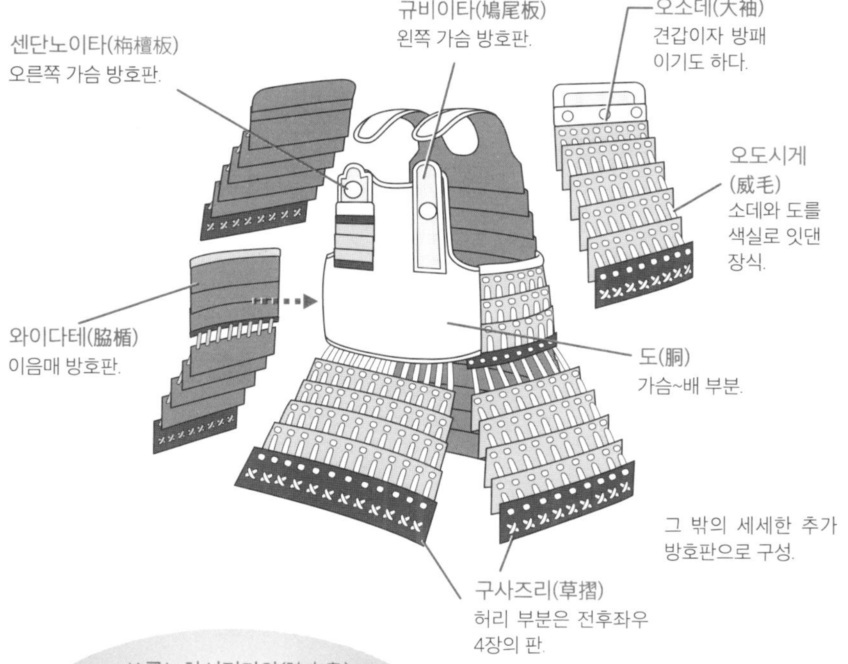

쓰루노하시리카와(弦走韋)
오요로이 중에는 도 앞부분이 쓰루노하시리카와로 덮인 모델도 있다. 활을 다룰 때 걸리지 않도록 그곳의 소찰만 사슴 가죽으로 감싼 것이다. 초기의 오요로이에서는 찾아볼 수 없다.

몸에 둘러 감아 장착하는 오요로이는 발처럼 펼칠 수도 있다. 거풍 시에 편리.

관련 항목

●오요로이→No.055/057/059/062
●소데→No.057

No. 057

오소데는 움직여 방어하는 '들지 않는 방패'였는가

소데는 고훈 시대의 갑주에 달려 있던 어깨 갑옷에서 진화한 것으로, 중국 진나라의 유적인 병마용갱에서 출토된 인형에도 비슷한 장비가 존재한다.

●신체의 움직임에 맞춰 방어하는 유능한 좌우의 방패

오요로이와 **도세이구소쿠**의 네모난 견갑은 '**소데**(袖)'나 '오소데(大袖)'라고 부른다. 견갑이기는 하지만, 제 외국에서 사용하는 방패로서의 기능도 높다. 소데가 등장한 시대부터 일본에서는 (고대에는 사용되던) 손방패가 소멸하고 만다. 그것은 당시의 무사 대부분이 양손으로 활을 다루었던 데다, 시대가 흐른 뒤에도 일본도나 창 등의 양손 무기를 사용했기 때문이다. 갑주의 부속품인 양어깨의 소데는 '갑옷에 고정된 방패'라고 할 수 있다.

소데는 어깨의 움직임에 연동하도록 되어 있어, 얼굴을 옆으로 돌리면 소데로 방어하면서 화살을 쏠 수 있다. 참고로 안면, 얼굴에서 목에 걸친 부위, 겨드랑이, 하복부(구사즈리草摺의 틈) 등이 저격당하기 쉬운 부분이지만, 오요로이를 입으면 대부분은 소데와 추가 방어구로 방호할 수 있었다.

무사끼리는 원거리에서 화살을 주고받다가, 화살이 떨어지면 백병전으로 돌입한다. 일본의 갑주는 베기 공격에도 강해서 일본도로는 좀처럼 대미지를 줄 수 없다. 그래서 '가이자검술(介者剣術)'이라고 하여, 상대를 깔아 눕히고 단도로 갑옷의 빈틈을 공격하는 격투술도 발달하였다. 현대에는 유술(柔術)로서 전해진다.

소데의 재질은 당초 가죽이었으나, 헤이안 시대 후반부터는 '가나마제(鉄交ぜ)'라고 하여 철제를 섞은 소찰 6~7단 구성으로 제작하게 된다. 베리에이션도 몇 종류 있는데, 이를테면 끝에 갈수록 넓어지는 형태의 '히로소데(広袖)'는 도보전용으로 도검에 대한 방어력이 높다. 무로마치 시대 후기에 나타난 '쓰보소데(壺袖)'는 반대로 끝 쪽이 오므라진 작은 소데로서 전체적으로 굽어 있다.

본래는 오요로이의 부품이지만 도마루나 하라마키에도 소데를 다는 경우가 있었으며, 가마쿠라 시대에는 화살을 수납할 수 있는 소데도 있었다.

일본 갑옷의 특징인 큼직한 소데는 멀리서 봐도 눈에 띈다. 그래서 '**오도시게**(威毛)'(소찰을 연결하는 컬러풀한 실)를 통한 장식이 중점적으로 이루어졌다.

소데는 정말로 방패의 역할을 수행하는가——답은 YES

소데

오요로이에서 등장한 어깨를 보호하는 소데는
가동하는 방패의 역할도 수행하였다.

가장 눈에 띄는 부위	→	오도시게로 장식하였다.
가장 방어력이 요구되는 부위	→	철제 소찰을 섞었다.

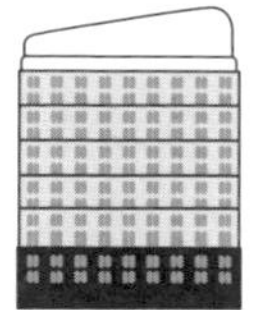

오소데(大袖)
표준적인 것. 사격전용.

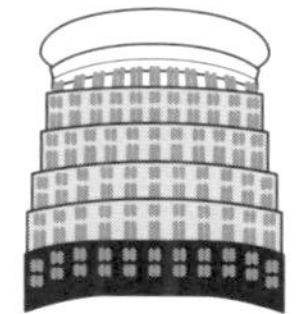

히로소데(広袖)
오소데보다 작지만 단단히 방어. 백병전용.

쓰보소데(壺袖)
굽어 있어 방해되지 않는다. 무로마치기에 나타난 백병 전용 신형.

저격당하기 쉬운 오요로이의 빈틈

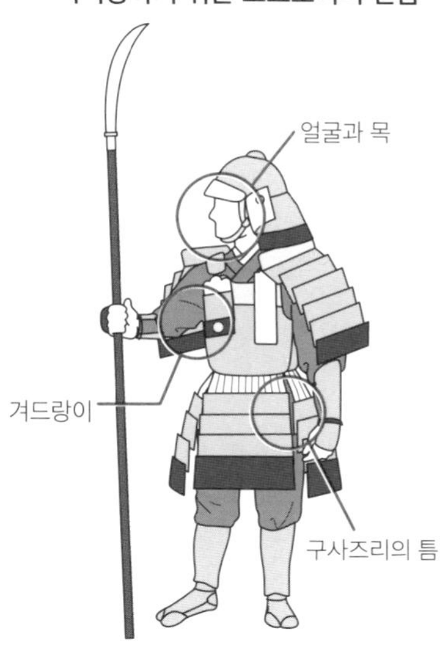

오요로이의 소데를 이용한 방어 자세

목을 움츠려 소데로 방어한다(고개를 숙이면 투구가 방어).

겨드랑이를 살짝 벌려 소데를 들어올린다.

머리를 옆으로 향해 안면을 소데에 감춘다.

소데(어깨)를 앞으로 향한다.

관련 항목
●오요로이→No.055/056/059/062
●소데→No.056
●오도시게→No.061/063
●도세이구소쿠→No.064/065/073

No. 058

하라마키는 이음매가 뒤에 있는 인기 갑주였는가

하라마키는 허리끈을 조여 입기 때문에 몸에 꼭 맞아 움직이기 편하다. 나비처럼 날아 벌처럼 쏜다며 두려움을 산 것이 바로 하라마키 차림의 사무라이(侍)이다.

●단출한 외형을 가진 적당한 방어구

하라마키(腹巻)는 **오요로이**나 (현대에 말하는) **도마루**보다 늦은 가마쿠라 중기(13세기)에 등장한 갑옷으로서, 일찍이 도마루라 불리다가 남북조 시대 사이에 호칭이 교체되었다. 이음매가 등에 있는 것이 특징이며, 기성품이라도 누구나 장착하기가 용이하다. 그리고 도마루보다도 가벼워 더 인기 있었다. 한 덩어리로 만들어져 부속품이 적기 때문에 갑옷을 입고 벗기가 편리하고, 전장에서 움직이기도 편한 우수한 갑옷이다.

게다가 허리가 조여 형태가 아름답기 때문에 관상용 갑옷으로서도 애용되었다. 오요로이는 장식된 상태라면 네모지게 보이며, 하라마키는 몸통 부분을 곡선이 감싸고 있다. 저마다 다른 취향의 미관을 갖춘 것이다.

무로마치 중기 이후로는 (말을 타지 않게 된) 상급 무사도 적극적으로 이용하면서, 후세에는 도마루와 함께 가볍고 실용적인 갑옷으로서 인식되었다. 시대는 거슬러 올라가지만, 가마쿠라 말기의 몽골군 침공 때도 하라마키는 전선을 지탱하였다. 1차 침공(1274년)에서는 패했으나, 이어진 2차 침공(1281년)에서는 앞선 전쟁에서의 교훈을 바탕으로 가벼운 하라마키를 입은 사무라이가 적선을 기습하여 대승을 거두었다고 한다.

본래는 종자용 간이 갑옷이므로 투구나 **고구소쿠**(小具足, 부위 방어구) 없이 운용되었으나, 상급 무사는 당연히 예외적이었다. 다만 이음매가 존재하는 등은 아무래도 약점이 되고 만다.

도세이구소쿠가 보급된 시대에는 실전에서 쓰이는 '실용 갑주'로서 흔히 채용되었고, 등판이 부속하게 되었다. 이 등판을 '오쿠뵤이타(臆病板, 겁쟁이판)'라고 조롱하는 무리도 있었으나, 실은 평화로운 에도 시대에 나타난 풍조이며 실전 속에서 살던 전국 시대의 사람들은 신경 쓰지 않았을 것이다. '무사는 후퇴하지 않으니 등의 방어는 불필요'하다고 용감한 소리를 해도, 전장에서는 화살의 살상력이 가장 높은 데다 화살은 어디서든 날아왔다.

무장에서 졸병까지 이용했던 간편한 갑옷

하라마키

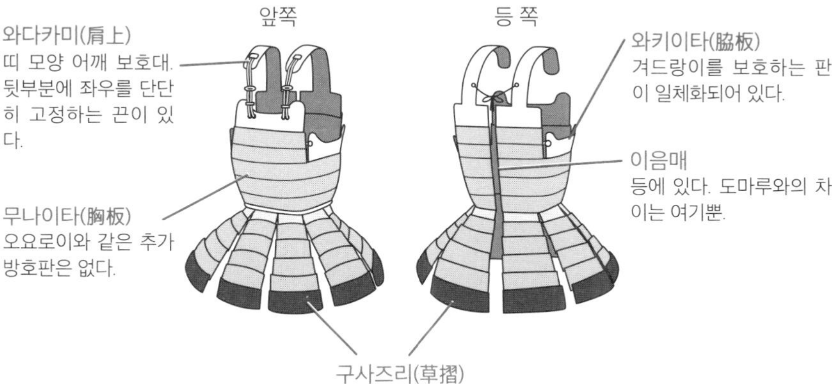

앞쪽
등 쪽
와다카미(肩上)
띠 모양 어깨 보호대. 뒷부분에 좌우를 단단히 고정하는 끈이 있다.
와키이타(脇板)
겨드랑이를 보호하는 판이 일체화되어 있다.
이음매
등에 있다. 도마루와의 차이는 여기뿐.
무나이타(胸板)
오요로이와 같은 추가 방호판은 없다.
구사즈리(草摺)
분할은 7장 등 홀수로 정해져 있다.

무사가 전장에서 이용할 때의 장비

지위가 있는 사람이 하라마키를 입을 경우, 부위 방어구를 마음껏 추가했다.

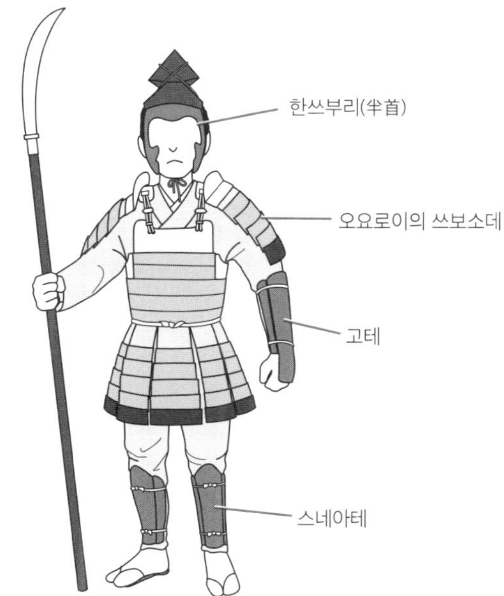

관련 항목

- ●오요로이→No.055/056/059/062
- ●하라마키→No.055/059
- ●도마루→No.055/059
- ●도세이구소쿠→No.064/065/073
- ●고구소쿠→No.078/079

No. 059

도마루는 이음매가 오른쪽에 있는 보병 갑주였는가

도마루는 오요로이와 흡사한 구조를 가진 '감아서 입는 타입의 갑옷'으로, 오요로이를 입은 주군을 따르며 도보로 싸우는 종자를 위한 갑옷. 말하자면 오요로이의 동생뻘이다.

●종자의 갑옷이지만 손색없는 도보전용 갑주

도마루(胴丸)는 오요로이와 같은 시기(10세기)에 등장하여, 당시에는 **하라마키**라 불렸다. 따로 하라마키라는 갑옷도 있으나, 무로마치 말기에서 남북조 시대에 걸쳐 일시적으로 양자가 혼동된 후 호칭이 교체된다. 도보전이 주체가 된 전국 시대에 도세이구소쿠와 함께 전국적으로 많이 보급되었다.

오요로이와 마찬가지로 동체에 둘러 감듯 장착하며 오른쪽에 이음매가 생기지만, **오요로이**와 같은 **와이다테**(脇楯)는 없다.

배(腹)에 감는(巻) 형식이므로 하라마키(腹巻)라는 호칭이 맞아 보이지만, 지금에 와서는 도마루라 불리고 있으니 하는 수 없다. 이 책에서는 후세에 정해진 명칭인 도마루로 통일하고 있다. 일본 갑옷에는 겉보기에 비슷한 몇몇 종류가 있어 구분하기 어려울 때도 있는데, 다음과 같은 점이 구분하는 포인트가 된다.

소데 대신 보다 소형의 '교요(杏葉)'가 어깨에 달려 있다. 또한 오요로이의 구사즈리가 필요 최소한인 4장인 데 비해, 도마루는 8장이며 후에 더 많아진다. 개중에는 10장 이상의 구사즈리를 가진 도마루도 드물지 않다. 당초 기마 무사를 도보로 수행하는 도보 무사(종자)의 갑옷으로서 만들어졌기 때문에, 발놀림을 방해하지 않도록 되어 있다. 실전에서는 신분에 관계없이 필요에 따라 무장(武將)도 이용하였다.

오요로이는 사격전이 목적인 기마 무사용 하이엔드 모델로서 만들어졌으나, 도마루와 하라마키는 종자용 염가판이었다. 이 세 가지 갑옷의 기본 개념이 이후의 일본 갑옷으로 계승되니, 말하자면 후세의 갑옷은 모두 이들의 개량판에 불과하다고 할 수 있다.

사무라이끼리의 대결로 이루어지던 전쟁은 집단전으로 이행하여, 말에서 내려 싸우는 시대의 무사는 도마루나 하라마키를 입었고, 나아가 그 발전형인 도세이구소쿠를 걸치게 된다. 이러한 흐름은 서양의 하마(下馬) 기사가 **맨앳암즈**라 불리며, 종사용 **풋 컴뱃 아머**를 입게 된 경위와 부합한다.

구사즈리는 발놀림을 방해하지 않고, 교요는 팔의 움직임을 방해하지 않는다

도마루

소찰 라멜라. 전체적으로 오요로이보다 나으면 나았지 못하지 않은 방어력.

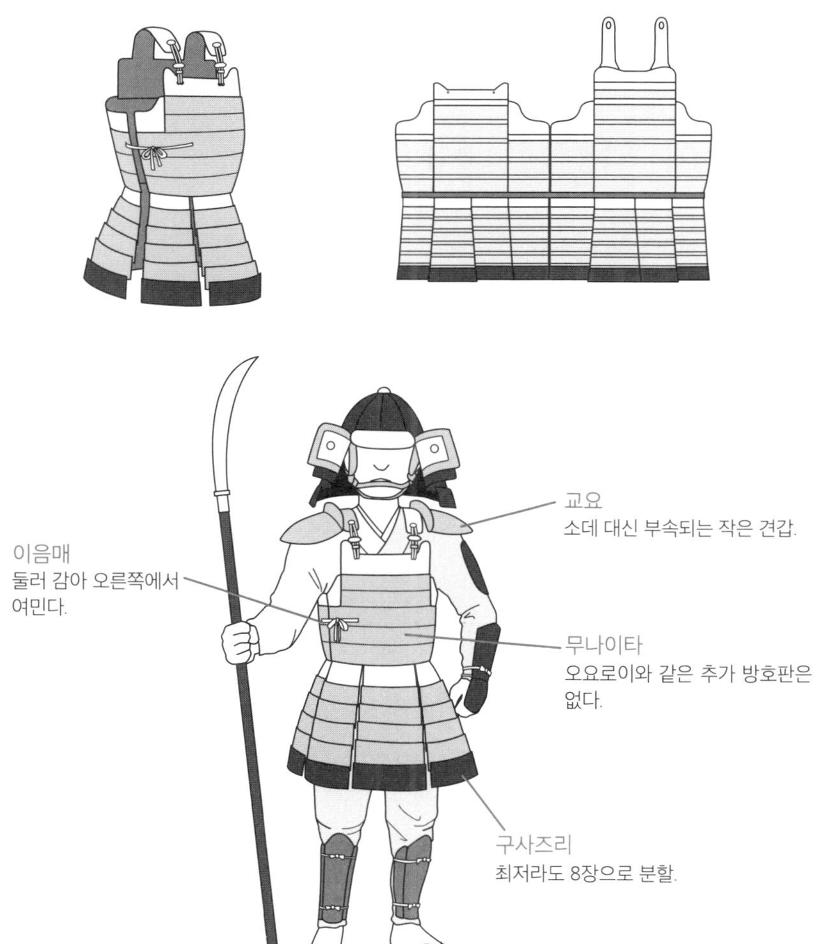

교요
소데 대신 부속되는 작은 견갑.
이음매
둘러 감아 오른쪽에서 여민다.
무나이타
오요로이와 같은 추가 방호판은 없다.
구사즈리
최저라도 8장으로 분할.

관련 항목

- ●맨앳암즈→No.029/044
- ●풋 컴뱃 아머→No.034
- ●오요로이→No.055/056/058/062
- ●도마루→No.055/058
- ●하라마키→No.055/058
- ●와이다테→No.056

No. 060

하라아테는 졸병용 간이 갑옷이었는가

당시의 갑옷 가운데 가장 저렴한 것이 하라아테였다. 강제로 전투에 동원되는 농민 등에게는 고마운 장비였을 것이다.

●없는 것보다는 나은 정도의 흉갑?

'하라아테(腹当)'는 가마쿠라 후기부터 등장하는 졸병용 장비이다. 그 시대에는 전투의 프로=무사끼리만 싸우는 것이 아니라, 농민들을 징집하여 집단으로 맞붙는 경우가 많아졌다.

공들여 만드는 다른 일본 갑주와 달리 하라아테는 상반신만을 보호하는 간이 흉갑이었다. 그 앞면에는 작은 구사즈리가 한 장 드리워져 있다. 검도에서 쓰는 몸통 호구(갑)만을 착용한다고 생각하면 되는데, 등이 텅 비어 있으며 부위 방어구는 개인이 임의로 장착한다. 전장의 시체에서 벗겨낸 투구 등을 쓰기도 했을 것이다.

전국 시대가 되면 가문의 문장 등을 넣은 하라아테를 양산하여 성에서 관리하다가, 아시가루와 궁병에게 지급하는 경우도 있었다. 간이 갑옷인 만큼 덧입을 수도 있어, 만약을 대비하여 무장이 갑옷 속에 입기도 하였다.

중세의 갑주 가운데는 **오요로이**와 **도마루**의 절충형인 '도마루요로이(胴丸鎧)'라는 것도 존재하였다. 오요로이의 전성기에 도보전을 선호하는 무사가 만들게 한 특제 갑옷이라고 일컬어진다. 보통 4장인 구사즈리가 7장으로 나뉘어 있고 길이도 짧다. 기마 무사는 말을 탄 채 활을 쏘는 전투 스타일이므로, 오요로이의 경우 하반신을 단단히 방호하기 위해 구사즈리를 길고 크게 만들며 장수도 적은 편이었다. 하지만 말에서 내려 싸울 때는 구사즈리를 잘게 나누지 않으면 발놀림에 지장이 생기게 된다.

도마루요로이가 만들어진 것은 때마침 겐페이 전쟁이 벌어지던 시대로, 해전이 많았다. 도보전용이라기보다 수상전용=배 위에서 몸을 움직이기 쉽도록 조처한 것이 아니었을까 하는 설도 있다.

참고로 에도 시대에도 도마루요로이라는 이름의 갑주가 제조되었으나, 전혀 다른 물건이다. 평화로운 시대에 만들어진 갑옷은 디자인을 우선한 **장식 갑주**로서, 방어구로서의 기능은 오히려 무시되는 경향이 있었다.

하라아테와 도마루요로이

하라아테

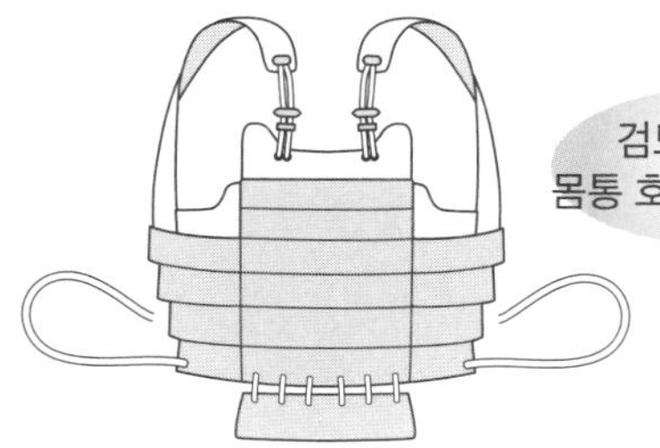

도마루요로이

제작된 경위나 활용 방식은 어쨌든, 오요로이의 구사즈리를 7장으로 만든 것. 이러한 개조만으로도 도보전 대응 갑옷으로서 쓸 수 있던 것은 분명하다.

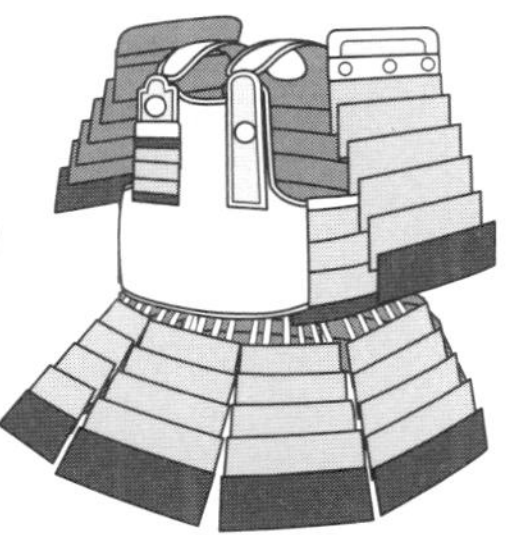

❖ 갑옷의 종류는 알기 힘들다

현대에 남아 있는 갑옷은 여러 가지 사정으로 하라마키 타입이라도 도마루라 이름 붙여지는 경우가 있다. 또한 오요로이처럼 보이면서 실은 복고조(復古調) 구소쿠(具足, 갑주)일 때도 있기 때문에, 전시에 부속되는 설명을 잘 읽지 않으면 혼란에 빠질 수 있다.

관련 항목
●오요로이→No.055/056/058/062
●도마루→No.059
●장식 갑주→No.068

No. 061

갑주는 소찰로 만들어 오도시게로 장식하였는가

일본의 갑주는 소찰을 수천 장이나 엮는 수고를 거쳐 완성한다. 갑옷 외에 투구의 시코로나 고구소쿠조차 소찰로 만들어졌으며, 그렇기에 고품질로 칭송받았다.

●방어구의 무게와 품질 모두 소찰이 결정한다

라멜라는 소찰(小札)을 연결하여 완성하는데, 소찰의 좋고 나쁨이 갑주의 성능을 크게 좌우한다. 일본 갑옷의 경우 그 크기는 명함 크기, 화투 크기, 새끼손가락 크기로 시대가 흐를수록 작고 얇아져간다. 두께는 1cm 전후이다.

재질은 철이 가장 좋지만, 값이 비싸고 무겁다는 단점도 있다. 그래서 '가나마제(鉄交ぜ)'라고 하여, 요소에 철제 소찰을 섞어 넣고 그 이외에는 소가죽제를 이용하였다.

소찰에는 구멍을 뚫어 옆으로 늘어놓고 반씩 겹쳐 실로 엮어간다. 실의 재질은 처음에는 비단이나 가죽이다가 무로마치 시대부터 무명이 추가되었다. 이로써 자유롭게 굽혔다 펼 수 있고 견고한 소찰 띠가 만들어진다. 띠를 몇 단 세로로 포개면 소찰 판이 되는데, 일본 갑옷에서는 날실을 임의의 색으로 물들여 '오도시게(威毛)'라는 장식을 하였다.

오도시게에 쓰인 색은 붉은색 · 감색(紺色) · 흰색 · 보라색 · 연두색 · 옥색 · 담청색 · 갈색 등. 두세 가지 색의 배합, 바림(그러데이션), 능직(綾織, 비스듬한 방향으로 무늬가 도드라지게 짜는 방법-역주) 등의 수법 · 기법도 구사되었고, 물결 모양이나 삼각형, 타이어 접지면 무늬 같은 도형을 수놓기도 하였다. 검은 갑옷을 다채로운 색의 오도시게로 장식할 때 가장 눈에 띄고 아름다웠으므로, 최종적으로는 그 조합이 정석이 된다. 장식이기는 하지만, 서양 기사의 문장(紋章)처럼 전장에서 개인이나 동료를 식별하는 표지의 역할도 하였다.

가마쿠라 시대 이후로는 방습과 내구성 향상을 위해 옻칠 마감을 하게 되었고, 전국 시대 들어서는 철제 소찰을 말가죽으로 감싸고 옻칠한 '쓰쓰미코자네(包小札)'도 등장한다.

참고로 오요로이의 소찰은 가슴 2단, 배 4단 배열로 구성된다. 구사즈리는 구식의 경우 소찰 4단, 신식은 5단. 후세의 도세이구소쿠에서는 더 늘어난다. 박물관이나 책에서 갑주를 소개할 때 이를테면 '7간 5단' 등의 문구가 들어가는 경우, 가슴 부분은 가로 7열(소찰 1장이 1열이라는 의미가 아니다), 세로 5단(소찰의 세로 배열 장수)으로 구성되어 있다는 의미이다. '구로이토오도시(黒糸威)'라고 하면 오도시게에 검은 실이 사용된 것을 말한다.

갑옷을 구성하는 소찰 · 오도시게란?

소찰

명함 크기, 화투 크기, 새끼손가락 크기가 있다. 직사각형이지만 부위에 따라서는 사다리꼴 모양을 사용한다.

소찰을 반씩 겹쳐 한 줄을 죽 엮어간다. 몇 단 포개 소찰 판을 형성한다.

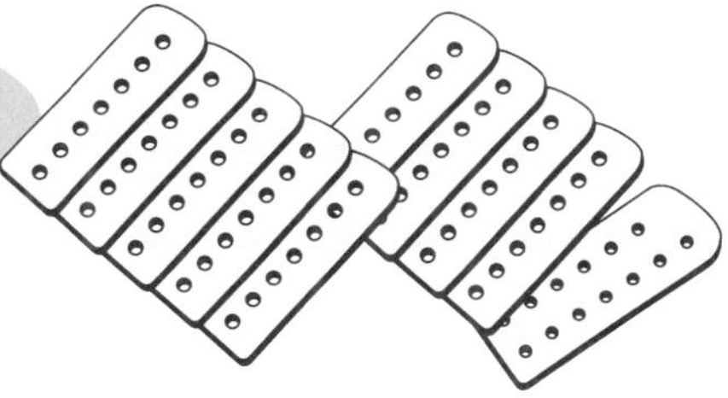

오도시게

소찰을 엮는 날실을 장식으로서 이용한다.

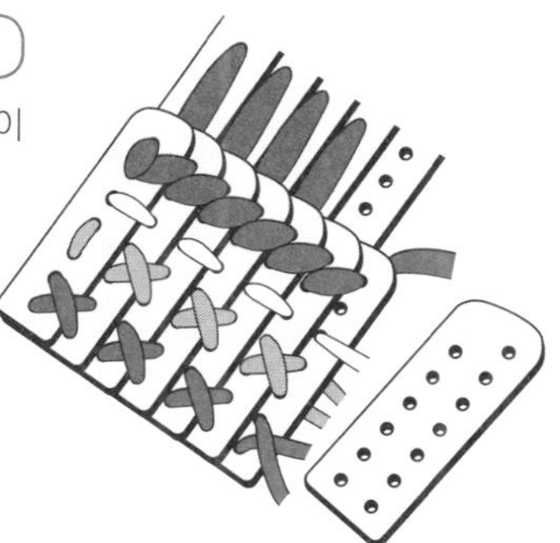

오도시(威)
소찰을 연결하는 상하단의 색실.

게다테(毛立)
연결한 실을 통해 신축성을 확보한다. (오도시와 게다테를 합한 총칭을 오도시게라고 한다)

소데의 오도시게 패턴

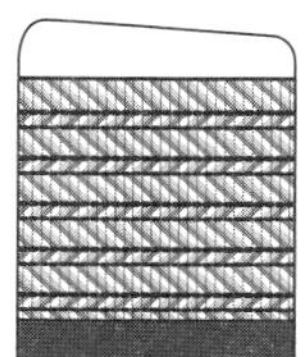

후시나와메오도시
(伏縄目威)
타이어 자국.

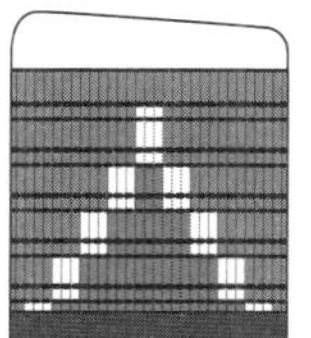

오모다카오도시
(沢瀉威)
삼각.

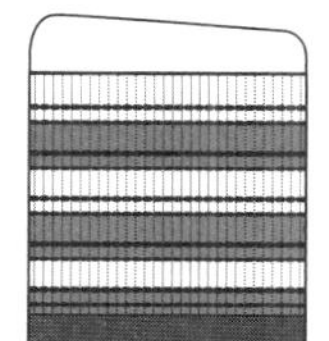

구레나이시로단오도시
(紅白綟威)
붉은색과 흰색의 층.

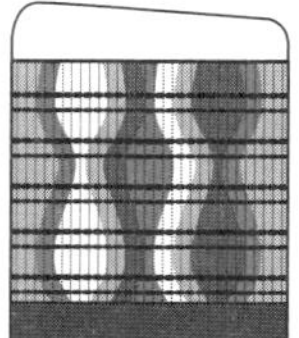

다테와쿠오도시
(立涌威)
컬러풀한 물결선.

관련 항목

●라멜라→No.007
●오도시게→No.057/063
●옻→No.062

No. 062

갑주의 장식 기술은 진보하였는가

다습한 기후는 갑옷의 소재에 손상을 입힌다. 그래서 옻칠로 소재를 보호하며 미관도 향상시켰다. 그 밖에 시대마다 유행한 장식법도 있었다.

●질감이 다른 옻칠과 조금(彫金)·부조·도금 기술

습도가 높은 일본에서는 무엇이든 **옻**으로 코팅하는 경향이 있는데, 갑주는 손상되기 쉬운 고가의 물품이므로 더더욱 최대한 옻으로 보강하였다. 가마쿠라 시대 이후의 것은 소찰 한 장 한 장이 옻칠되어 있는 것이 보통이다. 참고로 가마쿠라 시대에 **오요로이**는 하라마키의 4배, 도(刀)의 8배 가격이었다고 한다. 완성까지 2년의 세월이 필요했고 서둘러도 1년은 걸렸다. 시대에 따라 다르지만, 갑주 한 벌에는 대체로 2,000~3,000장의 소찰이 쓰인다. 옻에도 종류가 있어 흑칠(검은 옻)을 이용한 갑옷은 검은 갑옷이 되는데, 바탕이 검으면 컬러풀한 장식이 두드러지기 때문에 가장 인기가 있었다. 그 밖에 투칠(투명)이나 주칠(붉은색), 다타키누리(叩き塗, 알껍데기 등을 섞어 배의 표피와 같은 무늬가 비쳐 보이도록 하는 것), 이시지누리(石地塗, 돌가루를 섞은 옻으로 칠하는 것), 사비누리(錆塗, 숫돌가루와 생옻을 섞어 칠하는 것-역주), 아오누리(青塗, 푸른색), 니쿠이로누리(肉色塗, 살색) 등 기법은 다방면에 걸쳐 있으며, 유력자의 갑주인 경우에는 옻에 금가루나 은가루를 섞어 마감하기도 하였다.

옻 이외에도 장식 방법은 몇 가지 있다. 오요로이가 보급되던 헤이안 말기부터 가마쿠라 시대(12세기)에 걸쳐서는 투구의 구와가타(鍬形, 투구뿔)와 도(胴)의 규비이타(鳩尾板) 등 금속 부품을 조금(彫金)하거나, 안에서 두드려 부조로 세공하였다. 이어진 무로마치 시대(14세기)에는 금은도금이 유행하였고, 아즈치모모야마 시대(16~17세기)에는 가죽이나 종이 소재 부분에 금은박을 입히는 것이 유행하였다.

장식 · 디자인성 · 실용성을 고려한 변경점으로서, 소찰을 한 장짜리 금속판으로 변경한 '이타모노(板物)'라는 것이 존재한다. 16세기 이후의 도세이구소쿠에서 현저히 나타나는데, 구사즈리 부분이 한 장짜리 판=이타자네(板札)로 되어 있다. 제작에 드는 수고와 시간을 줄이는 의미도 있었으며, 보다 견고해서 효과적이었다. 마찬가지로 투구의 시코로(錏)를 이타자네 양식으로 만드는 경우도 있었다. 방호력 향상이라는 의미에서 실이 아닌 사슬로 소찰을 연결한 갑주도 유통되었다.

갑옷의 보전과 강화, 그리고 화려한 연출을 위한 갖가지 아이디어

옻칠

색과 질감의 변경.

· 흑칠 · 투칠 · 주칠 · 아오누리 · 니쿠이로누리
· 다타키누리 · 이시지누리 · 사비누리 · 금가루나 은가루 섞기

장식 기법의 유행

헤이안 말기부터 가마쿠라 시대(12세기)	→	조금 · 부조.
무로마치 시대(14세기)	→	금은도금.
아즈치모모야마 시대(16~17세기)	→	가죽 부품에 금박 입히기.

조금/부조/도금

12~14세기. 금속 부품에 대한 장식.

투구 장식에 조금.

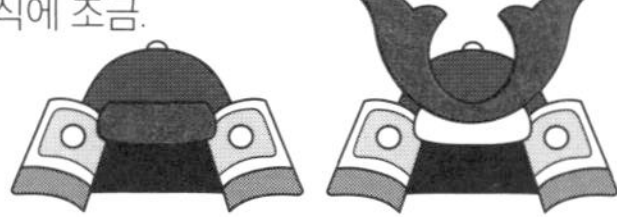

뎃코에 부조.

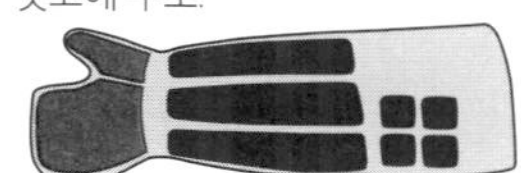

갑주의 가격
가마쿠라 시대의 오요로이는 하라마키의 4배, 도(刀)의 8배 가격이었다.

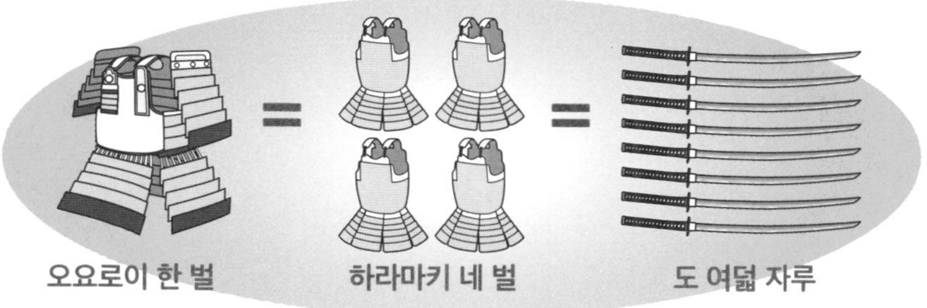

관련 항목
●오요로이→No.055/056/058/060 ●옻→No.063

No. 063

갑옷은 어떻게 관리하고 수리하였는가

소찰 갑옷의 구조와 일본인의 수수하고 성실한 기질이 맞아 싸움터에서 소유자 자신이 수리하는 것이 상식이었다. 파손품이나 중고품의 재활용에도 적극적이었다.

●활이나 총을 쏴서 강도를 확인 · 증명한다

옻으로 코팅되어 있기는 하지만, 매년 정기적인 거풍을 게을리하는 등 보관 상태가 나쁘면 갑옷은 손상되고 만다. 특히 끈 부분 등은 이에 약했다. 비에 젖는 것도 좋지 않다. 서양의 갑옷보다는 쾌적하지만, 오도시게(威毛)가 젖은 채로 낮은 기온 하에 있으면 갑옷이 얼어버려 괴로웠다고 한다.

참고로 파손된 경우에는 응급 수리가 가능하여, 사무라이나 병사들은 전장에 도구를 지참하고 갔다.

파손되거나 낡은 모델은 갑주 장인이 회수해서 재활용하기도 하였다. 당시의 말로 '시카에시(仕返し)', 재활용품은 '시카에시모노(仕返し物)'라고 하였는데, 여러 개의 헌 갑옷에서 쓸 만한 부품을 찾아 재생한다는 것은 간단한 일이 아니다. 갑옷마다 소찰의 크기가 다르기 때문이다. 그래서 '가와쓰쓰미(皮包み)'라고 하여, 소찰을 부드러운 짐승 가죽으로 감싸 융합시킨 재생품을 적당히 만들어내는 경우도 있었다.

제작 공정 중에는 갑옷의 강도를 확인하는 시험도 흔히 이루어졌다. **오요로이**가 주류이던 가마쿠라 시대에는 이를 '다메시요로이(試鎧)'라 부르며, 후세다케노유미(伏竹弓)라는 강력한 복합궁을 쏘아 시험하였다.

이것이 16~17세기에는 화승총으로 도세이구소쿠를 쏘는 '다메시구소쿠(試具足)'로 변화한다. 난반구소쿠(南蛮具足)의 철제 도(胴)를 향해 15걸음(17걸음이라는 설도 있다) 떨어진 곳에서 쏘는 형식이다.

흥미롭게도 이와 비슷한 시험이 서양에서는 **플레이트 아머**에 대해 실시되었다. 일본에서는 앞면과 좌우면을 향해 쏘았고, 뒷면에 대한 시험은 '무사는 등을 보이지 않는다'는 이유로 불필요하게 여겼다. 시험 사격한 증거로서 탄흔은 남겨두었다.

다메시구소쿠는 에도 시대에 들어설 무렵까지 이루어졌으나, 이후 갑주가 여유 있는 무가의 사치품이 되고부터는 탄흔을 본뜬 깔끔한 함몰부를 넣게 된다.

갑옷의 수리와 품질 관리

파손된 갑주는……?

→ 전장에서 주인이 응급 수리.

→ 갑주 장인에게 수리를 의뢰.

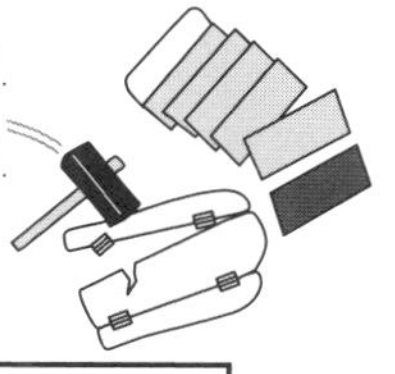

시카에시 = 중고품이나 파손품을 재활용하여 재생하는 것.

→ 실이 풀리고 소찰이 빠진 부분을 고친다.

→ 옻칠을 새로 한다.

→ 여러 개의 파손 갑옷을 합체시켜 재생품을 만들 때는……
고르지 않은 소찰은 짐승 가죽으로 감싼다 = 쓰쓰미요로이(包鎧)로 만든다.

다메시요로이와 다메시구소쿠

오요로이의 전성기에는 →	강력한 활을 쏴서 버틸 수 있는지 시험.

난반구소쿠계의 철제 도에는 → 각도를 바꿔가며 총을 쏴서 시험.

· 15걸음 거리에서 사격.
· 앞면 · 좌측면 · 우측면을 테스트.
· 탄흔을 그대로 남겨 갑옷을 완성시킨다.

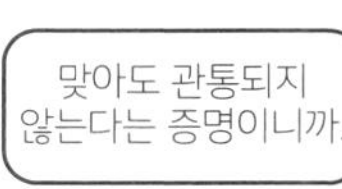

❖ 기마 무사가 사용한 일본의 활

사격전이 활발히 이루어지던 헤이안~가마쿠라 시대의 활은 매우 커서 최대 길이가 200cm나 되었다. 이는 기마 무사가 운용하는 것을 전제한 활이므로, 보병의 활은 140~160cm였으리라 추측된다. 구식이라면 유연한 나무로 만드는 목궁, 한층 강력한 것이 나무와 대나무를 겹쳐 붙인 복합궁 후세다케노유미(伏竹弓)이다. 산마이우치유미(三枚内弓)는 나무를 대나무에 끼워 아교로 접착한 더욱 진화한 활이다.

관련 항목
●플레이트 아머→No.030/038/039
●오요로이→No.055/056/058/060/062
●오도시게→No.057/061
●옻→No.062

No. 064

도세이구소쿠란 어떤 갑옷이었는가

구소쿠란 충분히 갖추어져 있다는 뜻으로서, 이를 입으면 수비는 만전이라고 여겨졌다. 도세이구소쿠는 당시 시점에서의 현대 갑옷이라는 뜻을 가진 호칭이다.

●갑주의 결정판으로서 등장

도세이구소쿠(当世具足)는 무로마치 후기~아즈치모모야마 시대(15~16세기)에 보급된 갑주를 가리키며, '구소쿠'라고 줄여 부르기도 한다. 입지 않은 상태로도 혼자 설 만큼 강인한 **라멜라**로, 오요로이가 아닌 **도마루**에서 진화한 방어구이다. 도마루와 마찬가지로 이음매는 오른쪽에 있으나, 그 부분이 강화되어 있다. 그것이 눈에 띄는 특징이라면 특징이지만, 이전의 갑주가 구조에 법칙성을 가졌던 데 반해, 도세이구소쿠는 다종다양한 구조 · 조형 · 의장 · 소재가 존재하여 일정하지 않다. 투구 · 도 · 소데에 더해 고테와 스네아테, **하이다테**(佩楯, 구사즈리 하단에서 무릎까지 보호하는 부위 방어구-역주)까지 전신 방어구를 갖추고, 그것을 담는 상자=궤(櫃)도 포함하여 한 세트가 된다. 도보전용 고성능 갑주로서, 총무게는 25kg 정도이다.

구사즈리는 초기형이 6매 4단이다가, 나중에는 7매 5단이 주류가 되었다.

소데는 도세이소데(当世袖)라 부르는데, '시쓰케소데(仕付袖)'라고 하여 고테와 일체화되어 있는 모델이 많지만, 아즈치모모야마 시대에는 소데를 없애고 '고비레(小鰭)'라는 극소 소데로 만든 것이 유통되었다. '오키소데(置袖)'와 '주소데(中袖)', '가와라소데(瓦袖)' 등은 모두 어깨에 꼭 맞는 구부러진 소형 소데로, 이타모노(소찰이 아닌 철판)이다. '가쿠소데(額袖)'는 그중에서도 새김 장식을 넣은 것이다. 오요로이의 소데는 어깨 부분에 끈으로 묶었지만, 도세이소데는 위팔까지 덮는 고테에 접속(걸어서 고정)하는 식으로 변경되었다.

'구소쿠비쓰(具足櫃, 구소쿠를 담는 궤)'는 오동나무제가 많았고, 가죽이나 화지(和紙, 일본식 종이-역주)로 만든 것도 있었다. 몇 가지 종류가 있는데, '세오이비쓰(背負櫃)'는 등에 메기 위한 띠가 달린 정육면체이다. 『세인트 세이야(聖闘士星矢, 그리스 신화와 별자리를 모티브로 한 판타지 만화-역주)』의 성의 상자(聖衣箱, 판도라 박스)와 같은 모양을 하고 있는데, 물론 세오이비쓰가 원조이다. '잇카비쓰(一荷櫃)'는 파발꾼처럼 봉을 걸어 나를 수 있도록 되어 있으며 두 상자가 한 세트이다. '구소쿠카라비쓰(具足唐櫃)'는 4~6개의 다리가 달린 대형 옷농으로, 에도 후기의 복고조 유행 때 나타난 비실용적인 궤이다.

도세이구소쿠와 그 소데

도세이구소쿠

도마루에서 발달한 갑주로 오요로이보다 말쑥한 분위기. 투구+도+구사즈리+고테+스네아테+하이다테 등 전신의 방어구가 세트로 되어 있다.

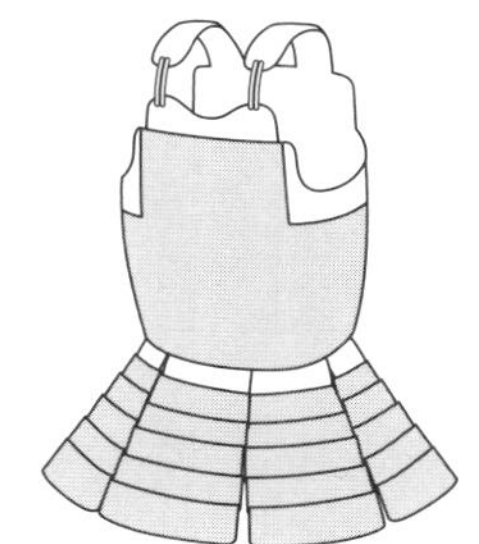

도세이소데

소찰제와 철판제가 있다. 도의 어깨와 고테에 걸어 접속하도록 되어 있다.

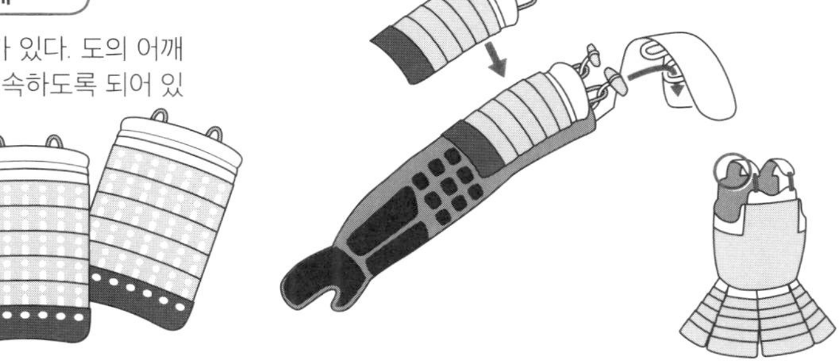

구소쿠비쓰

구소쿠 일습을 담는 상자. 등에 메는 타입, 두 상자에 나눠 수납하는 타입 등이 있다.

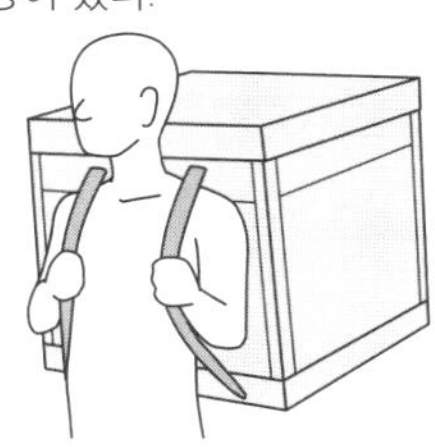

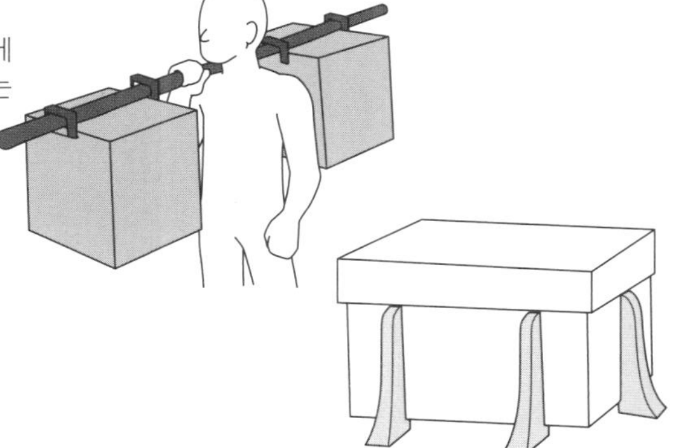

관련 항목
●라멜라→No.007
●도마루→No.059
●도세이구소쿠→No.065/073
●하이다테→No.070

No. 065

이타모노도는 철판을 붙인 몸통 갑옷이었는가

도세이구소쿠는 예로부터 전해진 갑주의 제조법을 답습하면서 개량된 갑옷이지만, 이타모노도나 난반도처럼 전통에 연연하지 않는 신형 구소쿠도 고안되었다.

●철판을 두르게 되어도 소찰로 장식한다

'이타모노도(板物胴)'란 소찰보다 큰 사네가네(札金)=철판을 도에 둘러친 것으로, 인기를 떨쳤다. 종래의 갑옷보다 양산이 용이하여 졸병에게 지급되기도 하였다. 대단히 견고하며, 특히 창이나 화살 등 찌르기에 대한 방호에 중점을 두고 있다. 반면에 유연성은 부족하기 때문에 필요에 따라 몇 군데에 경첩을 단다. 이음매는 기본적으로 오른쪽이지만, 좌우 양쪽이나 뒤쪽에 마련하는 경우도 있다.

이타모노도는 구부러진 판을 대는 형식인데, 사네가네를 대는 법에 따라 요코하기도(横矧胴, 가로로 긴 철판이나 가죽판을 나란히 배열하여 징으로 고정한 도), 다테하기도(縦矧胴, 세로로 배열한 것), 하토무네도(鳩胸胴, 요코하기와 비슷하지만 난반도의 영향으로 가슴 중앙이 뾰족하게 솟아 있다) 등이 있으며, 미의식 측면에서 소찰 갑옷처럼 꾸민 모델도 존재한다. '도지도(綴胴)'는 소찰로 일일이 표면을 덮은 것, '오도시도(威胴)'는 거기다 **오도시게**까지 추가한 타입이다. 모가미도(最上胴, 예로부터 존재하던 이타모노로 된 도마루) 등도 포함하면 베리에이션은 10종류 전후가 될 것이다.

참고로 **도세이구소쿠**는 오요로이를 대신하는 신세대 갑주이기 때문인지, 편리성에 관련된 작은 장치들이 몇 가지 더해져 있었다.

구소쿠의 가슴에는 쇠고리가 달려 있다. 초기형은 오른쪽이나 왼쪽 중 한 곳, 후대로 오면 양쪽 유두의 위치이다. '사이하이즈케노칸(采配附の環)'이라 하여 지휘하기 위한 지휘채의 끈을 묶어두는 고리이며, 두 개 있는 경우에는 하나가 '데누구이쓰케노칸(手拭附の環)'으로서 젖은 수건을 묶는 데 사용되었다. 전투 중에 목이 마르면 수건을 입에 넣고 빨아 수분을 보충했던 것이다. 아즈치모모야마 시대의 몸통 갑옷에는 눈에 띄지 않는 호주머니가 마련되었다. '하나가미부쿠로(鼻紙袋)'라고 하는데, 단추 달린 덮개도 있다. 서양 문화의 영향을 받아 고안된 것으로, 실제로는 잔돈이나 약을 담았다. 재질은 모직물 등의 직물 또는 가죽제이고, 위치는 옆구리나 구사즈리 안쪽에 만든다. 호주머니가 생기기 전에는 갑주 속에 염낭을 소지했지만, 필요할 때마다 바로 꺼내기가 힘들었다.

이타모노도의 베리에이션

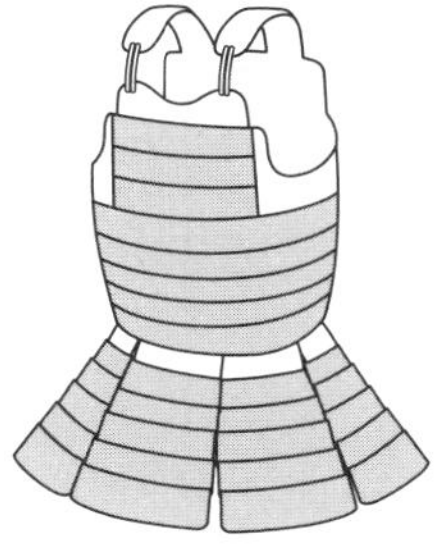

요코하기도(横矧胴)
철판이 가로로 배열.

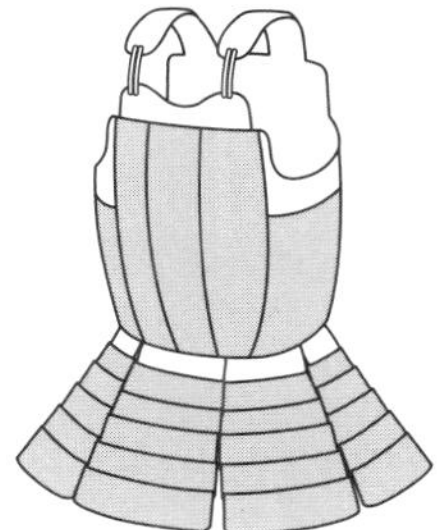

다테하기도(縦矧胴)
철판이 세로로 배열.

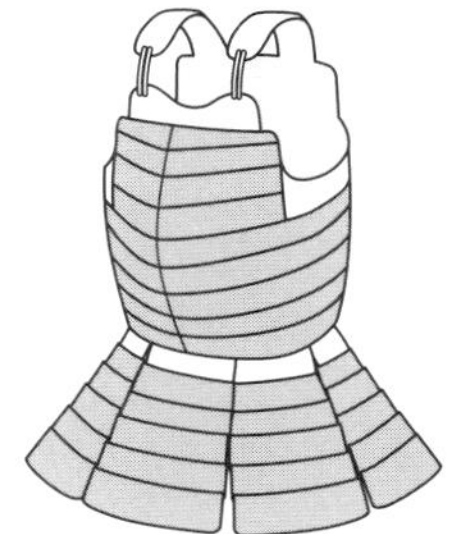

하토무네도(鳩胸胴)
가슴 중앙이 뾰족하다.

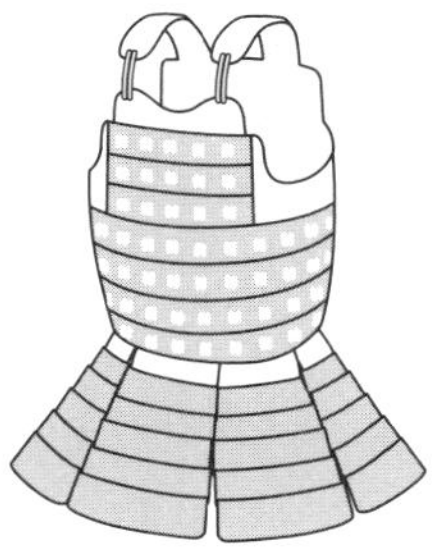

도지도(綴胴)
소찰 등으로 장식.

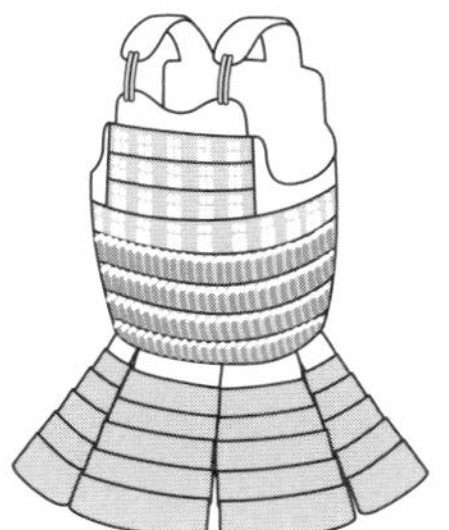

오도시도(威胴)
소찰과 오도시게로 장식.

갑주 가슴 부분의 고리

사이하이즈케노칸과 데누구이쓰케노칸이라 부른다. 어느 쪽이라고 정해져 있지는 않지만, 한쪽에 지휘채를 매달고, 다른 한쪽에 젖은 수건을 묶는다. 수건은 입에 넣고 빨아 수분 보충을 했다고 한다.

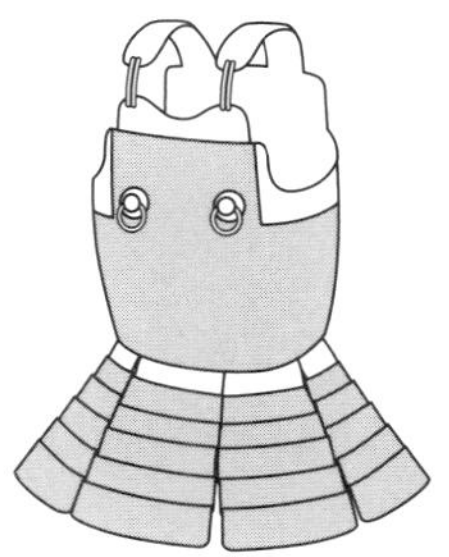

관련 항목

●오도시게→No.057/061/063
●도세이구소쿠→No.064/073

No. 066

난반도는 일본에서 더욱 진화하였는가

전국 시대에 일본을 방문한 선교사가 선물로 가져온 서양의 갑옷에서 실전 갑옷의 가치를 발견하여, 후에 국산화하는 한편 발전형 구소쿠를 고안하였다.

●외래 아이템의 개조는 일본인의 천성?

도요토미 히데요시(豊臣秀吉)와 도쿠가와 이에야스(徳川家康)의 시대에 일본에 들어온 난반도(南蛮胴)는 이탈리아제 **하프 아머**였을 것이다. 이 '난반구소쿠'에 주목한 무장이 일본인의 체형에 맞는 난반도를 만들게 하여, 새로운 **도세이구소쿠**의 한 장르가 탄생한다. 서양 갑옷 애호가이던 이에야스는 개조품 · 신조품을 합쳐 여러 벌의 난반구소쿠를 소유하고 있었다. 닛코토쇼구(日光東照宮, 도쿠가와 이에야스의 유골이 안장된 신사-역주)에 보관되어 있는 '난반도구소쿠'는 개조품의 좋은 예이다. 소데는 없으며 **퀴러시어 아머**와 같은 두 장의 긴 구사즈리를 가진 데다, 거기에 소찰로 이루어진 짧은 구사즈리가 추가되었다. 몸통 갑옷의 원형은 **퀴래스**나 하프 아머이다. 투구는 **모리온**으로 보이며, 마비사시와 시코로가 추가되어 있다.

일본제 난반도 계열의 구소쿠로 '호토케도(仏胴)'가 있다. 불상(仏像)의 가슴 부분에 이음매가 없는 점을 닮았다고 하여 그렇게 불렸다. 통판으로 된 도 외에, 요코하기도(横矧胴)나 다테하기도(縦矧胴) 등 이타모노도의 이음매를 옻으로 메운 것도 있었다. '긴다미호토케도구소쿠(金陀美仏胴具足)'는 전체적으로 금색이며, 투구는 히네노즈나리(日根野頭形, 5장의 철판으로 이루어진 인간의 머리 형태를 닮은 투구-역주)이나 마에다테(前立, 투구 앞면에 꽂는 장식물-역주)는커녕 쓰노모토(角元, 투구 장식을 달기 위한 돌기-역주)조차 없다. '쓰쓰미호토케도(包仏胴)'는 직물로 감싼 호토케도로, 금은박을 입히거나 금은가루로 무늬를 놓았다. '우치다시도(打出胴)', '라타이도(裸体胴)'는 도형 또는 문자를 새기거나 나체를 본뜬 것이고, '니오도(仁王胴)'는 근육의 형상을 만들어놓은 것이다. 그 베리에이션으로 아랫배가 나온 '가키바라도(餓鬼腹胴)', '호테이도(布袋胴)'가 있으며, 완만한 근육 모양의 '아미다도(阿弥陀胴)'(미다도弥陀胴라고도 한다), 그리고 '하토무네도(鳩胸胴)', '아바라보네도(肋骨胴)'도 그 아류이다. 이들 난반도 계통은 찌르기 공격에 강하다고 여겨졌다. 가토 기요마사(加藤清正)의 '긴코자네이로이로오도시카타하다누기니마이도구소쿠(金小札色々威片肌脱二枚胴具足)'의 가슴 부분은 근육이 도드라져 있다. 한편 '이로이로오도시(色々威)'란 세 가지 색이나 그보다 많은 종류의 오도시게를 사용했을 경우의 호칭이다.

난반도의 일종들

난반도

수입품 흉갑을 유용(流用). 구사즈리는 일본의 것을 단다.

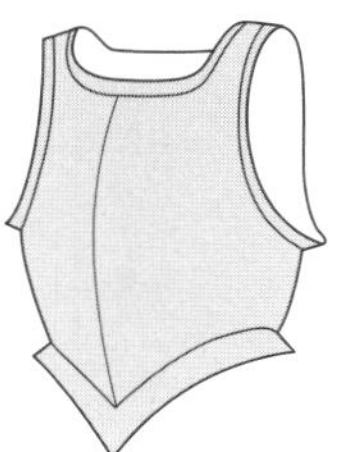

우치다시도

호토케도의 곡면 흉부에 겉으로 도드라진 장식을 찍어낸다.

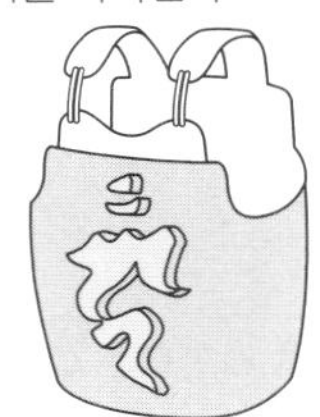

호토케도

철판 여러 장을 붙이고 옻을 두껍게 칠해 평평하게 만든다. 철판 한 장으로 만들기도 하는데, 완전히 일본식.

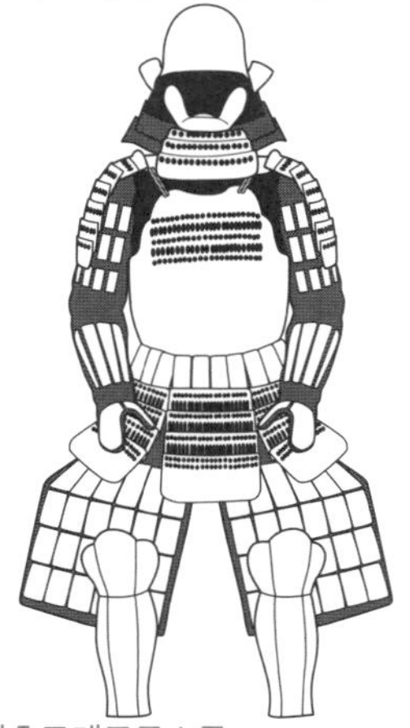

긴다미호토케도구소쿠

심플한 호토케도의 표본. 원형인 서양 갑옷을 의식하여 장식은 투구의 마에다테까지 없애고, 전신을 금색으로 통일하고 있다.

라타이도

용사의 나체를 본뜬 부조.

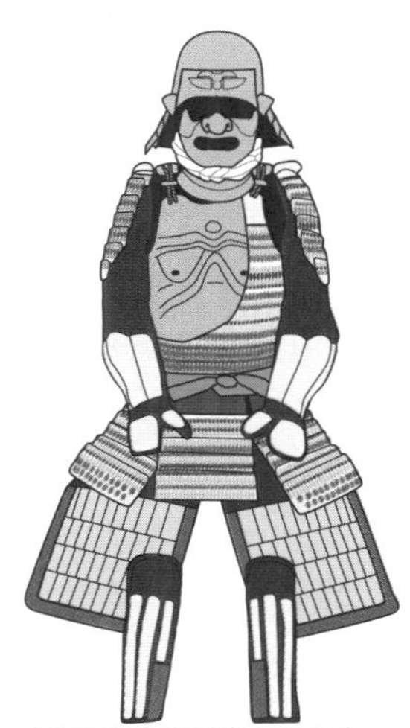

긴코자네이로이로오도시
카타하다누기니마이도구소쿠

라타이도의 일종. 반신을 드러내며, 의복 부분은 이로이로오도시로 화려하게 장식하였다. 소멘(総面, 얼굴 전체를 방어하는 가면-역주)과 고테에도 서양인을 본뜬 주름과 근육이 들어가 있다.

관련 항목

●하프 아머→No.035
●퀴러시어 아머→No.035
●퀴래스→No.035
●모리온→No.047
●도세이구소쿠→No.064/065

No. 067

다타미구소쿠와 구사리카타비라는 염가형 갑옷이었는가

정식 구소쿠에는 못 미치지만, 가볍거나 유연하고 경제적이라는 등의 다른 장점이 있는 갑주도 전국~에도 시대에는 다수 존재하였다.

●구소쿠보다 작으며 수납 가능한 여러 가지 방어구

'교린도(魚鱗胴)'는 이른바 **스케일 아머**이다. 철제와 가죽제의 두 종류가 있으며, 마감도 옻칠과 사비지(錆地, 모래 섞은 옻)의 두 종류가 있다. 교린도는 **도세이구소쿠**에서 가끔 채용되는데, 구조가 가까운 방어구로 다음과 같은 것들을 들 수 있다.

'가루타가네도(骨牌金胴)'는 사각형 금속편을 사슬로 이은 갑옷으로서, 무로마치 시대에는 천으로 된 안감이 달린 구식 가루타가네도가 존재하였다. 가루타가네(骨牌金)는 4~7cm 크기의 판금으로, 중국에서 전래되었다. 이 가루타가네를 이용한 '즈킨카부토(頭巾兜)'라는 방어구도 있었다. '깃코도(亀甲胴)'는 사각형이 아닌 거북이 등딱지 모양 철판을 천에 꿰매거나, 가루타가네도처럼 깃코가네(亀甲金)를 사슬로 이은 도이다. 이들은 '다타미구소쿠(畳具足)'라 총칭되며 접어서 운반할 수 있는 편리한 갑옷이지만 성능은 그럭저럭인 수준으로, 염가 장비라고 인식되었다. 다타미구소쿠는 전국 시대의 하급 무사에게 인기가 있었다. 마찬가지로 '다타미카부토(畳兜)'도 있었는데, 그 극치라고도 할 만한 '조친카부토(提灯兜)'는 바퀴 모양 부품을 포갠 투구로서 평평하게 접을 수 있었다. '구사리카타비라(鎖帷子)'도 간이 갑옷의 일종으로서, 서양의 **호버크** 같은 후드 달린 긴 소매 상의이다.

기성품 염가형 갑옷은 번(藩, 영주(다이묘大名)가 다스리는 영지-역주)에서 대량으로 제조 또는 구입하기도 하였다. 에도 시대에 그것들은 임대 갑주='오카시구소쿠(御貸具足)'라고 불렸다. 오카시구소쿠를 포함한 번 내 무사의 장비는 부구부교(武具奉行, 무구 관리를 담당하던 직책-역주)가 관리와 수리를 맡아, 평소에는 각 성의 천수각(天守閣, 성에서 가장 높은 망루형 건물-역주)에 보관해둔다. 이를테면 도쿠시마 번(徳島藩, 현재의 시코쿠四国 도쿠시마현徳島県-역주)의 본성에는 무장의 구소쿠 100벌, 다타미구소쿠 100벌, 아시가루구소쿠(足軽具足) 100벌 정도가 보관되어 있었다.

그러나 평화로운 시대가 이어지고 무가가 쇠락하면서, 막부 말기에는 번주(藩主, 번의 영주)의 갑옷만을 간신히 관리하는 수준이 되고 만다. 메이지 시대(明治時代, 1868~1912년)가 되면 갑주와 도검류 가운데 가치가 낮은 것은 쓸모없는 장물로 취급받아 고철로서 처분되었다.

준(準)구소쿠라 할 만한 여러 가지 염가형 방어구

즈킨카부토

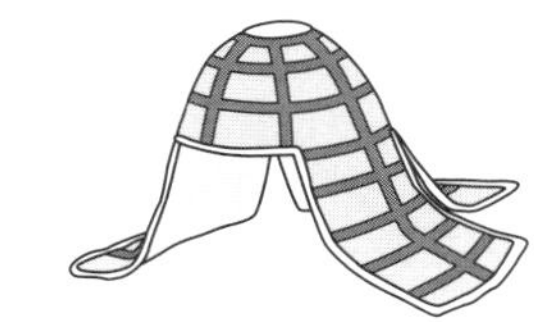

가루타가네도

깃코도

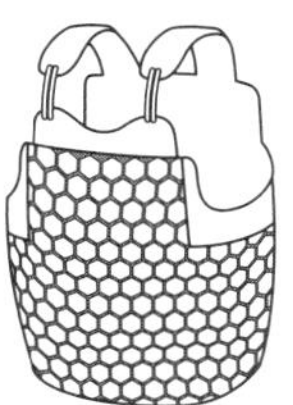

구사리카타비라

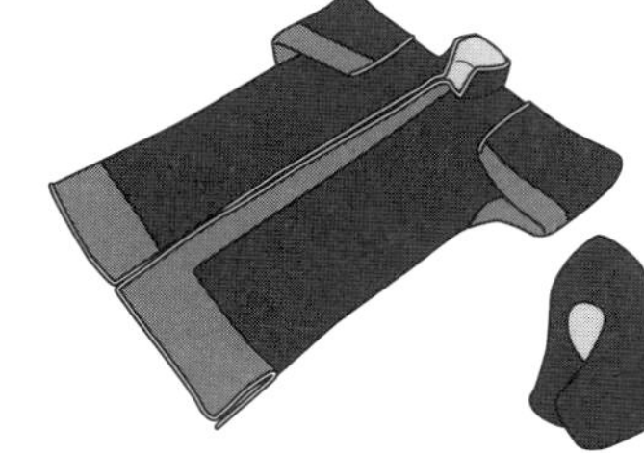

조친카부토

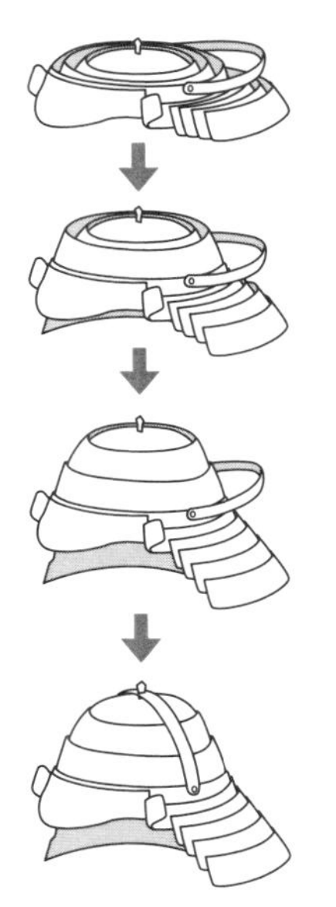

오카시구소쿠

관련 항목

●스케일 아머→No.007
●호버크→No.028
●도세이구소쿠→No.064/065/073

No. 068

오이에류와 우쓰시는 군단의 권세를 나타냈는가

오이에류(御家流)는 번에 자금력이 없으면 무리지만, 합리적인 동시에, 현대 또는 SF 작품의 군부대 마크나 팀 컬러 같은 세련됨이 있다.

●가문 전원이 같은 색이나 비슷한 형태의 갑주를 입는다

16~19세기, 에도 시대의 다이묘는 번주로 취임할 때 어용 갑주 장인에게 명하여 갑주를 새로 맞추는 관례가 있었다. 실전 또는 식전용 '실용 갑주'와 관상용 '장식 갑주'를 만든다. 장식 갑주는 아름다운 복고조 디자인을 선택하는 경우가 많았다. 용도별로 호화로운 갑옷을 제작시킨 것은 16세기 이후의 서양 귀족과 통하는 부분이 있다. 갑옷 제작으로 유명한 집안이라는 이유도 있어, 다테 마사무네(伊達政宗)는 멸망한 호조가(北条家)의 갑주 장인을 불러들여 보호하며 양질의 갑주를 만들게 하였다. '센다이도(仙台胴)'는 고성능 갑주의 대명사로서, 마사무네가 착용한 검정 일색의 갑옷과 큰 반달 투구가 유명하다. 이 다테가와 이이가(井伊家)에서는 '오이에류'라고 하여, 일족의 독자적인 갑주 스타일을 정하고 디자인과 색을 통일하였다. 여기에는 전장에서의 아군 식별과 사기 고양 및 단결 의식을 위해, 그리고 같은 갑주 장인 하에서 양산시켜 원가 절감을 꾀한다는 군제상의 사정이 있었다.

다테가 일문은 모두 검게 옻칠한 갑주를 이용하였다. 히코네(彦根, 현재의 시가현滋賀県-역주) 이이가의 '아카조나에(赤備え, 장비를 붉은색으로 통일한 부대-역주)'는 박력이 있다. 전신을 붉게 옻칠하고 투구는 즈나리카부토(頭形兜)를 쓰는데, 당주만 금으로 된 다이텐쓰키(大天衝, 거대한 2개의 뿔) 와키다테(脇立, 투구 좌우에 세우는 장식-역주)를 사용하고, 그 밖의 가신들은 덴쓰키(天衝, U자 모양-역주) 마에다테를 달았다. 오도시게의 실은 개인의 취향에 따른 색상으로 이루어지며, 유명 무장 가문에서는 '우쓰시(写し)'라고 하여 선조나 초대 번주의 의장을 대대로 계승하기도 하였다. 투구의 **다테모노**(立物, 투구 장식-역주)가 많은데, 다테가에서는 반달, 이이가는 덴쓰키, 구로다가(黒田家)에서는 나가마사(長政)의 '이치노타니나리카부토(一ノ谷形兜)'를 우쓰시로 삼았다. 그 직사각판형 장식은 '요시쓰네(義経)가 타고 내려온 히요도리고에(鵯越)'의 험준한 골짜기를 의미하며, 구로다가 이외의 겐지계 무가에서도 다테모노로서 흔히 이용된다. 그 밖에 도쿠가와가라면 고사리 잎 모양 **마에다테**, 혼다가(本多家)에서는 사슴뿔, 호소카와가(細川家)에서는 꿩의 꼬리, 마쓰다이라가(松平家)에서는 국자가리비 모양 대형 다테모노가 그에 해당한다.

유명 무가의 오이에류 · 투구의 우쓰시

오이에류 = 일족 일문에서 갑주의 디자인과 색을 통일하는 것.

우쓰시 = 주로 선조의 투구 다테모노를 대대로 당주와 일문이 계승하는 것.

이이가 당주
이이 나오타카(井伊直孝)가
사용한 갑주

이이가 당주는 대대로 다이텐쓰키를 투구의 와키다테로 이용하였다. 갑주는 붉은 칠.

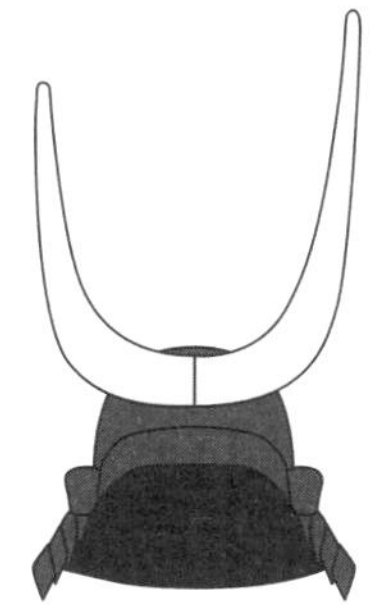

이이가 가신의 투구. 당주를 모방하여 덴쓰키를 마에다테로 삼고 있다.

다테가 당주
다테 마사무네가
사용한 갑주

검게 옻칠한 갑옷은 다테가의 상징. 투구의 마에다테는 마사무네가 초승달, 가신들은 반달을 사용하였다.

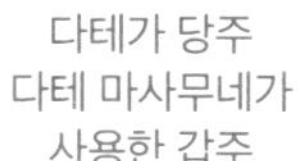

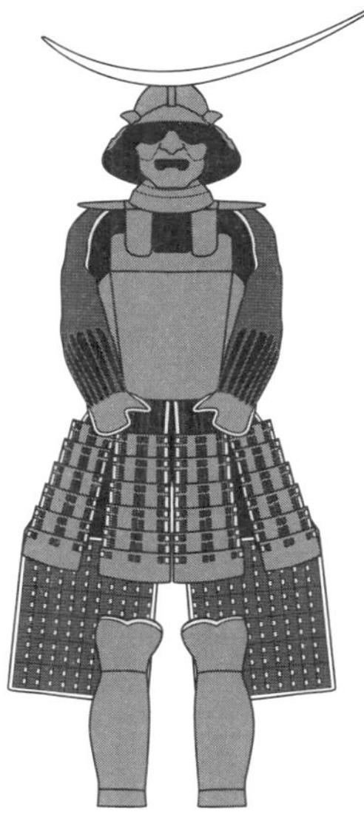

구로다가의 당주가 대대로 사용한 "이치노타니나리카부토".

관련 항목

●다테모노→No.075
●마에다테→No.075/077

No. 069

복고 구소쿠는 부자들의 도락이었는가

복고 구소쿠는 지고의 예술품을 낳는 동시에 예로부터 계승되어온 일본 갑옷의 훌륭한 기능을 빼앗았다. 그 공죄(功罪)는 크다.

●기능을 죽이고 전통의 미와 화려한 장식을 추구

'복고(조) 구소쿠'는 에도 시대의 평화를 상징한다고도 할 수 있는 유행이다.

제8대 쇼군 도쿠가와 요시무네(徳川吉宗)의 제창에 의한 것으로, 그는 옛날 갑옷을 연구하여 '곤이토오도시오요로이(紺糸威大鎧)'를 만들게 하였다. 마에다테는 용 모양이며, 시코로의 후키카에시(吹返, 시코로 양쪽을 뒤로 젖힌 것-역주)에는 보주를 새기고, 갑옷 여러 군데에 접시꽃 문장(도쿠가와 가문의 문장-역주)을 넣은 호화로운 것이었다. 이것을 본 각지의 유력 다이묘들도 쇼군을 모방하여 복고 구소쿠를 만들게 한다.

그 후 **에도 시대** 중기부터 후기에 걸쳐 많은 갑주 장인들이 다이묘에게 고용되었다. 그들은 옛 기록을 뒤져 갑주 유물의 수복과 복제를 행했고, 일족은 제자를 여럿 거느리며 번영했다고 한다. 이런 일이 있었기 때문에, 에도 중기 이후의 갑주는 실용성이 현저히 저하했다고 일컬어진다. 개중에는 정말 장식품으로밖에 사용하지 못하는 것도 있었다. 전장에서의 실용성과 필요에 의해 탄생한 기능 가운데 미관을 해치는 부분은 삭제하고, 화려함과 기발함만을 추구한 물건이 늘어난 것이다.

그러나 덕분에 갑주의 수량 자체는 증가하였다. 구소쿠는 실전 장비에서 공예품 혹은 의례용 의상으로 변했다. 미술품으로서도 높은 가치를 갖게 되었고, 또한 특히 해외에 널리 알려져 호평 받았다. 그래서 국외에 유출된 것도 이 시대의 작품이 많다.

본래 주군의 갑옷은 위험한 전장에서 선두에 서기 위한 절품(絶品)이었다. 역대 도쿠가와 쇼군도 방비를 위해 충실한 실전용 갑옷을 소유하고 있었다. 하지만 아무리 고성능 구소쿠라도 더 이상 총을 당해낼 수 없는 것은 명백했다.

외국과의 접촉도 영향을 미쳐 근대화되어가던 일본의 군제 속에서 갑주는 과거의 유물로서 버림받게 된다.

쇼군의 장식 갑옷과 그것을 흉내 낸 다이묘

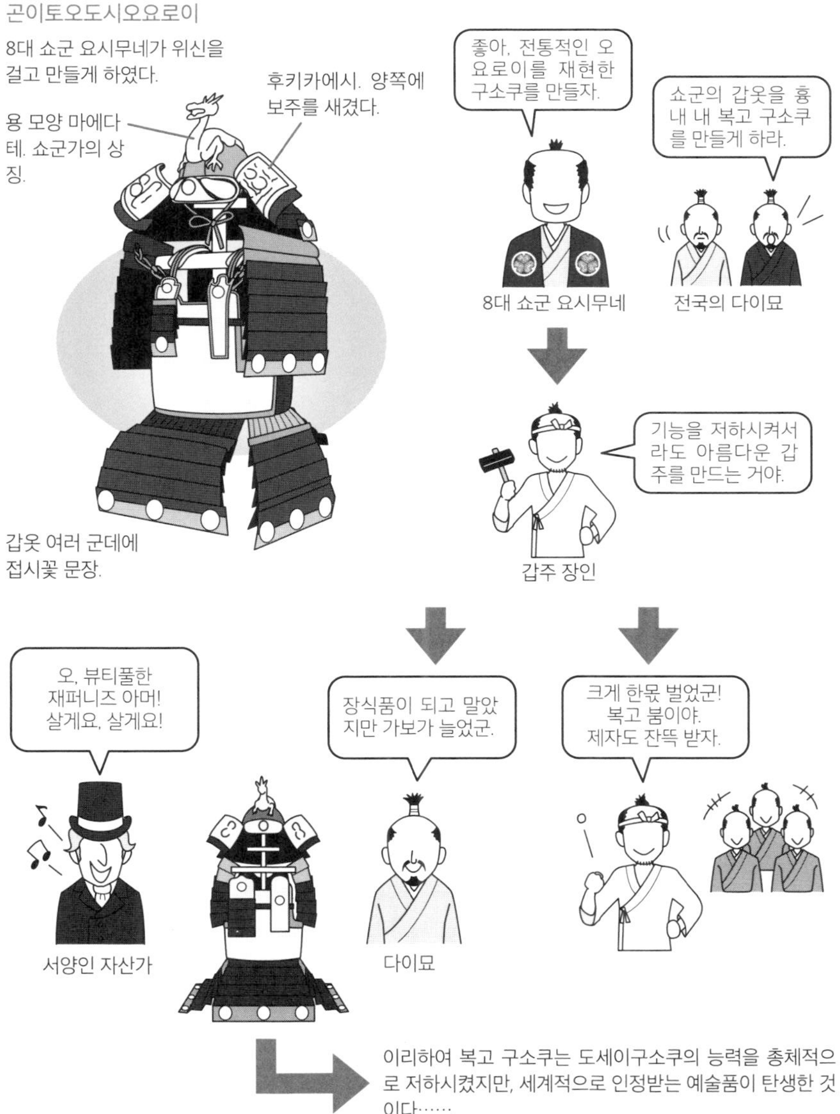

곤이토오도시오요로이
8대 쇼군 요시무네가 위신을 걸고 만들게 하였다.
후키카에시. 양쪽에 보주를 새겼다.
용 모양 마에다테. 쇼군가의 상징.
갑옷 여러 군데에 접시꽃 문장.
좋아, 전통적인 오요로이를 재현한 구소쿠를 만들자.
쇼군의 갑옷을 흉내 내 복고 구소쿠를 만들게 하라.
8대 쇼군 요시무네
전국의 다이묘
기능을 저하시켜서라도 아름다운 갑주를 만드는 거야.
갑주 장인
오, 뷰티풀한 재퍼니즈 아머! 살게요, 살게요!
장식품이 되고 말았지만 가보가 늘었군.
크게 한몫 벌었군! 복고 붐이야. 제자도 잔뜩 받자.
서양인 자산가
다이묘

이리하여 복고 구소쿠는 도세이구소쿠의 능력을 총체적으로 저하시켰지만, 세계적으로 인정받는 예술품이 탄생한 것이다…….

관련 항목

●에도 시대→No.070

No. 070

막말의 혼란기에 무사는 갑옷을 입을 수 있었는가

막부 말기에는 각지에서 전란이 재발하면서 방어구의 필요성이 급증했다. 그러나 오랜 평화는 갑주에 관한 기술과 지식을 망각시켰다.

●갑주와 무사 시대의 종언

그 시대에 갑옷 대부분은 무사 계급의 몰락과 함께 사라지고, 사무라이들은 구소쿠의 손질법과 착용법을 잊고 있었다. 애초에 **에도 시대** 중기 이후 『단키요랴쿠(単騎要略)』 등 갑주 착용 안내서가 유통될 정도의 상태였다. 여담이지만, 도세이구소쿠는 기본적으로는 혼자 입을 수 있도록 되어 있다. 갑옷 무사는 최소 종자 두 명(창잡이와 깃발잡이)을 거느리고 전장에 나선다. **플레이트 아머** 착용 기사 한 명이 출진할 때 열 명이나 되는 종자의 도움이 필요했던 서양의 실정과는 큰 차이이다.

그런데 전란이 일어나던 막부 말기에는 갑옷을 새로 만들려 해도 갑주 장인이 부족하여, 대장장이와 가죽 가공업자는 물론, 야채 장수나 생선 장수조차 하청 작업에 동원될 정도가 되고 말았다. 그래서 막말의 갑옷 가운데는 조악한 물품이 많고, 기존 물품에 대한 수리도 조잡했다. 그래도 전통에 따라 전장에서는 갑옷을 입고 싶어 하던 무사들의 수요에 맞춰, 가죽 소찰에 옻을 두껍게 칠한 '가라코자네(空小札) 갑옷'이 양산되었다. 결국 이것은 쓸 만한 물건이 못 된다고 여겨졌으나, 메이지 시대 들어 신푸렌의 난(神風連の乱, 1876년)에서 옥쇄하는 국수주의자들이 착용하였다.

사쓰마(薩摩, 현재의 가고시마현鹿児島県-역주)에서는 병사용 '네리카와(煉革, 아교 물에 담가 두드려 굳힌 가죽-역주) 갑옷'이 제조되었다. 나라~헤이안 초기에 조정의 병단용으로 양산되었던 것의 복각판이다. 가라코자네 갑옷과 무슨 차이인지 이것은 실전에서 유효성이 증명되었으며 가벼운 것이 장점이었다. 그 밖에 막부 말기에 많이 이용된 방어구로 '마에카케도(前掛胴)'가 있다. 도(胴)와 구사즈리 3장만으로 이루어진, 마치 **하라아테** 같은 간이 장비로서, 여기다 고테와 스네아테에 하이다테를 착용하고 전장에 나간다. '진가사(陣笠)'는 예전부터 꾸준히 사용된 옻으로 단단히 만든 모자이다. 본래는 우비이며 냄비나 방패로도 쓸 수 있다. 병사는 삼각형, 무사는 평평한 모자형 진가사를 이용하고, 갑옷 위에 '진바오리(陣羽織)'를 걸치는데 이것도 방어구라기보다는 방한구이다.

평화로운 세상에서 무사들은 구소쿠 착용법을 잊었는가

갑주 입는 법

서양 갑옷과 마찬가지로 아래에서 위로 장비를 착용해간다.

맨 처음 스네아테를 장착하고, 하이다테를 입는다.

고테를 팔에 끼운다.

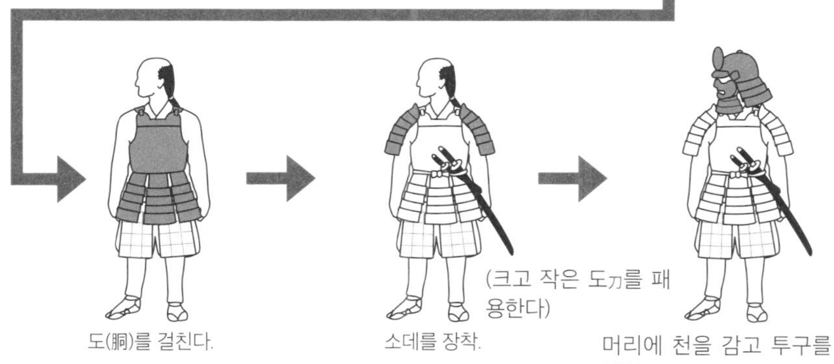

도(胴)를 걸친다.

소데를 장착.

(크고 작은 도刀를 패용한다)

머리에 천을 감고 투구를 쓴다.

마에카케도

막부 말기에 사용된 갑주. 간이 몸통 갑옷으로서 무사나 아시가루 등이 입었다.

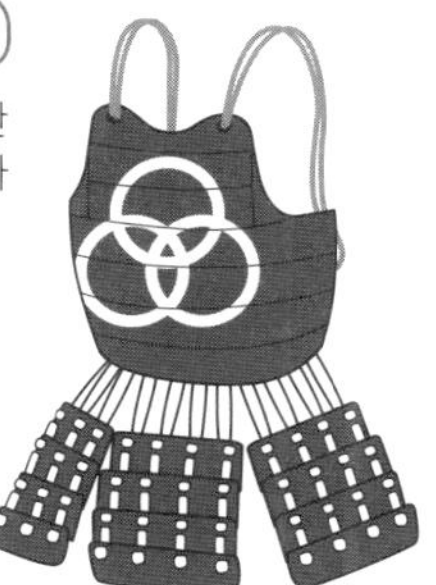

진가사

평평한 것이 무사나 관리용. 삼각 갓은 아시가루용이다.

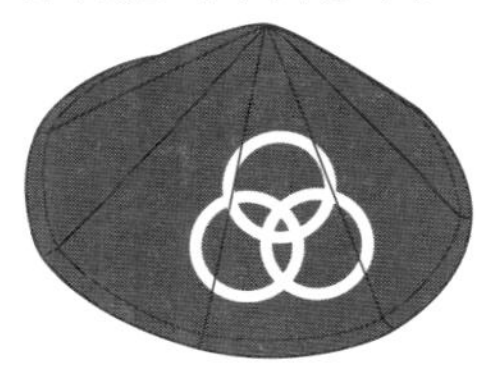

관련 항목

●플레이트 아머→No.039
●하라아테→No.060
●에도 시대→No.069

No. 071

호시카부토란 어떤 투구였는가

제조 기술이 미숙한 탓에 두툼하고 묵직한 투구가 되었지만, 견고함으로는 정평이 나 있어 후세의 세련된 투구보다 신뢰성이 높다. 그런 남자다운 투구이다.

●접합 징을 별에 빗댄 명칭

고대부터 사용되던 **쇼카쿠쓰키카부토**(衝角付冑)는 12세기 후반에 **'호시카부토**(星兜)'로 진화한다. 호시(별을 뜻하는 일본어-역주)란 투구에 박힌 징을 말하는 것이며 이는 장식도 된다. 처음에는 '이카보시카부토(厳星兜)'라고 하여 스파이크 모양을 한 커다란 징이 달려 있었으나, 점차 작아진다. 호시카부토의 하치는 10장 이상의 철판을 징(호시)으로 접합한 것으로서, 사용된 철판의 장수가 명칭에 붙는 경우가 많다. '십간(十間)'이라면 10장 사용되었다는 의미이며, 수십 장 사용할 때는 가늘고 긴 판이나 위아래로 나누어진 판을 사용한다. 호시카부토의 꼭대기에는 지름 5cm가량의 둥근 구멍이 있어, 그곳에 '하치만자(八満座)'라는 고리를 끼운다. 정수리에는 신이 깃든다는 전통에 따른 구조이다. 이 하치에 시코로가 부속하여 투구는 완성된다. 처음에는 철이 그대로 드러나 있었지만, 나중에는 안쪽에 가죽이나 천을 붙이게 되었다. 또한 징 둘레에 시노다레(篠垂)라는 장식 겸 보강용 판을 대기도 한다. 턱끈은 시노비노오(忍緒)라고 부른다.

시대의 흐름과 함께 철판의 장수가 늘어나는데, 그것을 고정하는 징도 증가하면서 소형화되어간다. 판끼리 이중삼중으로 겹쳐 방호력을 향상시키고, 판 사이에 틈을 마련하여 공간장갑(두 장의 장갑 사이에 공간을 만들어 공격의 위력을 저하시키는 것-역주)의 원리로 강도를 높이는 고안도 이루어졌다. 신뢰성 높은 투구가 된 반면 무게도 상당해져서, 전투 직전까지는 쓰지 않았다고 한다. 호시카부토의 시코로는 고대 투구의 그것과 상당히 디자인이 다르다. 오요로이에 맞춰 4~5단짜리 소찰제가 되고, 시코로 정면에 뒤로 젖혀진 부분이 생겼다. 이것을 '후키카에시(吹返)'라고 한다. 헤이안~가마쿠라 전기까지의 시코로는 아래로 갈수록 자락이 넓어지며 후두부와 어깨를 덮을 만큼 커다랗다. 스기나리시코로(杉形錣)라고 하여, 더부룩한 세미롱 헤어 같은 모양이다. 기마 무사에게 애용되던 호시카부토의 전성기는 도보전투가 주체가 되어가면서 끝을 고한다. 다만 양질의 투구임에는 틀림없었으므로, 그 후에는 고보시카부토(小星兜)로서 존속하였다.

스파이크 달린 용맹스러운 역전의 무사

호시카부토

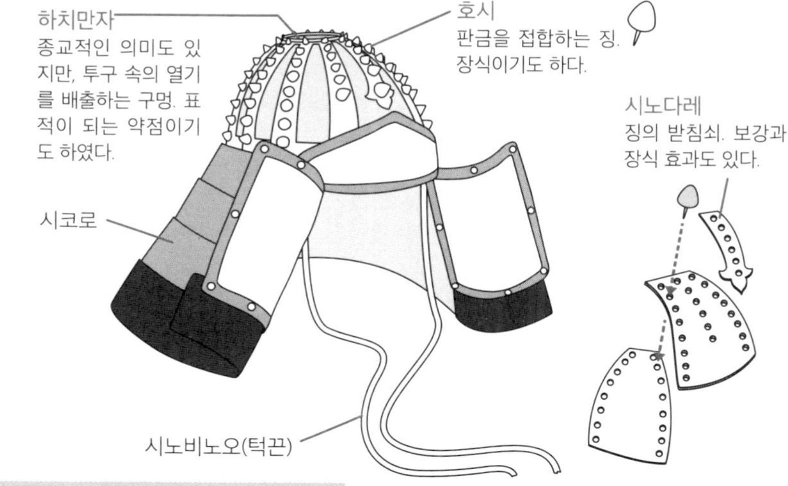

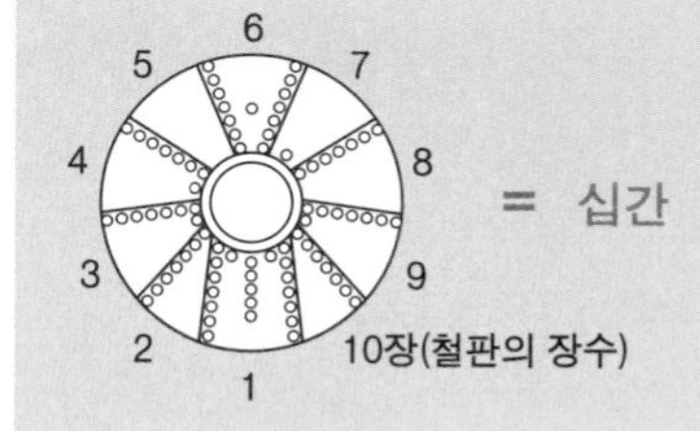

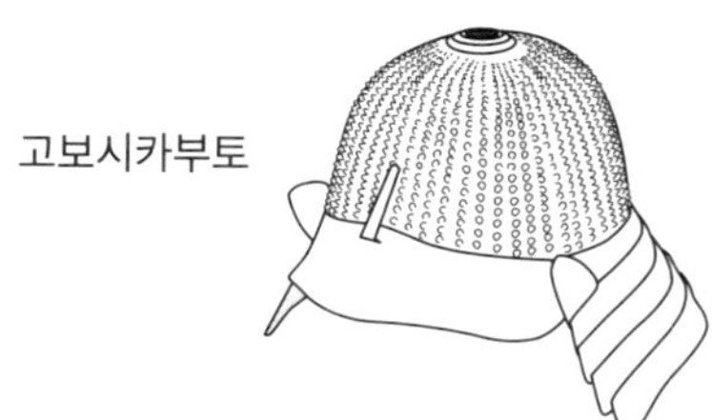

스기나리시코로

투구의 방호판을 뒤로 젖히는 "후키카에시"가 존재하는 점이 일본 투구의 큰 특징이다. 초기의 시코로는 하치에서 완만히 펼쳐져 아래로 드리워지는 모양이었다.

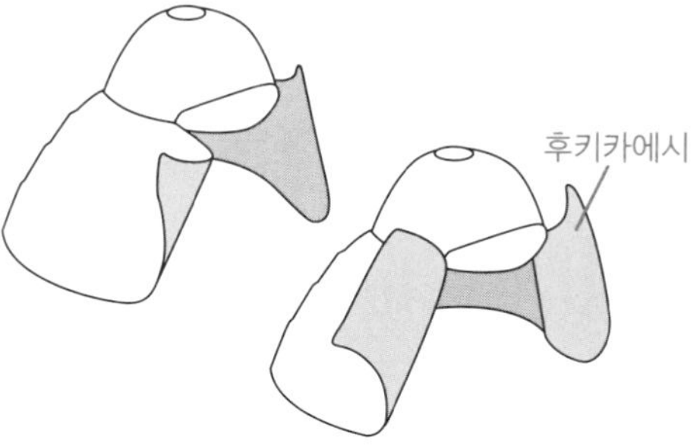

관련 항목

●쇼카쿠쓰키카부토→No.053

●호시카부토→No.072/073/075

No. 072

스지카부토는 호시카부토의 진화형이었는가

기마라면 무거운 투구라도 어떻게든 쓸 수 있지만, 도보의 경우에는 방어구의 경량화가 필요 불가결해진다. 스지카부토에는 그런 요구도 반영되었으리라 추측된다.

●일정한 평가를 얻으며 계속해서 개량된 실전 투구

가마쿠라 말기에 보급된 투구로서 **스지카부토**(筋兜)가 있다. 그 시기에는 스지카부토에 **도마루**라는 스타일이 무사들 사이에서 유행하였다. 스지카부토는 이전 모델인 호시카부토와 구조는 비슷하지만, 징을 두들겨 으깼으며 세로로 여러 개의 줄(스지)이 튀어나와 있다. 시대는 도보전투, 백병전 중심이 되어 있었기 때문에, 스지는 도검을 이용한 적의 공격을 받아넘기기 위한 조치였다. 16세기 서양 갑옷의 **플루트**(홈)와 마찬가지로 강도를 높이는 동시에 경량화에도 공헌하고 있다.

스지카부토는 제작에 고도의 기술이 필요한 고급품이었으나, '철판이 얇고 징도 가늘어 강도가 부족하다'고 평가받았다. 스지를 늘림으로써 이후에도 존속하기는 하지만, 무로마치 시대(14세기)에는 그 개량판으로서 아코다나리카부토(阿古陀形兜)가 대두한다. 호박 모양을 한 이 투구는 볼록하게 부풀어 있어 착용하기 편하다고 호평 받는다. 그러나 역시 얇은 철판으로 만들었기 때문에 강도는 그리 뛰어나지 않았다.

가마쿠라 후기부터 남북조 시대에는 측두부와 후두부를 보호하는 시코로에도 변화가 나타난다. 이것도 기마전에서 도보전으로 이행한 영향으로서, '가사지코로(笠錣)'라고 하여 표고버섯처럼 벌어진 형태가 되었다. 도보전에서는 스태미나가 쉽게 소모되므로 경량화를 위해 시코로를 소형화한 스지카부토도 유통된다.

참고로 이 시대, 무사는 모토도리(髻, 옛날식 상투)를 모미에보시(揉烏帽子, 얇게 옻칠하고 비벼 부드럽게 만든 에보시(건巾의 일종)-역주)로 감싼 뒤 도넛 모양 쿠션을 올리고 나서 투구를 썼다. 적당한 쿠션이 없으면 투구를 써도 얻어맞은 충격으로 실신하기도 한다. 투구 속에 에보시(烏帽子)를 쓰지 않는 사람도 있었으나, 당시의 남자는 반드시 쓰개를 쓰는 것이 관례였다. 현대로 말하면 팬티를 입는 정도의 감각이다. 그리고 무로마치 시대 후기 무렵부터 투구의 하치 안쪽에 투구 대장장이의 이름과 제조년도 등을 새기는 습관이 생겼다. 투구 대장장이는 갑주장인 밑에서 일하고 있었는데, 무로마치 시대에는 지위가 향상되었음을 의미한다.

가볍고 튼튼한 스지카부토와 아코다나리카부토

스지카부토

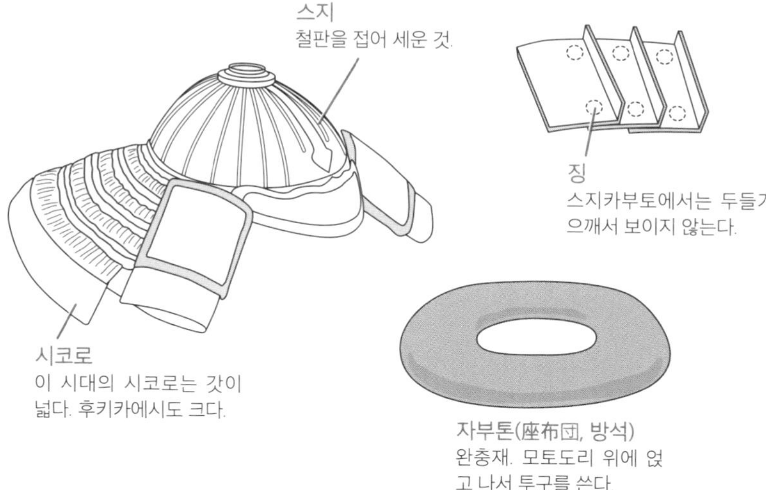

스지
철판을 접어 세운 것.
징
스지카부토에서는 두들겨
으깨서 보이지 않는다.
시코로
이 시대의 시코로는 갓이
넓다. 후키카에시도 크다.
자부톤(座布団, 방석)
완충재. 모토도리 위에 얹
고 나서 투구를 쓴다.

가사지코로

무로마치 시대의 시코로로서 갓처럼 벌어져 있다. 화살보다 도검을 방어하는 목적으로 변형되었다.

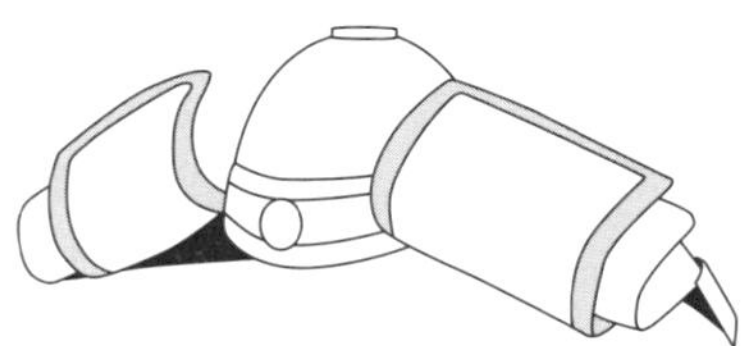

아코다나리카부토

스지카부토의 개량판. 무로마치 시대에 탄생하여 오래 사랑받았다.

- 제작법은 스지카부토와 같아 하치에 스지가 있다.
- 볼록하게 부풀어 있어 착용감이 좋다.
- 이 모델은 마비사시가 있고 시코로가 작다.

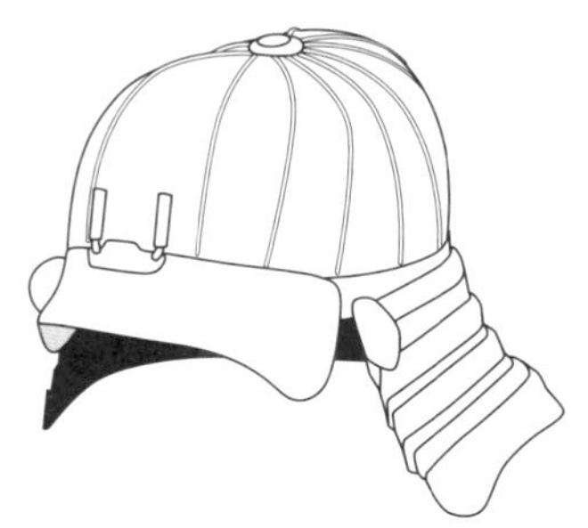

관련 항목

●플루트→No.032
●도마루→No.059
●스지카부토→No.073

No. 073

전국 시대의 투구에는 어떤 것이 있었는가

스지카부토 이후에 등장한 나리카부토는 양산이 용이한 염가품이면서 성능은 좋았다. 가와리카부토의 베이스도 된 전국 시대를 대표하는 투구이다.

●제철 기술과 대장 기술의 발달이 낳은 판금 투구

도세이구소쿠의 시대에는 종래의 **호시카부토**와 **스지카부토**, 거기에 남북조 시대(14세기)부터 등장한 **나리카부토**(形兜)가 흔히 채용되었다. 나리카부토란 무언가를 본뜬 투구를 의미한다. 몇 가지 종류가 있는데, 나리카부토의 일종은 대개 3~5장의 철판으로 하치가 구성된다. 이전까지의 투구보다 구조가 간단하여 양산이 가능했기 때문에 인기가 있었다. 그리고 나리카부토를 토대로 다양한 가와리카부토(変わり兜, 하치 자체에 장식을 가한 투구-역주)가 만들어졌다.

나리카부토 계통 가운데 가장 대표적인 것은 '즈나리카부토(頭形兜)'일 것이다. 머리형에 맞춘 투구라는 뜻으로, 하치 둘레 전체에 마비사시(眉庇, 차양)가 달리기도 한다. '돗파이나리카부토(突盔形兜)'는 사다리꼴 철판을 짜 맞추고 마비사시를 단다. 간사이(関西) 지방에서 유행한 모델이다. '모모나리카부토(桃形兜)'는 2~4장의 철판을 짜 맞추고 꼭대기를 집게로 집어 복숭아 모양으로 만든다. 이것도 간사이에서 유행하였는데, 난반카부토(南蛮兜, 볏이 있는 투구)의 영향을 받지 않았을까 하는 설도 있다. 이들은 모두 하치에 시코로를 달아 완성한다.

지역성 있는 "향토 투구"의 예로 '사이가카부토바치(雑賀兜鉢)'를 들 수 있다. 그 이름대로 사이가(와카야마현和歌山県)의 갑주 장인이 선호하였다. 고훈 시대 후기의 투구를 모방한 것으로서, 7~8장으로 이루어진 스지카부토이다. 사이가와는 별개로 에도 시대 후기에는 복고조가 유행하면서, 옛 디자인의 투구가 새로 만들어져 가마쿠라 시대와 같은 커다란 시코로가 달렸다. 그 속칭을 '만주지코로(饅頭錣, 만두 시코로)'라고 한다. 또한 새로 만들지 않고 만듦새가 좋은 옛날 투구를 재활용하기도 하였다.

남북조 시대부터 대부분의 투구에는 안감을 대게 되었다. 그저 가죽을 붙이기만 한 것이 아니라, 천을 채운 뒤 가죽을 씌우거나, 투구 내부에 공간을 마련하여 하치와 안감이 뜨는 구조로 만들었다. 가장 고도의 것은 십자 모양 소가죽을 안쪽에 걸치는 기법으로, 현대의 헬멧과 같은 구조이다. 이로써 받는 충격이 상당히 감소하여 보다 쾌적하게 쓸 수 있게 되었다. 전국 시대부터는 투구 안쪽의 공간에 작은 불상이나 부적을 넣는 사람도 나온다.

나리카부토——신세대 전장 투구

나리카부토(形兜)	=	무언가를 본뜬 투구라는 의미. 즈나리카부토(頭形兜)와 모모나리카부토(桃形兜)도 같은 나리카부토의 일종.

즈나리카부토

· 판금 몇 장으로 구성.
· 마비사시가 달렸다.
· 시코로도 구부린 판금으로 만드는 경우가 있다.

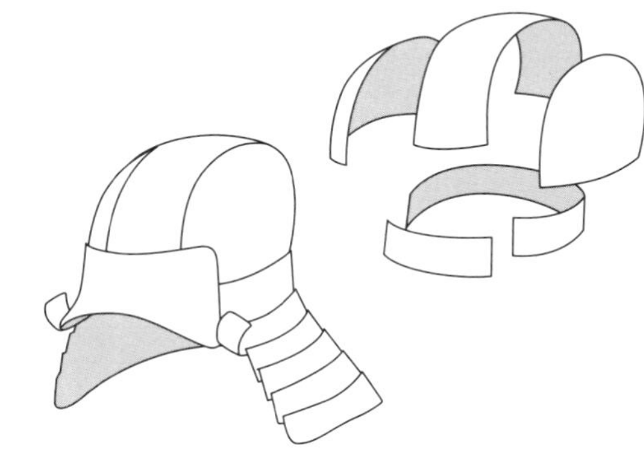

돗파이나리카부토

· 18장의 사다리꼴 판금으로 구성.
· 꼭대기가 약간 뾰족하다.

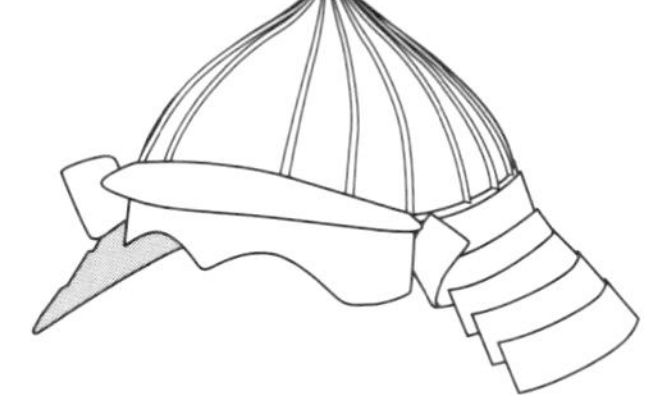

모모나리카부토

· 4장의 철판을 짜 맞춘다.
· 꼭대기를 집어 접합한다.

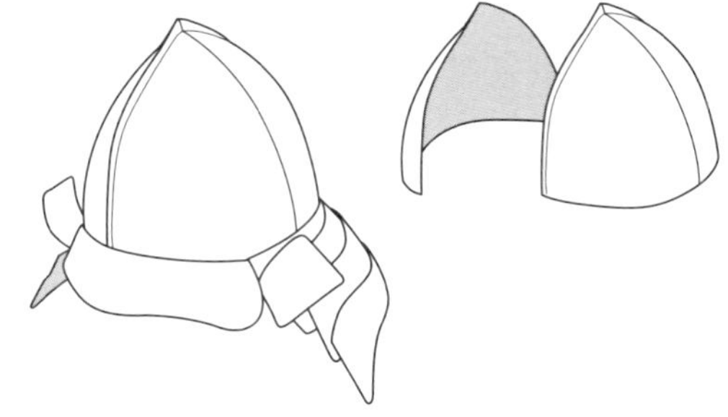

관련 항목

●도세이구소쿠→No.064/065
●호시카부토→No.071
●스지카부토→No.072
●가와리카부토→No.074/075/076/077
●나리카부토→No.076

No. 074

무사들은 왜 투구에 집착하였는가

서양 투구에도 드물게 독특한 디자인을 가진 것이 있다. 하지만 일본만큼 투구에 고집을 보이며 다종다양한 투구를 남긴 나라는 세계에 유례가 없다.

●현실적인 이유와 죽음에 대한 로망

전국 시대의 무사는 특히 투구에 집착하였다. 투구는 애초에 무사라는 신분을 증명하는 전장의 필수품이다. (시체에서 벗긴 투구는 예외로 치고) 일정 이상의 신분을 가진 사람만 쓰는 것이 허용되었다.

당시에는 **가와리카부토**라는 기발한 디자인과 화려한 **마에다테**(前立)가 유행하였는데, 그 가장 큰 이유는 눈에 띄기 위해서였다. 집단전이 벌어지는 가운데, 전장에서의 공적에 상응하는 보상을 얻기 위해서는 동료와 상사에게 자신의 존재를 어필해야 했다. 등에 깃발을 꽂는 등의 방법도 있지만, 전장에서는 투구로 개인을 판별하는 것이 가장 빨랐다. 적의 목을 쳐서 가져가는 경우에도 '투구를 쓴 머리'라면 커다란 공적으로 간주된다. 자신의 논공행상(공적 심사)과 전사 시의 구비짓켄(首実検, 전장에서 벤 적의 수급을 놓고 신원을 판정하던 일-역주)(본인 확인)을 위해 투구는 필요했다. 위용 넘치는 투구에는 자신과 동료의 사기를 고양하는 효과도 있다. 투구뿐만 아니라 특이한 갑옷이나 화려한 갑옷을 입는 것도 같은 동기에서였다.

아즈치모모야마 시대 이후에는 무가 문화가 개화하여, 미의식을 전면에 내세운 투구도 등장한다. 눈에 띄기 위해서라는 얕은 동기만이 아니라, 전장에서 깨끗한 최후를 맞는 것을 미덕으로 여기며, 자신을 죽이는 적에 대한 예의로서 미려한 갑주를 걸친다는 마음가짐이다. 이처럼 독특한 감각은 일본인이 아니면 이해할 수 없을지도 모른다.

참고로 눈에 띄는 갑주를 선호하는 사람이 있는가 하면, 반대로 은밀한 임무나 생존을 위해 눈에 띄지 않는 장비로 싸우는 무사도 있었다. 눈에 띄면 활이나 총으로 저격당할 위험이 크기 때문에, 눈에 띄지 않는 것도 합리적이다. 이를테면 옛날 단노우라 전투(壇ノ浦の戦い, 1185년)에서 미나모토노 요시쓰네는 눈에 띄지 않는 차림으로 참전했다고 전해진다. 다만 이 이야기는 진위를 알 수 없다.

일본에서는 투구가 이렇게 중요했다

난전 속에서의 활약을 동료나 상사에게 보여준다.

잘 보이는군. 부지런히 싸우고 있네.

적에 대한 인정. 자신이 전사해도 투구와 수급은 정중히 취급될 가능성이 있다.

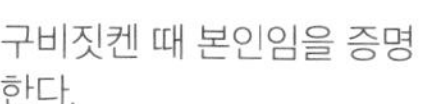

구비짓켄 때 본인임을 증명한다.

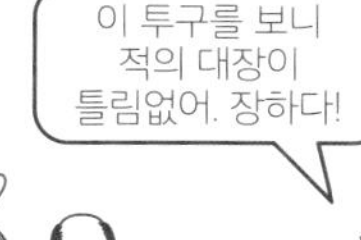

이 투구를 보니 적의 대장이 틀림없어. 장하다!

넋을 위로해 주어라.

❖ 투구 교환

투구는 무사에게 깊은 의미를 갖는 도구였다. 그것을 보여주는 흥미로운 일화도 존재한다. 예를 들어 무사는 전우와 투구를 교환하고 싸움터에 나서는 경우가 있었다. 그렇게 하면 난전 속에서도 서로를 놓치지 않고 지원해줄 수 있기 때문이다. 그것이 변하여 우호의 증표로서 투구 교환을 하기도 하였다. 이를테면 구로다 나가마사와 후쿠시마 마사노리(福島正則)는 화해의 증표로서 투구를 교환하였다. 일찍이 사이좋던 두 사람은 조선 침략 때 함께 싸웠으나, 서로 충돌하면서 사이가 나빠진다. 하지만 귀국 후에 옛 친구를 떠올리고 서로에게 투구를 보낸다. 이때 구로다가 '다이스이규와키다테모모나리카부토(大水牛脇立桃形兜)'를, 후쿠시마는 '이치노타니나리카부토'를 보냈다.

가모 우지사토(蒲生氏郷)는 오다 노부나가(織田信長)와 도요토미 히데요시를 섬기던 무장인데, 그는 진중에서 부하들에게 '이 중의 누군가라고 생각하는데, 은빛 메기 모양 투구(가늘고 긴 에보시형 투구)를 쓴 무사가 늘 최전선에서 싸우고 있다. 그놈에게 뒤처지지 마라'라고 독려했다. 그런데 사실 그 은빛 메기 투구를 쓴 무사란 우지사토 자신이었다. 참고로 그는 엔비나리카부토(燕尾形兜, 제비 꼬리 모양 투구)와 검정 일색의 마왕 같은 무시무시한 구소쿠를 소유하고 있던 것으로도 유명하다.

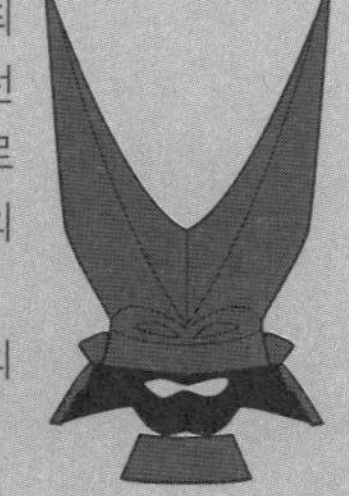

사족이지만 검은 갑옷이라고 하면 다테가가 유명한데, 마사무네의 갑주가 바로 다스 베이더의 모델이 되었다고 일컬어진다.

관련 항목
●가와리카부토→No.075/076/077
●마에다테→No.075/077

No. 075

투구 장식에는 어떤 것이 있는가

'다테모노(立物)'란 투구 장식의 총칭이다. 전국 시대 전후부터 장착 위치에 따라 마에다테(前立, 이마), 와키다테(脇立, 양옆), 우시로다테(後立, 후방) 등 종류가 늘었다.

●마에다테와 와키다테, 그리고 쓰키모노(付物)

투구 장식은 가마쿠라 시대에 보급된 호시카부토에서부터 활발해졌는데, 처음에는 단순한 V자형 금속판 '구와가타(鍬形)'였다. 나중에는 중앙에 검 모양을 덧붙인 미쓰쿠와가타(三鍬形)가 유행한다. 집단 백병전으로 이행하기 이전 시대에는 일반 무사가 투구를 화려하게 꾸밀 필요가 없었고, 본래는 무사단의 리더만이 다는 표지였다. 그 후 집단전으로 이행되고 혼란스러운 세상 속에서 하극상이 당연해지자, 누구나가 투구에 구와가타를 달게 되었다. 그리고 전국 시대에는 **가와리카부토**가 증가한 만큼 취향을 살린 **마에다테**도 나타나게 된다. 구와가타는 고정된 장식이었으나, 그것이 변하여 이마 부분에 마에다테용 받침쇠 '쓰노모토(角元)'가 마련되면서, 거기에 취향에 맞는 마에다테를 장착하게 되었다.

가와리카부토는 주머니 사정이 좋거나 어지간히 주목받고 싶어 하는 사람이 아니면 주문하기 어렵지만, 고유의 마에다테는 가볍게 사용할 수 있었을 것이다. 난전 속에서의 개인 식별을 위해 필요하기도 하였다.

구와가타 이후에 유행한 마에다테는 '산코(三鈷, 삼고저, 양쪽 끝이 세 갈래로 된 금강저-역주)'이다. 고대 인도의 무기이기도 한 불교 법구를 모티브로 하여 부처의 가호도 기대한 것이라고 할 수 있다. 전국 시대에는 일륜(태양) · 반달 · 초승달 등이 유행한다. 또한 좌우에 소뿔을 단 투구도 흔히 볼 수 있었다. 그 밖에 모티브의 장르로서는 신불이나 종교 문언, 동물, 식물 등이 많다. 마에다테는 금속제가 많은데, 가볍게 만들기 때문에 비교적 쉽게 파손된다. 대개는 예비품을 준비하였으며 쓰노모토가 용수철식으로 되어 있어 교환하기도 편했다. 다테모노 가운데 아주 큰 것은 '오타테모노(大立物, 대형 다테모노)'라고 부른다.

다테모노 이외에 '쓰키모노(付物)'라는 덮개도 있다. 깃털 또는 짐승 털을 하치나 시코로에 씌우는 것이다. 장식인 동시에 비와 이슬로부터 투구를 보호하는 장치로, 가부토미노(兜蓑)라든가 고시미노(腰蓑, 시코로의 털)라고 불렸다. 우와즈킨(上頭巾)도 쓰키모노의 일종으로서 가죽이나 화지(和紙)로 만들어진 덮개를 투구에 씌운다.

가마쿠라 시대부터 전국 시대까지의 투구 장식

구와가타와 미쓰쿠와가타와 산코

구와가타가 가장 초기에, 이어서 미쓰쿠와가타가 장수의 투구 장식으로서 유행하였다. 불교와 관계 깊은 산코도 부적 대신 유행하던 모티브.

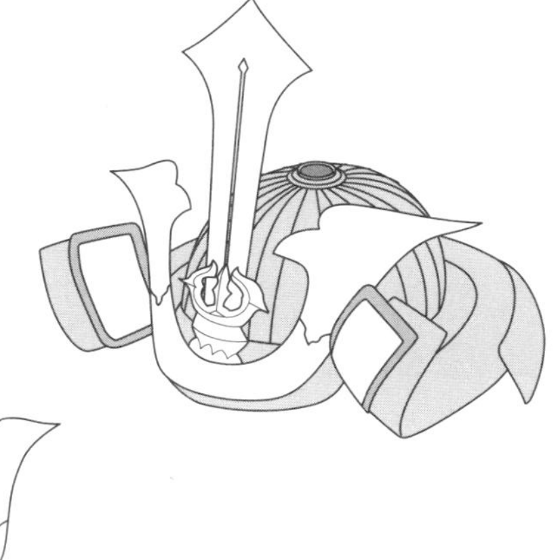

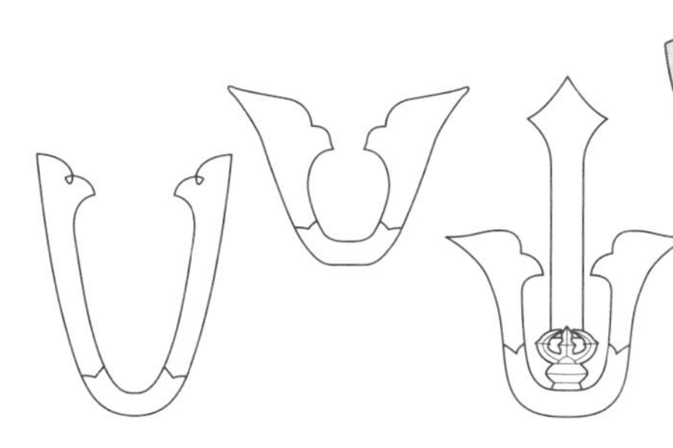

일륜 마에다테

일륜은 전국적으로 선호되었으며, 우에스기(上杉) 일문에서도 애용하였다.

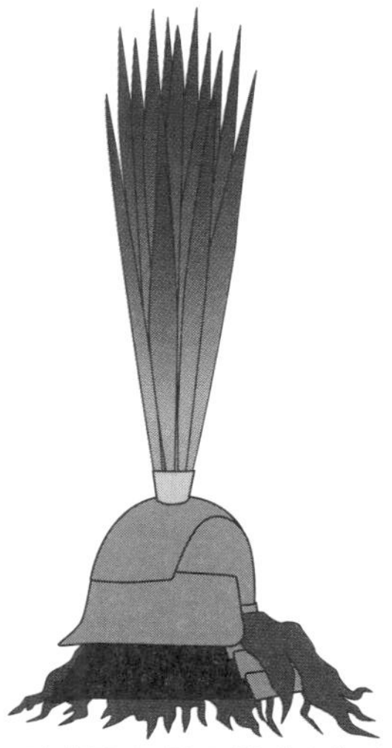

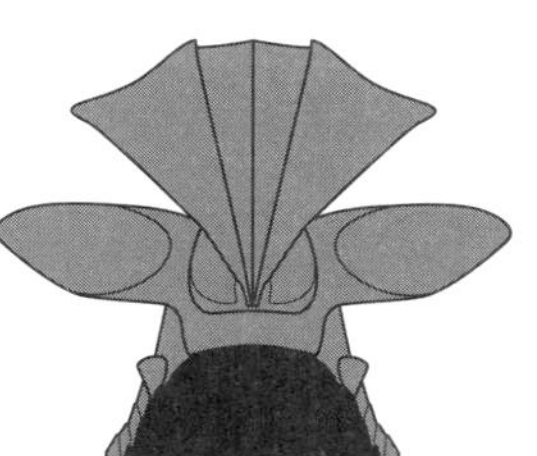

쓰키모노(우와즈킨)의 예
구로우루시누리하리카케카부토(黒漆塗張懸兜)(오다 노부카쓰織田信雄가 사용). 하치 위에 화지로 형태를 만들고 옻으로 굳힌 장식.

쓰키모노(가부토미노)의 예
구마게소고나리카부토(熊毛総髪形兜)(고토 모토쓰구後藤基次가 사용). 전체에 짐승 털을 심었다. 마에다테는 당시 유행하던 사자 머리 모양 장식(시가미獅噛).

즈다테(頭立, 투구 꼭대기에 다는 장식-역주)의 예
엣추즈나리카부토(越中頭形兜)(호소카와 다다오키細川忠興가 사용). 꿩의 꼬리털을 투구 꼭대기에 세웠다. 호소카와가의 '우쓰시'(대대로 계승되는 상징)이기도 하다.

관련 항목

●가와리카부토→No.074/076/077
●마에다테→No.077

No. 076

가와리카부토에는 어떤 것이 있었는가

가와리카부토에는 여러 종류가 있는데, 잘 보면 투구 자체의 형태를 새로 고안한 것과 일반적인 투구를 화려한 마에다테 등의 다테모노로 장식한 것이 있다.

●제로부터 만들어낸 여러 가지 변형 투구

가와리카부토 가운데, 여기에서는 투구의 형태를 새로 고안한 것을 중심으로 살펴보겠다. 키가 큰 에보시(烏帽子)형 투구는 '나마즈오**나리카부토**(鯰尾形兜, 메기 꼬리 모양 투구)'나 '에보시나리카부토(烏帽子形兜, 에보시 모양 투구)'라고 하여, 많은 무장이 채용하였다. 마에다 도시이에(前田利家)와 가토 기요마사가 유명한데, 기요마사는 긴 에보시 좌우에 뱀의 눈 문장을 넣고 일련종(日蓮宗, 일본 불교의 한 종파-역주)의 나무묘법연화경을 적은 **마에다테** 달린 투구를 애용하였다. 높이가 70cm를 넘는 이 투구는 기요마사의 상징이다. 구로다 나가마사는 조선 침략 때는 커다란 물소뿔을 단 모모나리카부토를 쓴 무사로서 두려움을 샀는데, 그 주군인 도쿠가와 이에야스도 조각이 들어간 물소뿔 투구를 이용하여, 간토(関東)의 사나운 소라고 불렸다. 이에야스는 나가마사에게 도쿠가와가의 트레이드마크인 금색 고사리 잎 마에다테가 달린 은박 난반카부토도 선물한다. 이에야스는 난반(南蛮, 남만) 갑주 애호가로서, 이 투구는 서양에서 수입한 **카바세테** 투구에 시코로와 **다테모노**를 추가한 것이다.

가부키모노(傾奇者, 전국 시대 말기부터 에도 시대 초기에 걸쳐 화려한 차림과 특이한 언동을 하던 사람-역주)로서 현대에 알려진 마에다 게이지(前田慶次)는 '아미가사나리카부토(編笠形兜, 삿갓 모양 투구)'라는 원뿔형 투구를 사용하였다. '구로우루시누리엔비나리카부토(黒漆塗燕尾形兜, 검은 옻칠 제비 꼬리 모양 투구)'는 난부 도시나오(南部利直)의 투구이다. 수직으로 긴 뿔을 2개 세운 기발한 투구인데, 전체가 옻칠한 짐승 가죽으로 이루어졌다. 가모 우지사토도 거의 동형의 제비 꼬리 투구를 썼다. 다케나카 한베에(竹中半兵衛)는 물고기 비늘 모양 소찰을 붙인 갑옷에 맞춰, 어류를 이미지한 '도칸무리나리카부토(唐冠形兜, 중국 관모 모양 투구)'를 소유하고 있었다. 그 밖에 '데쓰이치마이바리난반쿠사리카부토(鉄一枚張南蛮鎖兜, 통철판 남만 사슬 투구)'는 통판을 두드려 하치를 만들고 구사리카타비라를 씌운 것이다. 마에다테의 지네는 비사문천의 사자로 여겨졌으며, 후퇴하지 않는다는 데서 무사에게 인기였다. '데쓰사비지사자에나리카부토(鉄錆地栄螺形兜, 철제 사비지 소라 모양 투구)'도 철판을 안에서 두드려 소라 모양으로 만든 희귀한 가와리카부토이다.

싸움에서 불리한 것은 아닌지 걱정되는 수준의 투구들

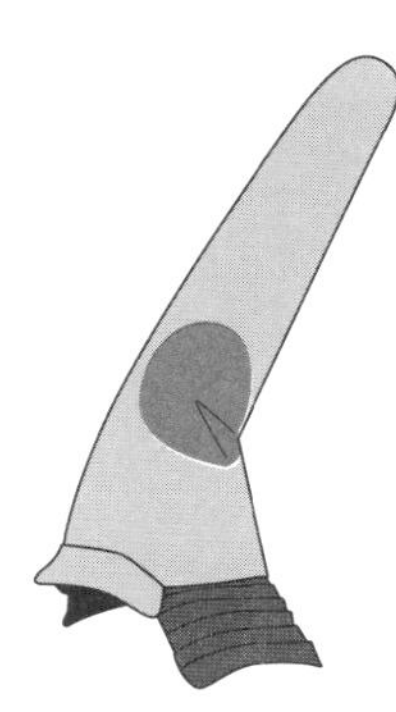

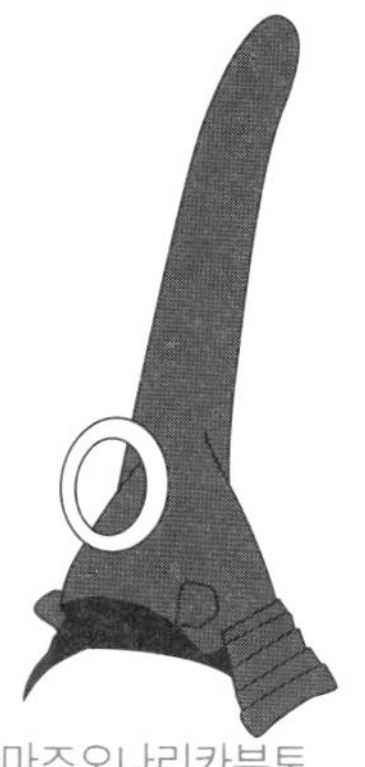

에보시나리카부토
(가토 기요마사 사용)

나마즈오나리카부토
(마에다 도시이에 사용)
둘 다 높다랗다. 눈에 띄기 때문에 비교적 흔히 볼 수 있는 투구.

물소뿔과 고사리 잎 마에다테
(구로다 나가마사 사용)
뿔 투구도 비교적 주류. 도쿠가와 이에야스도 같은 의장의 투구를 썼다.

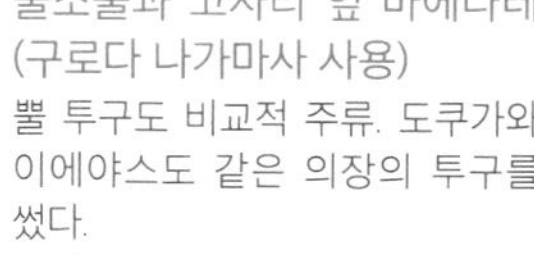

아미가사나리카부토
(마에다 게이지 사용)
유명인의 가와리카부토이기는 하지만 수수하다.

도칸무리나리카부토
(다케나카 한베에 사용)
중국의 관모를 본뜨기는 했으나, 어린갑과 세트를 이루는 물고기 모양 투구.

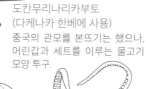

지네 투구와 소라 투구
동물을 본뜬 독특한 투구도 많다.

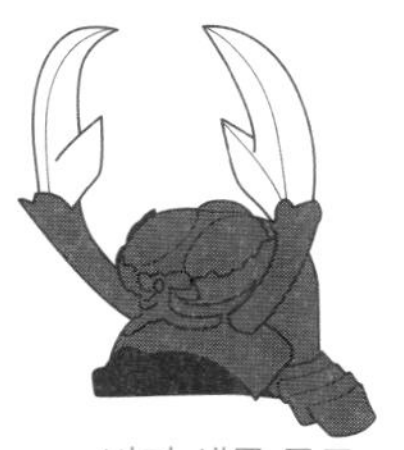

바다 생물 투구
섬나라이기 때문인지 바다 생물도 비교적 흔히 볼 수 있다.

관련 항목

●카바세테→No.047
●나리카부토→No.073
●가와리카부토→No.074/075/077
●다테모노→No.075
●마에다테→No.075/077

No. 077

마에다테에는 무사의 여러 가지 마음이 담겼는가

화려한 마에다테는 투구의 대표적인 장식물. 추가로 등에 하타사시모노(旗指物, 전장에서 식별을 위한 표지로 삼던 작은 깃발-역주)를 꽂아 자기주장을 한다. 무사들은 다테모노와 사시모노에 어떤 마음을 담았을까.

●마에다테에 공들이는 것만으로도 충분히 자기 어필

다테모노(立物)에는 신불의 수호를 비는 발원의 의미나, 개인의 좌우명의 주의 주장, 적에 대한 위압과 도발의 의미가 있었다. 애(愛)와 비(毘)라든가 불교의 범자(梵字), 불상 등을 마에다테(前立)로 쓰는 것은 대표적이다. 용의 머리나 시가미(獅噛)라 불리는 사자의 머리도 많은데, 그것들은 불교와도 관계가 깊었다. 우에스기 겐신(上杉謙信)은 신앙에 관련된 **마에다테**를 선호하였는데, 그가 소유한 '산보코진나리하리카케카부토(三宝荒神形張懸兜)'에는 놀라게 된다. 이는 투구 앞과 좌우에 마치 야차같이 붉은색 · 검은색 · 청록색 옻으로 채색한 산보코진(三宝荒神, 삼보[불 · 법 · 승]를 수호하는 일본 불교 특유의 신-역주)을 배치한 것이다.

사타케 요시노부(佐竹義宣)의 '구로우루시누리시치주니켄스지카부토(黒漆塗七十二間筋兜, 검은 옻칠 72간 스지카부토)'는 흔히 '송충이 투구'라고 부른다. 사타케씨의 선조는 겐지이므로 비슷한 발음(송충이는 일본어로 게무시毛虫-역주)을 이용한 언어유희, 송충이는 잎을 먹는다=칼날을 꺾는다(두 문장은 일본어로 발음이 같다-역주), 그리고 후퇴하는 법이 없다는 등의 이유에서 송충이가 마에다테로 쓰이게 되었다. 요시노부는 검정 일색의 옷을 입고 복면을 썼으며, 교고닌슈(京五人衆)라는 여자들을 옆에 두고 시중들게 하는 등 기행이 두드러진 인물이었다. '우사기노미미노나리카부토(兎耳形兜, 토끼 귀 모양 투구)'는 모모나리카부토에 토끼 귀를 달고 턱 · 눈썹 · 귀에 털까지 심었다. 토끼 귀 투구는 비교적 인기였는데, 그 이유는 월신(月神) 신앙과 관련이 있다. 마쓰다이라 야스시게(松平康重)의 '이타야가이마에다테쓰키히네노즈나리카부토(板屋貝前立付日根野頭形兜)'는 국자가리비 모양 마에다테가 달렸다. '히네노즈나리카부토(日根野頭形兜)'는 전국~에도 시대에 **가와리카부토**의 베이스로서 크게 유행한 모델 중 하나이다.

다카시오가(高塩家)에 전해지는 '구로우루시누리로쿠주니켄코보시카부토(黒漆塗六十二間小星兜, 검은 옻칠 62간 코보시카부토)'는 무 모양 마에다테를 가졌는데, 그 의미는 불명이다. 압권인 것은 '기린마에다테쓰키카부토(麒麟前立付兜)'이다. 마에다테는 환상의 동물인 기린이며, 와키다테(脇立)로 주칠한 물소뿔을 달고, 추가로 거대한 뿔로 된 사시모노를 등에 짊어진다.

여러 가지 기묘한 마에다테와 그 의미

신앙계
전승 기원 · 호신 · 신조의 의미로 사용한다. 불상, 반야심경의 글귀, 진언(眞言)과 범자, 우에스기 겐신이 사용한 '비(毘)', 나오에 가네쓰구(直江兼続)의 '애(愛)' 등.

산보코진. 우에스기 겐신의 투구. 앞과 좌우의 다테모노 고정쇠를 사용하고 있다.

환상의 동물
용감함, 강함. 용의 머리, 시가미. 불교와도 관계 깊다. 크고 작은 뿔과 기린.

송충이 마에다테(사타케 요시노부가 사용한 투구의 마에다테)는 송충이가 후퇴하지 않는다는 데서 채용했다.

일부 곤충
'후퇴하지 않는다'는 의미. 잠자리(승리의 벌레라고 불렸다), 지네.

짐승 뿔
용맹. 사슴뿔, 물소뿔, 코뿔소의 뿔. 와키다테로서 채용된다.

토끼 귀 모양 투구. 월신 신앙에 의한 것.

동물
다양한 의미. 소, 개, 원숭이, 곰, 토끼, 새, 야차, 코끼리의 코, 뱀, 나비, 매미, 메기, 고둥, 가리비, 대합, 전복, 문어, 게, 해삼, 범고래, 새우. 머리나 날개를 본뜬다.

국자가리비. 마쓰다이라 야스시게의 투구.

기타
태양, 달, 화염, 큰 파도, 구름, 눈보라, 소용돌이, 후지산. 들통, 절구, 대나무 비, 술잔, 위패.

하타사시모노

등에 세로로 긴 깃발을 세워 어필하기도 하였다. 깃발에 가문의 문장을 그리는 경우가 많지만, 부채 · 지우산(紙雨傘) · 사슴뿔 · 오륜탑 · 범종 · 장기짝 · 바람자루 · 초승달 · 덴쓰키 등 다양한 모양의 아이템을 짊어지는 사람도 있었다.

관련 항목
●가와리카부토→No.074/075/076
●마에다테→No.075
●다테모노→No.075

No. 078

부위 방어구의 총칭은 고구소쿠였는가

고구소쿠란 갑주(갑옷과 투구)를 제외한 방어구의 총칭이다. 구소쿠라고 하면 도세이구소쿠의 약칭이지만, 고구소쿠와 구소쿠는 전혀 의미가 다른 단어이다.

●일본 갑옷의 팔과 다리 방어구――고테와 스네아테

고구소쿠(小具足)라는 표현은 상당히 옛날부터 사용되어왔지만, 헤이안에서 가마쿠라 시대의 부위 방어구에 대해 살펴보자. 이 시대에 일본 갑옷은 완성의 영역에 이르렀는데, 고구소쿠도 마찬가지였다. 고테(籠手)에는 '손(手)을 넣고 싼다(籠)'는 의미가 있다. 일반적으로는 양손에 끼우나, 가마쿠라 중기~후기까지의 기마 무사는 고테를 왼손에만 장비하였다. 이것을 '가타고테(片籠手)'라고 한다. 활을 쏠 때는 왼손을 앞으로 내밀고 오른손으로 시위를 당긴다. 좌반신이 앞에 오는 자세가 되기 때문에 오른손에 고테를 착용하면 불편했던 것이다. 이런 습관은 물론 도보전의 시대가 되면 사라지지만, 일부 무장은 격식을 중시하여 진지에서는 가타고테 상태로 있는 것을 선호하였다. 일반적인 고테는 어깨까지 덮는 천을 베이스로 뎃코(手甲)부 등 요소에 철판이나 가죽판을 꿰매 붙인 구조이다. 전금속제로 손끝에서 팔꿈치까지 덮는 통형 고테도 만들어졌다. 가마쿠라 말기에는 사슬을 촘촘하게 엮어 만든 고테인 '구사리고테(鎖籠手)'가 보급되었고, 무로마치 시대에는 철선을 넣어 짠 '시노(篠)'라는 뼈대를 붙인 '시노고테(篠籠手)' 등이 주류가 되었다.

특징적인 고테로는 뎃코 끝이 둥글어 메기를 닮은 나마즈고테(鯰籠手), 그 일종인 후쿠베고테(瓢籠手)가 있으며, 소데가 부속한 비샤몬고테(毘沙門籠手)와 우부고테(産籠手)라는 것도 존재했다. 도세이구소쿠의 시대가 되면 고테는 진화한다. 2cm가량의 귀갑형 판금을 연결한 타입이나, 사슬 · 천 · 가죽 등 복합 소재로 이루어진 고성능 고테가 보급되었다.

스네아테는 고대부터 사용된 '쓰쓰스네아테(筒脛当)'가 인기였는데, 정면과 좌우 3장의 금속판(또는 가죽판)을 경첩으로 연결하고 겉에서 끈으로 묶었다. 여기에 후방, 즉 장딴지를 보호하는 판금 '오쿠뵤가네(臆病金)'가 추가되는 경우도 있었다. 고테와 마찬가지로 '구사리스네아테(鎖脛当)', '시노스네아테(篠脛当)'가 있으며, 후에는 시노 · 사슬 · 귀갑 등을 전부 조합한 '우부스네아테(産脛当)'도 등장하였다. '오타테아게노스네아테(大立挙の脛当)'라는 것은 무릎까지 연장하고 무릎 패드를 추가한 스네아테이다.

초기형 고테와 스네아테

가마쿠라~무로마치 시대 무렵의 고테
기마 무사는 왼손에만 장착했기 때문에, 처음부터 한쪽만 만들기도 하였다.

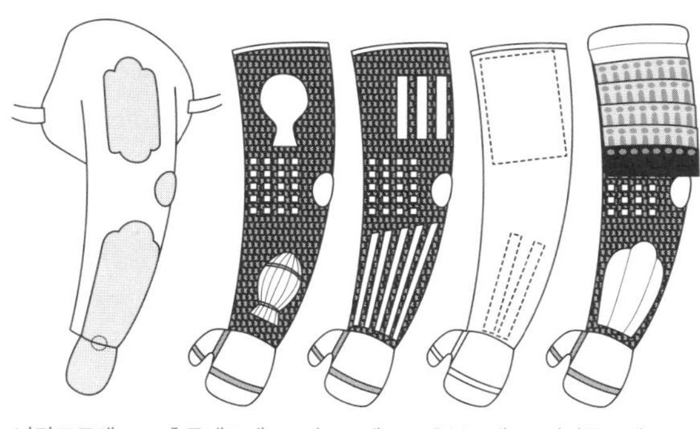

도세이고테(当世籠手)

고테도 도세이구소쿠의 일부로 인식되었다. 베리에이션은 많다.

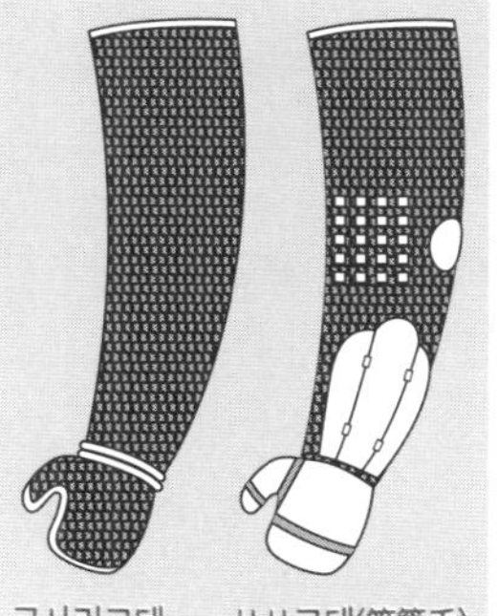

스네아테

고대의 것은 소찰제였으나, 판금제가 주류가 된다.

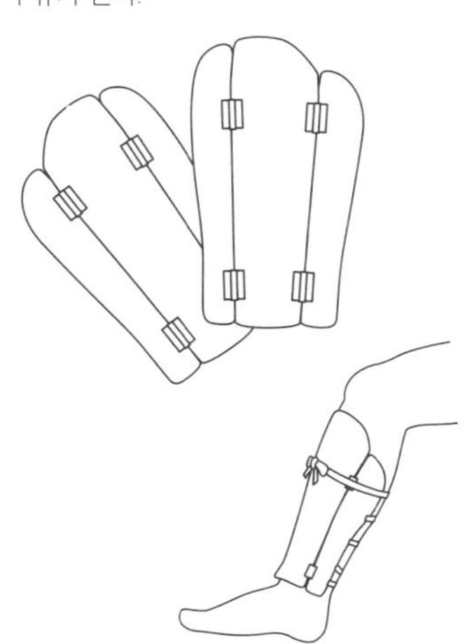

스네아테의 베리에이션

도세이의 스네아테에서는 소재의 변경 등이 눈에 띈다. 사슬과 시노의 활용으로 경량화되었다.

구사리스네아테

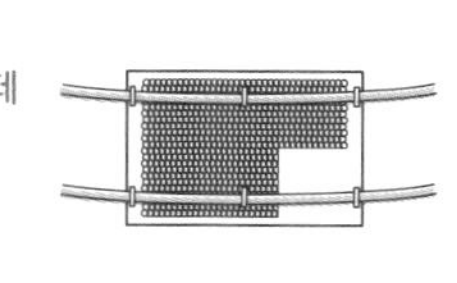

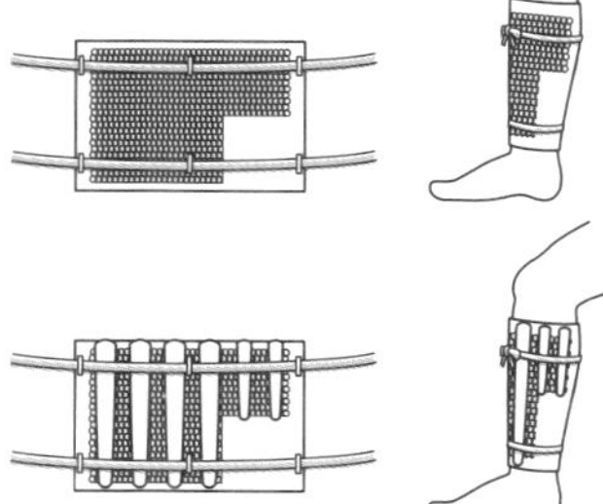

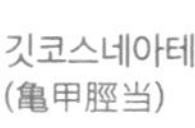

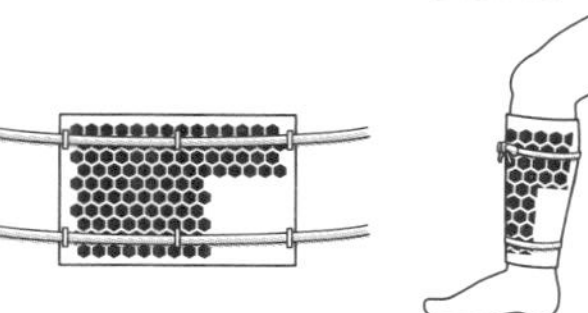

관련 항목

●고구소쿠→No.079

No. 079

멘구나 그 밖의 고구소쿠에는 어떤 것이 있었는가

습도가 높은 탓인지 일본에서는 풀 페이스 투구가 유행하지 않았다. 그러나 얼굴을 보호할 필요는 있었으므로, 우선 무로마치 시대에 멘구(面具, 얼굴 보호구-역주)가 보급되었다.

●투구의 보조품이나 대용품이 되는 멘구

대부분의 멘구는 철이나 가죽, 또는 층층이 쌓은 소가죽을 아교로 굳힌 네리카와(練革)라는 재질로 만들어졌다. 거기에 추가로 옻칠하여 보호 · 강화한다. 종류는 몇 가지가 있는데, '한쓰부리(半首)'는 뺨과 이마를 보호하는 **고구소쿠**이다. 병사용이지만, 무장이 투구 속에 착용하는 경우도 있었다. '히타이아테(額当)'는 이마만을 보호하는 장갑(装甲) 머리띠이다. 얼굴 전체를 덮고 목 언저리까지 보호하는 것이 '소멘(総面 또는 惣面)'으로, 철면에 옻을 칠해 마감한 뒤, 금속으로 된 이 등 위압적인 장식을 달기도 하였다.

얼굴 하반부에서 목까지 보호하는 것은 '한보(半頬)'이며, 그 일종으로는 뾰족한 마스크인 기쓰네보(狐頬)와 덴구보(天狗頬) 등이 있다. 이것은 전국 시대 들어 '멘포아테(面頬当)', '호아테(頬当)'로 진화한다. 세세하게는 턱과 목을 보호하는 '엣추보(越中頬)'와 뺨까지 보호하는 '쓰바쿠로보(燕頬)', 눈 아래부터 목까지 보호하는 '메노시타보(目下頬)' 등이 있다. 노도와(喉輪), 구루와(曲輪), 에리와(襟輪), 다레(垂)는 목을 보호하는 방어구로서, 한보 등과 병용되다가 전국 시대에 '스가(須賀)'라고 하여 목 앞면을 넓게 보호하는 턱받이형 방어구로 진화하였다.

●고테와 스네아테 이외의 마이너한 고구소쿠

오요로이의 시대에 와이다테(脇楯)라 불리며 몸통 갑옷의 이음매 부분을 보호하던 방어구는 '와키아테(脇当)'라고 하여 겨드랑이에 장착하는 작은 방어구가 되었다. 가마쿠라 시대에 사용되다가 나중에 잊힌 고구소쿠로는 '쓰라누키(貫)'가 있다. 인상적인 털가죽 덧신이지만, 말에서 내려 싸우는 도보전에서는 무의미한 장비가 되고 말았다. 마찬가지로 '고가케(甲懸)'는 무로마치 시대의 발등 보호구인데, 이것도 마이너한 방어구이다. 허리 부분에도 변화가 생긴다. 무로마치 시대에 갑옷의 구사즈리가 작아지면서 넓적다리가 무방비해졌다. 그래서 고안된 것이 '하이다테(佩楯)'이다. 마직물에 소찰을 꿰매 붙인 바지로, 드로어즈 혹은 호박바지 모양을 하고 있었다. 도세이구소쿠에는 빼놓을 수 없는 고구소쿠이다.

멘구 · 도세이구소쿠에 포함되는 부위 방어구

한쓰부리

예로부터 사용된 헤드기어. 신분을 불문하고 손쉽게 쓸 수 있으며 무난한 방호력을 얻을 수 있다.

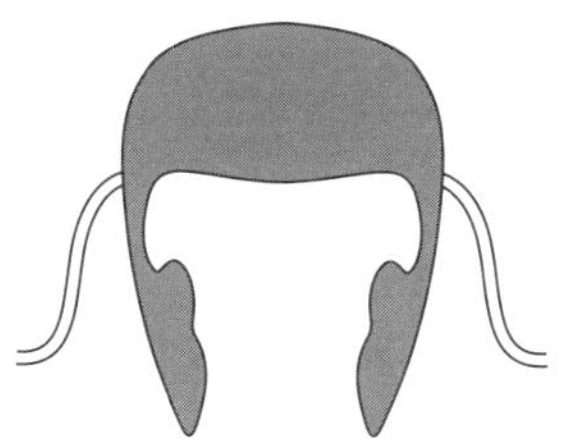

메노시타보

투구뿐 아니라 얼굴 하반부와 목을 방어하는 멘구까지 착용하면 완벽.

소멘

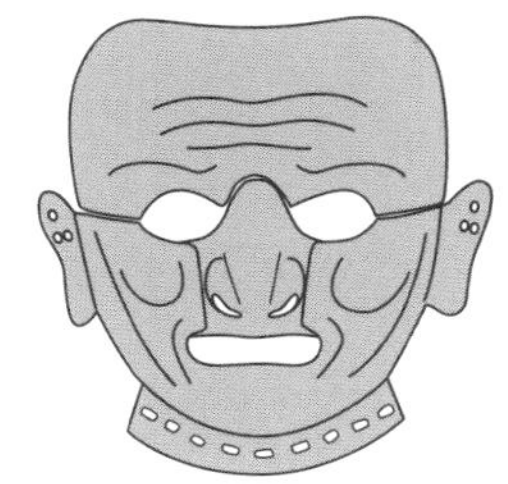

와키아테

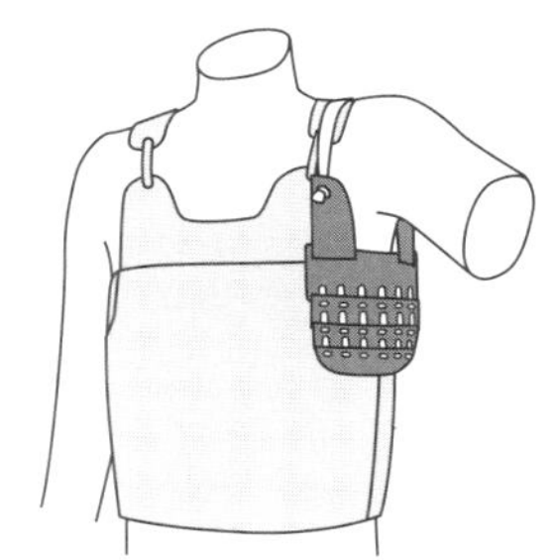

하이다테

구사즈리 속에 입는 소찰을 꿰매 붙인 바지. 넓적다리를 보호한다.

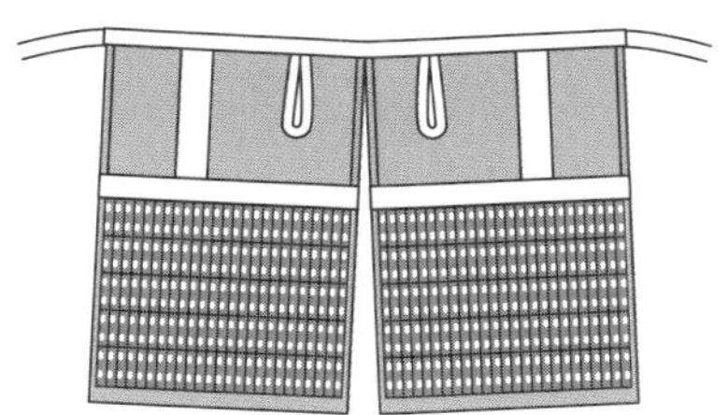

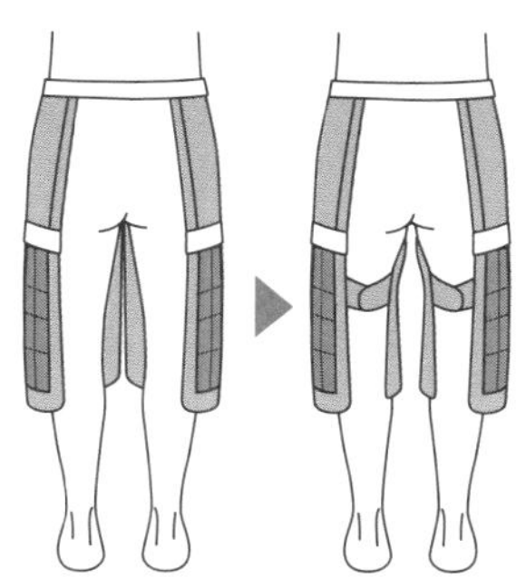

관련 항목

●오요로이→No.056
●고구소쿠→No.078
●하이다테→No.070

No. 080

아시가루는 어떤 장비를 하고 있었는가

헤이안 시대 이후의 병졸은 스스로 마련한 장비나, 무장(武將)이 준비한 간이 갑옷 등을 착용하고 전장에 나갔다. 엉성한 장비이기는 해도 만만치 않은 상대였던 듯하다.

●산야에서의 게릴라전——기마대를 습격하는 노부시(野伏)

무로마치 시대(14세기 중반 무렵), 한 부대는 (예컨대) 기마 무사 60기+**도보 무사** 50명으로 편제되어 있었다. 이 시대에는 도보전 · 백병전으로 이행되었으나, 그래도 사상자의 2/3~3/4은 화살에 의해 발생하였다. 경장 보병 · 궁병이 '노부시(野伏, 본래 산야에 숨어 패잔병을 약탈하던 무장 농민 집단이었으나, 다이묘가 이들을 조직화하여 복병, 추격 등에 이용하게 된다-역주)'로서 구릉이나 민가의 지붕에 숨어 기마대를 기습하는 것이 정석이었다.

15세기 들어 창 부대가 편제되어 기마대와 충돌하게 된다. 싸움을 유리하게 이끌기 위해 창은 점점 길어져 이윽고 5m에나 달한다. 오다가 부대의 창 등은 8m까지 연장되었다. 아시가루의 방어구는 엉성한 하라아테(腹当)뿐이었으며, 운이 좋은 사람은 전장에서 주운 갑옷이나 투구를 착용하였다.

16세기의 병졸은 진가사, 와키자시(脇差, 일본도의 일종으로 큰 칼과 함께 차던 작은 칼-역주), 요코하기도(横矧胴), 스소이타(裾板), 각반(脚絆) 등을 장착하게 되었다. 여유 있는 무장이라면 양산 장비를 지급할 수도 있었다.

전국 갑옷이라고 하면 재질은 철이나 가죽이지만, 옻칠한 화지(和紙)제 도마루(胴丸)도 이용되었다. 그뿐만 아니라 투구 · 갑옷 · 고테 · 스네아테 등 전부가 종이로 만들어진 구소쿠도 남아 있다. 중국에도 **지갑**(紙甲)이 많이 쓰인 시대가 있었으니, 종이 방어구라 해도 무시할 수는 없다. 또한 일본의 무사와 아시가루는 옛날부터 휴대 식량과 잡화, 수리 도구를 각자 지참하는 습관이 있었다. 통 모양으로 꿰맨 자루인 '우치카이부쿠로(打飼袋)'를 허리띠처럼 허리에 감는 방식이다. 게릴라전이 빈번하게 발생하던 일본 특유의 장비로서, 갑옷 무사는 서양 기사와 달리 장시간 작전 행동이 가능했다.

조선 침략에 참가한 가토 기요마사는 쌀 석 되(5.4리터), 말린 된장, 은전 300문(약 150만 엔)을 가지고 다녔다고 한다. 과장이 있을지도 모르지만, 원정 중에 상당한 무게였을 것이다.

시대마다의 병졸과 아시가루의 방어구

관련 항목

●도보 무사→No.059
●지갑→No.088

No. 081

여성 무사의 갑주는 실재하였는가

평화로운 시대에는 자녀(유아)나 여자용 갑주도 만들어졌다. 서양에도 같은 의도로 제작된 유아용 플레이트 아머가 존재한다.

●오크는 등장하지 않는 현실 세계의 무용담

먼저 현실적인 이야기를 하자면 다이묘의 딸을 위하여 주문 제작된 갑주는 현존한다. 무언가를 기념하기 위해서나 혼수품으로 마련하는 경우가 있어, 이를테면 다테가에서는 아내를 맞아들이는 기념으로서 다테모노 없는 검은 갑주를, 사나다가(真田家)에서는 여성 전용 일륜(日輪) 투구와 어린갑을, 이이가에서는 야치요히메(弥千代姫)를 위해 귀여운 덴쓰키 마에다테가 달린 붉은 갑옷을 만들었다. 그러나 이것들은 **장식 갑주**의 영역을 벗어나지 않는다. 그렇다면 정말로 무기를 들고 싸운 여성 무사의 갑옷이란 존재하는 것일까. 에히메현(愛媛県) 오야마쓰미 신사(大山祇神社)에는 이요(伊予, 현재의 에히메현-역주) 수군 일족의 쓰루히메(鶴姫)가 오미시마 전투(大三島合戦, 1531년)에서 사용했다고 전해지는 갑옷이 보관되어 있다. 당시 18세이던 쓰루히메의 정식 이름은 오호리쓰루(大祝鶴), 갑옷은 '곤이토스소스가케오도시도마루(紺糸裾素懸威胴丸)'라고 한다. 이것은 가슴 부분이 볼록하게 나오고 허리 부분이 잘록하며 크기가 작은 편이어서 여성용 갑주로 보인다. 여기에서 영감을 얻은 작가 미시마 야스키요(三島安精)가 『바다와 여자와 갑옷 세토우치(瀬戸内, 세토 내해와 그 연안 지역-역주)의 잔 다르크』라는 소설을 발표하였고, 갑옷을 입은 쓰루히메의 초상도 그려졌다. 그 결과 전국적으로 유명해져, 신사 측도 그 갑옷이 쓰루히메의 것이라는 견해를 발표한다. 참고로 오야마쓰미 신사는 일본에서 가장 오래된 갑옷인 '엔기노요로이(延喜の鎧)'를 비롯하여 다수의 국보급 갑주를 소장하고 있는 것으로 유명하다.

그러나 많은 연구가들이 이 설을 부정하며 갑옷은 여성용이 아니라고 결론지었다. 소설에서 쓰루히메는 적장의 목을 칠 정도로 활약하지만 역사적 사실과는 다르다. 가슴이 크고 허리가 잘록한 갑옷의 형태도 기능성을 추구한 결과라고 한다. 하지만 여성 무사의 갑옷이 현존한다는 것은 실로 로망 넘치는 이야기가 아닌가. 이름 있는 여성이 입었다는 증거가 있는 실전 갑옷은 아직까지 발견되지 않았다. 다만 전란의 세상에 여성 무사가 다수 존재했던 것은 사실이며, 그녀들이 전장에서 무언가 방어구를 몸에 걸쳤을 것도 틀림없다.

꿈과 로망——여성을 위한 주문 갑주

부녀자의 장식 갑옷

다이묘의 딸을 위해 주문된 갑옷이지만, 실용품이 아닌 장식 갑주.

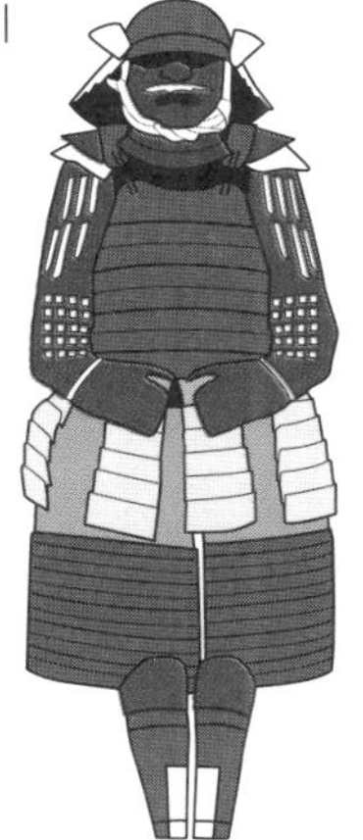

다테가
시집오는 센히메(仙姬)를 환영하는 뜻으로 만들어진 구소쿠. 마에다테가 없다.

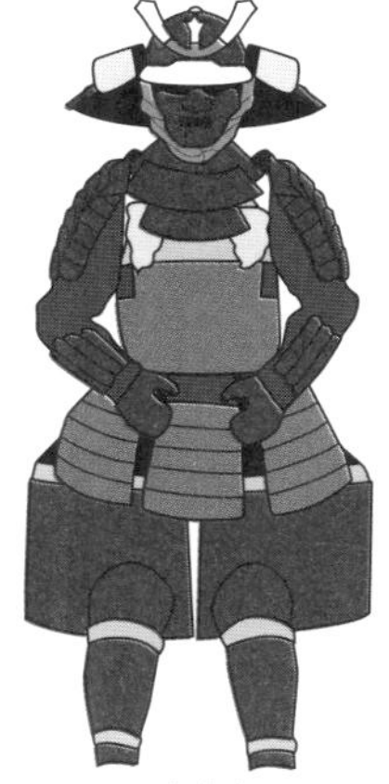

이이가
이이 나오스케(井伊直弼)의 딸이 혼수품으로 가져간 구소쿠. 이이가의 트레이드마크인 작은 덴쓰키를 가졌다.

사나다가
사나다 유키쓰라(真田幸貫)의 아내 전용 네리카와제 어린갑. 마에다테는 붉은 일륜.

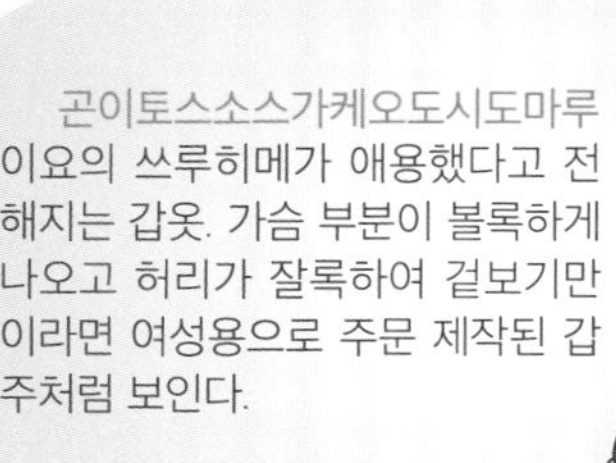

곤이토스소스가케오도시도마루
이요의 쓰루히메가 애용했다고 전해지는 갑옷. 가슴 부분이 볼록하게 나오고 허리가 잘록하여 겉보기만이라면 여성용으로 주문 제작된 갑주처럼 보인다.

관련 항목

●장식 갑주→No.068

갑옷으로 무장하고 전란의 세상을 살았던 여성들

일본사에서는 여걸에 대한 일화가 여럿 등장한다. 특별히 용맹스럽지 않은 부인이라도 남편이 부재중인 상황에 적군이 쳐들어오면 남편 대신 지휘하여 성을 지키며 싸워야 한다. 오히려 흔한 사례였다. 참고로 남성용 갑옷을 여성이 입는 실험을 실시한 결과, 문제없이 입을 수 있었다고 한다. '오야마쓰미 신사에 남겨진 갑옷은 쓰루히메의 것이 아니라고' 판정되었지만, 그렇다면 대체로 여성 무사는 주문 제작 갑옷이 아닌 남성용 갑옷을 사용했을 것이다. 어떠한 방어구를 걸치고 무기를 들었던 것은 틀림없다.

무장의 친족 등 사서에 남아 있는 여성 무사는 적어도 10명은 들 수 있다. 유명한 인물로는 13세기 초의 도모에 고젠(巴御前), 그 라이벌로서 싸운 한가쿠 고젠(板額御前)이 있다. 고대로 거슬러 올라가면 진구 황후(神功皇后)도 임신 중에 몸소 출정했다는 전설이 전해진다. 12세기 『헤이케모노가타리(平家物語)』에 등장하는 시즈카 고젠(静御前)의 경우 갑주를 입은 회화가 존재한다. 여걸의 배출은 전국 시대에 가장 많아, 우선 오와리(尾張, 아이치현愛知県)의 이와무라 고젠(岩村御前, 오다 노부나가의 숙모)이 갑주를 입고 싸웠다는 기록이 있다. 지쿠젠(筑前, 후쿠오카현福岡県)의 다치바나 긴치요(立花誾千代)는 오타치(大太刀, 대태도)를 들고, 시녀로 편제한 200명 규모의 나기나타(薙刀, 치도, 왜장도) 부대를 이끌었다. 빗추(備中, 오카야마현岡山県)의 미무라 쓰루(三村鶴)는 흰 비단 머리띠와 갑옷을 장착하고 갑옷 위에 얇은 옷을 걸친 차림으로, 흰 자루 나기나타와 구니히라(国平)의 다치(太刀, 태도)를 들고 진두에 섰다. 데와(出羽, 야마가타현山形県)의 다테 오나미(伊達阿南, 다테 마사무네의 숙모)는 흰 머리띠에 하카마(袴, 일본 전통 의상의 겉옷 하의-역주) 차림이었으며, 가장 잘 다루는 무기는 나기나타였다고 한다.

그리고 여성이 선호할 만한 붉은색이나 분홍색 오도시게로 꾸며진 갑옷의 구체적인 기록 혹은 묘사가 남아 있는 인물도 몇 명 존재한다. 무사시(武蔵, 도쿄도東京都)의 나리타 가이(成田甲斐)는 에보시 투구와 고자쿠라오도시(小桜威, 작은 벚꽃 무늬를 물들인 가죽을 엮은 것-역주) 갑옷을 착용하던 나기나타와 활의 명수였다. 비젠(備前, 오카야마현)의 우키타(宇喜多) 부인은 반달 마에다테가 달린 검은 투구에 히오도시(緋威, 진홍색으로 물들인 가죽이나 끈목 등을 엮은 것-역주) 갑옷을 애용하였고, 한쪽에 낫 모양 돌기가 달린 단창을 사용했다. 가와치(河内, 오사카부大阪府 동부)의 하타케야마 나미(畠山波)는 사쿠라오도시(桜威) 갑옷과 히오도시 갑옷, 붉은 비단 머리띠를 소지하였으며, 2척 8촌(약 85cm-역주)짜리 다치와 활로 싸웠다고 한다. 이처럼 신분이 높은 여성 외에 일반 여성은 늘 도망쳐 다녔는가 하면 결코 그렇지 않다. 센본마쓰바라 전투(千本松原の戦い, 1580년), 거기에 가마쿠라 자이모쿠자(材木座), 에도사키(江戸崎) 등 옛 전장 유적에서 유골의 DNA 감정을 실시한 결과, 1/3가량이 젊은 여성이라는 사실이 밝혀졌다. 이들 희생자는 마을 사람이 아니라 명백히 전사로, 아시가루 여성이나 여성 무사가 여럿 존재했다는 증거이다. 무엇보다 그 이전 14세기의 귀족 일기 『엔타이랴쿠(園太暦)』에는 '전장에 여자 기마 무사가 많이 있다'는 기술도 남아 있다.

제4장
중 국

No. 082

중국의 방어구는 어떻게 발전하였는가

대략적으로 중국에서는 갑옷을 '개갑(鎧甲)', '갑(甲)', 투구를 '주(冑)'라고 부른다. 개갑과 주는 같은 재질로 제작하는 경우와 그렇지 않은 경우가 있었다.

●순조롭게 진화를 이룬 중국의 방어구

중국의 고대 인류가 가죽으로 의복을 제작한 것이 약 1만 8000년 전으로 여겨지며, 그 후에 방어구가 만들어지게 되었다.

『사기(史記)』 등 고문서의 기록에 따르면 세계의 선사 문명 지역과 마찬가지로 수천 년 전부터 가죽과 청동 방어구는 존재하고 있었다. 전설 속의 왕과 마신이 방어구를 발명했다고 전해지기는 하지만, 중국에서는 신석기 시대 이후 곧바로 금속 가공 기술이 발전하기 시작하여 서양보다 우수한 소재의 방어구가 제작되어왔다.

고고학적 증거로서 기원전 17세기(은대殷代 후기)의 유적에서 '**혁갑**(革甲)'의 잔해와 청동 주가 발견되었다. 완전한 형태의 그 시대 출토품은 적기 때문에, 가장 오래된 시대의 개갑이 어떤 모양이었는지는 정확히 알 수 없다. 전문가의 추측에 의하면 가죽 갑옷은 가죽을 포개 만들어졌으며, 현대의 구명조끼 같은 조끼형이었던 듯하다. 또한 같은 시기 아시아 각지에서 채용되었던 **등갑**(藤甲) 비슷한 것도 이용되었다.

그 후 중국 갑옷은 **라멜라** 또는 **스케일**형이 주류가 되어가는데, 이른 시기부터 가죽 소재와 금속 소재, 2종의 라멜라가 존재하고 있었다. 그리고 기원전 2세기(전한前漢 시대)에는 라멜라형 중국 갑옷의 완성형이 등장한다.

'갑편(甲片)', '갑엽(甲葉)' 또는 '갑찰(甲札)'(가늘고 긴 갑편) 등으로 불리는 네모난 미늘의 네 변을 서로 연결하거나, 직접 안감에 꿰매 붙여 갑옷을 완성한다. 금속 갑편이라면 표면을 연마하였다. 갑편의 고정에는 가죽끈 · 삼노끈 · 명주실 등을 이용하지만, 공격을 받으면 파손되기 쉬우므로 유연성이 필요 없는 부위는 금속제 '갑정(甲釘)'으로 고정했다.

중국에서는 서양과 같은 딱딱한 판금 갑옷=**플레이트 아머**는 그 기나긴 역사 속에서 결국 등장하지 않지만, 라멜라는 잇따라 강화 · 개량되어 끝에 가서는 그 무게가 수십 kg 이상에 이르렀다.

원시적인 적층 갑옷에서 라멜라로 진화

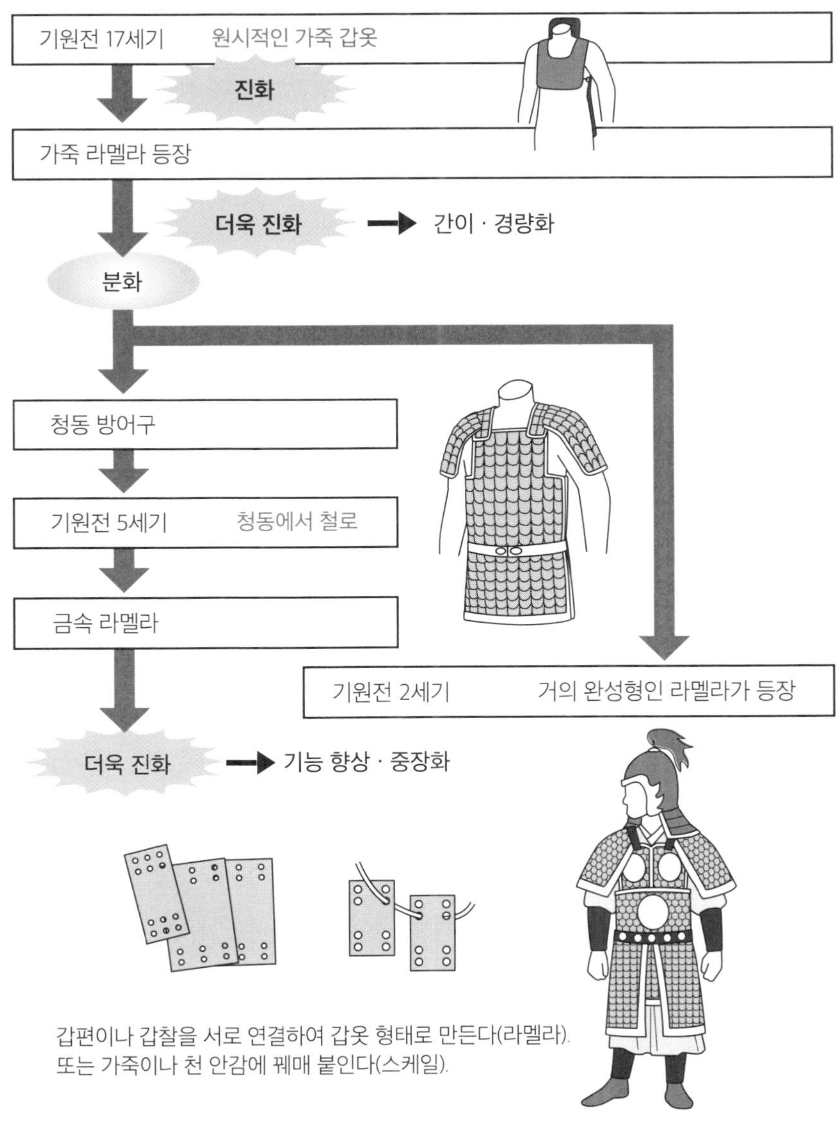

갑편이나 갑찰을 서로 연결하여 갑옷 형태로 만든다(라멜라).
또는 가죽이나 천 안감에 꿰매 붙인다(스케일).

관련 항목

●라멜라→No.007
●스케일→No.007
●플레이트 아머→No.030/038/039
●등갑→No.050/088
●혁갑→No.082

No. 083

혁갑이란 어떤 것이었는가

갑옷뿐만 아니라 투구나 손 보호구 등 부위 방어구의 재료로 가죽을 이용하는 경우도 많았다. 그럭저럭 방호력이 있고 보다 가공하기 쉬웠기 때문이다.

●무인의 계급을 불문하고 사랑받은 혁갑

전 시대를 통틀어 중국에서는 소가죽이 가죽 방어구의 주된 재료였다. 서방에서는 낙타, 남방에서는 코끼리, 동쪽 연안부에서는 상어 가죽도 쓰였다. 일찍이 코뿔소 가죽이 애용되었으나, 7세기 이후 입수가 곤란해졌다고 한다.

중국 지역의 독자적인 고안점으로는 **옻**을 들 수 있다. 일본의 갑옷도 그렇지만, 옻으로 가죽과 나무, 금속 등의 소재를 코팅함으로써 방어구의 강도를 높여 오래 쓸 수 있게 하였다.

가죽 갑옷의 총칭을 '혁갑(革甲)'이라고 한다. 금속 갑옷도 예로부터 존재하였으나, 혁갑은 가볍고 저렴하다는 장점이 있어 17세기까지 각지에서 계속 사용되었다.

기원전 시대부터 2장가량 겹쳐 강화한 갑편을 서로 이은 '합갑(合甲)'을 이용한 가죽제 **라멜라**가 유행하였다. 그러던 것이 7세기경(당대唐代)부터는 가죽을 여러 층 포개 만드는 보다 간편한 적층 가죽 갑옷으로 변화해간다.

기원 전후(전국 시대)의 유적에서는 나무판에 가죽 갑편을 붙인 라멜라도 출토되고 있다. 이 희귀한 타입의 갑옷은 '목갑(木甲)'이라 불리며 7~13세기(당~송宋)에도 쓰인 듯 보이지만 자세한 사항은 불명이다.

기원전 7세기(춘추 시대)의 유적에서 혁갑을 만들기 위한 금형이 출토되어, 그 무렵 병사용 혁갑이 양산되고 있었음을 알 수 있다. 병졸뿐만 아니라 귀족이나 장군이 혁갑을 애용하기도 했던 모양이다. 귀인의 무덤에서 흑색 · 적색 · 백색 · 황색 등 염료로 물들인 옻을 칠한 혁갑이 나왔기 때문이다. 금속 갑옷은 채색이 어려웠기 때문에, 미관을 중시하는 사람은 가죽 갑옷을 선호했는지도 모른다.

여담이지만 신분이 높은 사람은 금속 갑옷을 이용하는 경우가 많아, 옛 시대의 금속 방어구에는 대체로 문양이나 장식이 들어가 있다. 그 밖에 귀금속 갑옷이나 금은을 장식에 곁들인 방어구도 있었지만, 의례용 또는 사기 고양을 목적으로 한 것이지 실용품은 아니다.

중국의 혁갑에 관하여

혁갑은……

가볍다.
양산 가능.
병사용.
저렴한 가격.
채색 가능.
화려한 혁갑은 멋쟁이들에게 인기.
표면은 옻으로 코팅.
역사상 오랜 기간에 걸쳐 사용되었다.
서역에서는 낙타 가죽.
코뿔소 가죽을 재료로 쓴 혁갑이 최고!
입수하기 쉬운 소가죽이 일반적.
남방에서는 코끼리 가죽.
해안에서는 상어 가죽.

관련 항목

●라멜라→No.007
●옻→No.062

No. 084

진나라에서는 전차의 마부가 가장 좋은 갑옷을 입었는가

청동과 철기가 일반화될 무렵의 중국에서 어떤 형태의 방어구가 사용되었는지 아는 데 진나라의 병마용(兵馬俑)은 최적의 사료이다.

●진나라의 당시 모습을 전해주는 도자기 인형

청동 방어구가 활발히 만들어진 것은 기원전 11~기원전 8세기(주周~춘추 전국 시대)경으로, 서주(西周) 시대가 절정기였다. 당시의 유적에서는 가죽 안감에 청동 갑편을 꿰맨 앞치마형 흉갑, 난각형(卵殼型, 알껍데기형) 청동 주(胄)가 출토되고 있다.

그리고 철제 방어구가 보급되기 시작한 것은 기원전 5~기원전 3세기(전국 시대)이다.

전국 시대의 군단은 전차를 모는 지휘관이 통솔하며, 지휘관은 부대의 선두에 서는 것이 관례였다. 그래서 최강의 장비가 주어졌다. 하반신은 전차에 가려지지만, 상반신과 머리는 노출되므로 견고한 방어구로 방호했던 것이다.

기원전 3세기, 전국 시대를 제패한 것은 진나라였다. 전승국이기는 하지만 진나라의 장비는 시대에 뒤떨어져 있었다고 전해지는데, 방어구의 소재는 청동이나 가죽이었던 듯하다. 보다 기술이 발달한 나라에서는 철제 방어구를 채용하였을 것이다.

그 진나라의 유적인 병마용갱에서 도자기 인형이 다수 발굴되었다. 당시의 방어구에 관해서는 그들 병사 인형이 몸에 걸치고 있는 것을 통해 추측할 수 있다.

장비는 병종과 계급에 따라 다르지만, 몸통 갑옷은 모두 **라멜라**형이며 어느 것이나 오른쪽 옆구리가 트인 구조였다. 장군은 허리까지 덮는 중후한 갑옷, 기병은 조끼형 경갑, 보병은 가죽 어깨 보호대가 달린 몸통 갑옷을 입었다. 그리고 전차를 모는 마부에게는 양팔 전체를 덮는 방어구, 목을 보호하는 목가리개, 거기에 허리까지 덮는 특별대우 갑옷이 주어졌다. 진나라의 마부는 양성에 시간이 걸리는 귀중한 존재였다고 기록된 것으로 보아, 전국 시대의 마부와 마찬가지로 완전 무장한 채 전장으로 향했을 것이다.

그들 진나라의 장병은 방어구 속 의복을 비단 등으로 누벼 방호력을 더욱 높였으리라 여겨진다.

진나라의 뒤를 이은 한대(漢代)의 개갑도 전국 시대의 것과 기본적인 구조는 변함없다. 다만 기술 혁신으로 철이 한층 더 보급되었다.

기원전 시대의 금속제 개갑

기원전 8세기
서주의 청동 흉갑.

장갑판을 가슴에 동여맬 뿐인 간단한 방어구. 지위가 높은 무인의 소유물이었다.

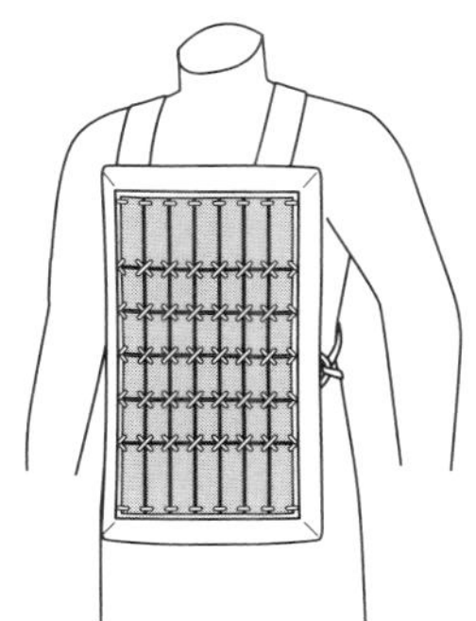

기원전 3세기
진나라의 장군용 개갑.

몸통 갑옷이 앞치마처럼 허리까지 연장되어 있다.

기원전 3세기
진나라의 마부용 개갑.

갑옷은 팔 전체를 감싸고, 커다란 옷깃으로 목 언저리도 보호한다.

기원전 2세기
전한의 개갑.

작은 갑엽을 잇댄 라멜라 아머. 제작 기술의 진보를 엿볼 수 있다.

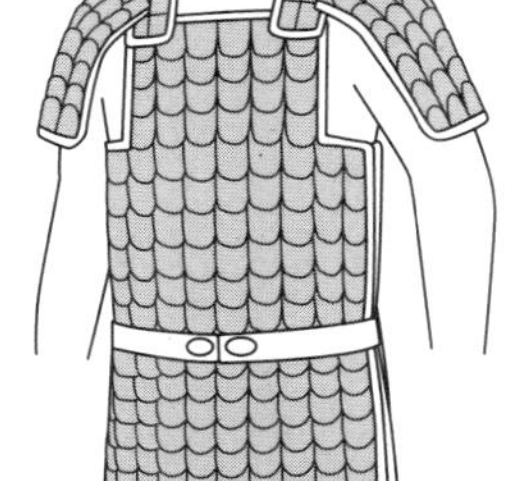

관련 항목

●라멜라→No.007

No. 085

중국을 대표하는 갑옷이란

명광개(明光鎧)는 눈부시게 빛나는 호심(護心)이 달린 독특한 디자인이 눈길을 끈다. 통수개(筒袖鎧)와 함께 무용을 자랑하는 장수가 입기에 걸맞은 영웅적인 갑옷이다.

●통수개와 명광개

중국의 갑옷이라고 하면 역시 군웅이 활약하던 삼국지(三国志) 시대의 것을 떠올리지 않을까. 그 무렵의 대표적인 방어구가 '통수개'와 그에 이어 등장한 '명광개'이다.

통수개는 3~5세기(삼국~남북조)에 주류가 된 갑옷이다. 물고기 비늘 모양 갑엽을 잇댄 **스케일 아머**로서, 가장 큰 특징은 반소매가 달려 있는 점이다. 겨드랑이는 갑옷의 약점 중 하나인데, 이 갑옷은 반소매가 달려 있어 확실히 보호된다. 제갈량(諸葛亮)이 발명했다고 전해지지만, 사실 소매 달린 갑옷은 한나라 시대부터 존재하고 있었다. 아마도 공명(孔明)이 소매 달린 갑옷의 성능을 향상시켰던 것으로 보인다.

통수개 중 일부는 '백련강(百煉鋼)'으로 만들어졌다. 이른바 **단조** 강철이다. 서양의 **플레이트 아머**에 사용된 최고의 기술로서, 노궁조차 관통하지 못할 만큼 뛰어난 방어력을 자랑했다고 한다.

명광개는 이전까지의 갑옷과 차별화된 신(新)방어구였다. 유행한 것은 3~10세기(삼국~당대). 이 **라멜라**형 중장 갑옷의 양쪽 가슴과 등에는 타원형 금속 플레이트 '호심'이 달려 있다. 급소를 보호하는 호심은 빛을 반사할 만큼 연마되어 있어, 전투 중에 적의 눈을 부시게 하는 효과도 있었다. 빛을 반사하는 호심이 명광개라는 명칭의 유래이기도 하다.

방호 범위는 몸통 전체에서 무릎까지, 게다가 위팔도 커버한다. 6세기 이후로는 갑옷의 허리 부분을 띠로 묶어 움직이기 편하게 하였다. 일반적으로 재질은 철이지만, 호심을 단 가죽 갑옷도 마찬가지로 명광개라는 이름으로 불렀다.

만듦새가 정교하며 갑옷 테두리를 금색으로 칠하는 등 외관도 뛰어난 명광개는 고위 무인용 개갑이었다.

베리에이션으로서 전체를 검게 마감한 '흑광개(黒光鎧)'가 있다.

통수개와 명광개

통수개
3~5세기

소매 달린 스케일 아머

백련강제도 있다.
· 가볍고 튼튼한 단조 강철.
· 노궁조차 꿰뚫지 못하는 최고의 방어력.

제갈량이 발명 또는 개량한 갑옷.
소매가 겨드랑이를 보호한다.

명광개
3~10세기

고급 라멜라 아머

만듦새가 정교하여 고위 무인용.
갑옷 테두리는 금색으로 도장.

6세기 이후로는 허리를 띠로 묶었다. 몸에 더욱 꼭 맞아 움직이기 편해졌다.

아무튼 눈에 띈다!

어깨 갑옷. 위팔을 보호한다.

흉부에 호심. 양쪽 가슴 2장+등 1장. 추가로 복부에 다는 경우도 있다. 연마된 금속판. 급소를 보호하기 위한 판. 빛 반사로 눈을 부시게 한다. 장식 효과도 있다.

무릎 갑옷. 하반신까지 보호한다.

흑광개

전체를 검게 마감한 명광개. 진귀한 일품. 개성적인 무장용?

관련 항목

●단조→No.003/004
●스케일 아머→No.007
●라멜라→No.007
●플레이트 아머→No.030/038/039

No. 086

중국의 기병과 말은 어떤 방어구를 착용하였는가

중국에서는 기병의 갑옷보다 먼저 말의 갑옷이 등장하였다. 마구(馬具)가 발명되어 기병이 기동 전력으로 인정받기 이전부터, 전차가 전장을 누비고 있었기 때문이다.

●전차에서 기병으로, 최종적으로는 방어구 없이……

기원전 8세기(춘추 시대)의 유적에서 말의 갑옷 '마갑(馬甲)'이 출토되었다. 옛날에는 말과 마부로 구성된 **전차**가 주력이어서 말을 방호하려는 시도도 있었다.

안장과 등자의 발명을 거쳐 승마 기술이 확립한 후에 겨우 기병이 전력화되면서 3세기경 '양당갑(裲襠甲)'(両当甲이라고도 표기)이 등장한다. 이것은 5~6세기(남북조 시대)에 보급되어 수(隋)와 당대를 거쳐 13세기(송대)까지 사용된 꽤 대표적인 갑옷이다.

동체 앞면과 뒷면의 두 부품으로 구성된 **라멜라** 판을 머리부터 뒤집어쓰듯 착용하고, 허리 근처를 벨트로 묶는다. 이러면 옆구리가 텅 비게 되지만, 경장이 요구되는 기병의 숙명이었다.

본래 기병은 (말도) 방어구를 이용하지 않았으나, 전선에 나가는 시대가 되자 피해가 커졌다. 특히 활은 강적이었다. 말을 적극적으로 활용하던 서방과 북방의 유목민 사이에서 먼저 기마에 방어구를 입히는 것이 유행하였고, 그것이 머지않아 중국 전역에 보급된다.

마갑은 **마개**(馬鎧)라든가 '갑기구장(甲騎具裝)'이라고 불렸는데, 가죽제 또는 철제 **스케일**이나 라멜라로서, 머리 · 목 · 가슴 · 몸통 · 엉덩이의 다섯 부품으로 이루어진다. 그것들을 가죽끈으로 말의 몸에 고정하는 것이다. 표면은 옻칠하여 강도도 인간용 개갑과 다름없었다. 흐른살에 대한 대책으로서 추가로 천을 씌우고 출진하기도 하였다.

마갑은 어느 정도 방어력을 가지고 있었지만, 끊임없이 발달하는 화기에는 대항할 수 없어져 이윽고 더 이상 쓰이지 않게 된다.

한족 이외의 중국 기병은 어땠는가 하면, 몽골군이 중장과 경장의 다양한 기병을 운용하였는데, 그 가운데 라멜라를 착용하는 중장기병대가 있었다. 청(清)나라의 팔기(八旗)도 우수한 기마대였으나, 대부분은 마갑을 사용하지 않았다. 다만 예외적으로 중장기병대 '철기(鉄騎)'에서는 기수와 말이 **철갑**(鉄甲, 사슬 갑옷)을 장착하였다.

양당갑과 마갑

양당갑	마갑
기병용 경갑.	처음에는 전차의 말을 위한 것이었다.
↓	↓
3세기에 등장.	기원전 8세기에 등장.
↓	↓
5~6세기에 보급.	3세기에 기병이 전력화하면서 보급.
↓	
13세기까지 사용.	

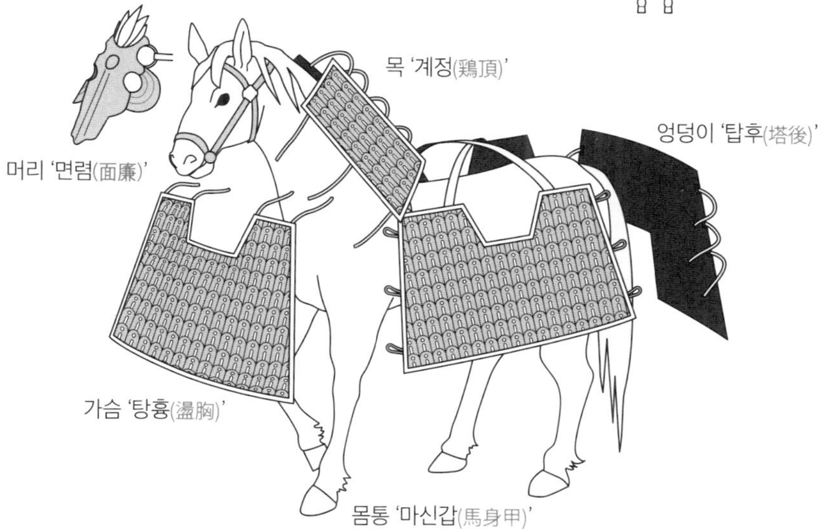

관련 항목

- ●라멜라→No.007
- ●스케일→No.007
- ●마갑→No.049/092
- ●전차→No.084
- ●철갑→No.087

No. 087

쇄자갑은 어떻게 진화하였는가

체인 메일은 세계 각지에 보급되어 있던 방어구로, 중국의 사슬 갑옷은 금속 고리를 서로 연결한 것이었으며 그 후 진화 · 발전하였다.

●쇄자갑에서 면갑으로의 발전과 갑옷 시대의 종언

서양에서 말하는 **체인 메일**은 7세기(당대)에 서방으로부터 전해져 '쇄자갑(鎖子甲)'이라 불렸다. 17~19세기(명明~청대)에도 널리 쓰였는데, 17세기 명대의 쇄자갑은 '강자연환갑(鋼子連環甲)' 또는 '연쇄갑(連鎖甲)'이라고 하며 소재는 강철이었다. 이어진 청대의 것은 '철갑'이라 불린다. 이것은 가슴에 '호심경(護心鏡)'이 달려 급소를 보호하였다.

한편 7세기 이전에도 '환쇄개(環鎖鎧)'라는 사슬 갑옷의 일종이 존재하였으나, 그다지 세상에 보급되지 않은 귀중품이었다.

또한 13세기에 중국을 침략한 몽골군은 저마다 다른 역할을 담당하는 몇 가지 기병대를 가지고 있었는데, 그 일부가 특징적인 체인 메일을 사용하였다. 소가죽 안감에 사슬 갑옷을 겹쳐 만든 갑옷이다. 그 부대는 폭약과 철포를 취급하는 부대로서, 사슬 갑옷은 충격파를 막는 데 적합했다.

체인 메일류는 완벽히 신뢰할 만한 갑옷이라고는 할 수 없지만, 비교적 가볍고 통기성도 양호하여 쓰기에 편리했다. 다른 방어구를 덧입거나 **면갑**(綿甲, 천과 사슬 복합 타입)이 고안되는 등의 시도도 나타났다.

여기서 말하는 면갑이란 무명이나 비단 천으로 덮은 쇄자갑이다. 서양에서 보급된 **코트 오브 플레이츠**와 비슷하다. 복합 소재를 사용하여 방어력을 높였으며, 방한 기능도 갖춘 갑옷이었다. 금속부가 노출되어 있지 않기 때문에 두꺼운 코트처럼 보여 북부에서 특히 애용하였다.

면갑은 7~10세기에 보급되어 17~19세기에도 국군 장비로서 채용된다. 17세기 이후 총기의 고성능화로 모든 갑옷은 자취를 감추어가지만, 어느 정도 방탄 효과가 있는 면갑만은 예외적으로 계속 사용되었다.

특히 청나라의 팔기 장병은 적색 · 백색 · 청색 · 황색 등 각각의 상징색으로 물들인 면갑을 애용하였다.

쇄자갑에서 면갑으로의 진화

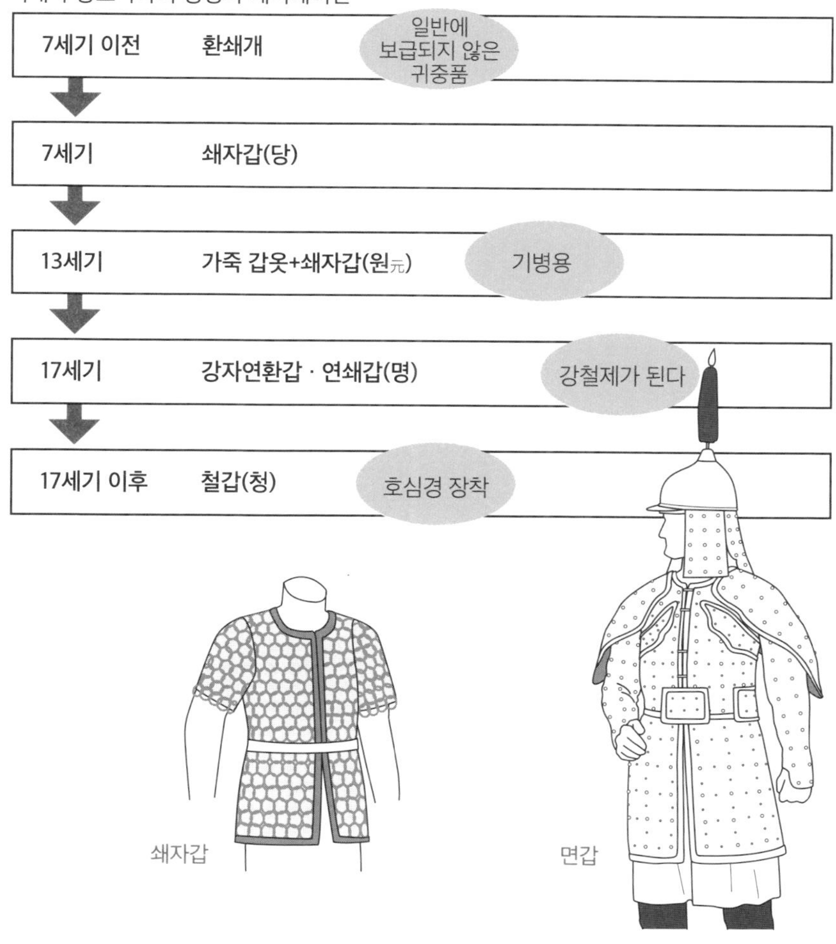

관련 항목

●체인 메일→No.005/006
●면갑→No.087
●코트 오브 플레이츠→No.025

No. 088

종이나 덩굴로 만들어진 갑옷이 있었는가

중국의 방어구 가운데 다른 지역에는 유례가 없는 희귀한 것이라면 종이 갑옷이 있다. 또한 등나무를 엮어 만든 방어구도 아시아 특유의 것이라고 할 수 있다.

●실용성 높은 지갑과 등갑

세계적으로 드문 종이제 갑옷인 **지갑**(紙甲)은 7세기(당대)부터 보급되어 10~17세기(송~명대)까지 사용되었다. 7세기경의 의복은 종이로 만들기도 하였는데, 정확하게는 종이에 무명이나 비단 등을 포갠 구조이다. 따라서 지갑은 **천 갑옷**의 일종이라고 할 수 있을 것이다.

두께는 3cm로서 화살이나 탄환을 막아내는 효과가 있으며, 젖으면 그 능력이 향상된다고 한다(다만 무거워진다). 의외로 유용하기는 하지만 접근전에서는 그다지 효과가 없었다.

지갑은 보병용 또는 궁병용 갑옷으로서 채용되었고, 가벼운 점을 높이 평가받아 수군에서도 쓰였다.

희귀한 갑옷이라면 또 하나. 특수 처리한 등나무를 엮어 만든 '**등갑**'이 있다. 이것은 중국의 발명품이 아니라, 먼 옛날부터 동남아시아 여러 나라(베트남과 대만)에서 사용되어왔다. 고대 일본에도 등나무제 단갑(단코, 초기의 일본 갑옷)과 '등패(籐牌)'라는 방패 등이 존재했으며, 16세기 무렵까지 이용되었다.

가볍고 통기성이 좋으며, 제작비가 저렴하고 만들기 쉬운 데다 그럭저럭 방어력도 있다. 그리고 갑옷을 입은 채 강을 건널 수 있는 것도 장점이었다.

등나무 등의 덩굴 식물을 몇 주간 물에 담갔다가 말리고, 옻에 일주일간 절이고 나서 다시 말린다. 이것을 방어구 형태로 엮은 뒤, 마무리로 오동나무 기름을 바른다. 대만에서는 추가로 표면을 복어 껍질로 덮어 강화하였다. 이처럼 특수 처리한 등나무재를 성형하여 상반신을 감싸는 등갑 외에, 투구나 방패 등도 만들었다.

등갑은 『삼국지연의(三国志演義)』에 비밀 병기로서 등장하기에 비교적 유명할 것이다. 제갈량이 남방에 원정할 때, 등갑을 입은 밀림의 유격대 때문에 고생하게 된다. 그러나 등갑에는 기름이 배어 있어 불에 잘 탄다. 이를 간파한 공명은 화공으로 대항하였다.

종이나 덩굴 갑옷이라고 얕보지 말라――실용 본위의 특이한 갑옷

실용적인 지갑

7세기에 보급.
10~17세기까지 사용.

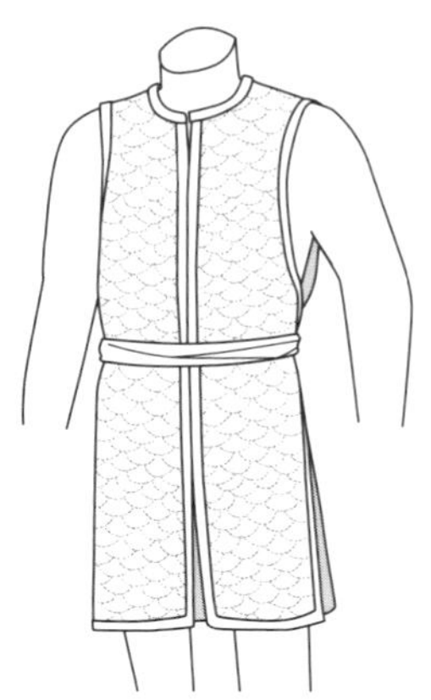

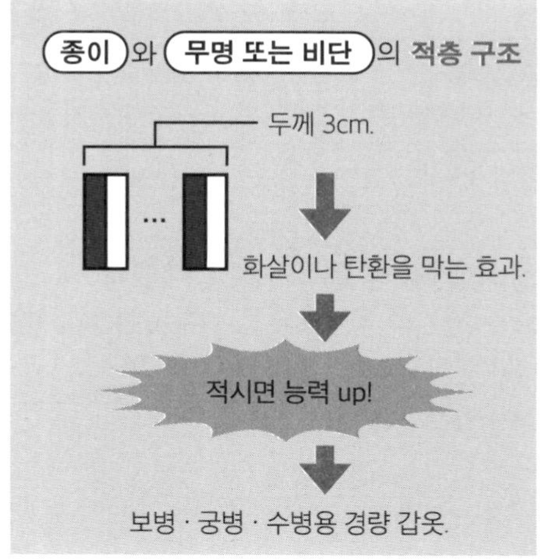

종이와 무명 또는 비단의 적층 구조
두께 3cm.
화살이나 탄환을 막는 효과.
적시면 능력 up!
보병 · 궁병 · 수병용 경량 갑옷.

물에 뜨는 등갑

등나무 등 덩굴 식물을 가공하여
방어구 형태로 만든다.
가볍고 튼튼하며 통기성이 좋다.

대만에서는 물고기
가죽을 붙였다.

투구의 베리에이션
방패 형태도 일정하지 않다.
소재를 자유자재로 성형 가능.

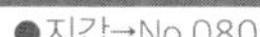

관련 항목
●천 갑옷→No.027
●등갑→No.050/082
●지갑→No.080

No. 089

중국에도 그리스처럼 중장보병이 있었는가

송나라에서는 중국사를 통틀어 유일하게, 고대 그리스의 팔랑크스처럼 밀집 진형으로 돌진하는 중장보병대가 편제되었다. 그 개갑은 우수했다.

●중국 최강의 초(超)중장 라멜라

'보인갑(步人甲)'이란 중국의 보병용 중장 갑옷의 총칭이다. 그중에서도 철제 갑엽을 엮은 **라멜라**가 가장 고성능이었다. 10세기 송나라의 보인갑이 그 대표 격으로, 보병 장비로서는 유례가 없을 만큼 훌륭한 것이었다.

적대 국가인 금(金)나라의 중장기병에 대항하기 위해, 송나라에서는 **중장보병**대를 이용한 밀집 전법을 채용한다.

그래서 견고한 보인갑의 양산 체제도 갖추어진 것이다. 직인 한 사람이 만들 경우 보인갑 한 벌을 완성하는 데 70~140일이 걸렸다고 하지만, 실제로는 분업화되어 이틀에 한 벌씩 보인갑을 생산하였다.

최전선용 보인갑은 갑찰 1825장으로 전신을 감싸, 무게가 35kg이나 되었다(서양의 판금 갑옷 못지않게 무겁다). 보병은 장창 등 무거운 무기와 다른 장비도 휴대하므로, 총무게는 50kg에 달했을 가능성이 있다.

송나라의 중장보병은 확실히 강건했지만, 부담이 커서 진격 속도에 문제가 있었다. 게다가 후방에서 지원하는 궁병에게도 20~30kg의 중장갑이 지급되었다.

송대에 쓰이던 라멜라로는 그 밖에 '금장갑(金装甲)', '장단제두갑(長短斉頭甲)', '명광세강갑(明光細鋼甲)', '흑칠순수산자철갑(黒漆順水山字鉄甲)' 등이 있다. 라멜라가 주류였으나, 경우에 따라서는 사슬 갑옷류도 이용되었다.

나아가 송대 이후 중국 국가의 라멜라형 방어구도 살펴보자.

몽골 제국의 기병은 대개 적극적으로 방어구를 사용하지 않았지만, 중장기병은 **갈타카**라는 라멜라를 착용하였다. 티베트 기병도 그와 비슷한 장비를 갖추고 있었다.

청나라 시대에는 사슬 갑옷 위에 갑찰을 붙인 갑옷이 등장한다. '명갑(明甲)'이라 불렸으며, 베리에이션으로 '암갑(暗甲)'이 있다. 후자는 라멜라 위에 추가로 천을 덮은 것이다.

송나라의 보인갑

10세기 송나라의 보인갑

중장보병의 밀집 진형 전법을
실행하기 위해 채용.

공룡적 진화를 이룬
초헤비급 라멜라.

라멜라는 본래 그리 무겁지
않은 갑옷이지만……

갑엽의 장수는
1825장!

송나라의 보인갑은
35kg으로
매우 무겁다!

적의 화살 난사나
기병 돌격을
아랑곳하지 않고
밀집해서 나아간다!

거기까지는 좋지만……

장비가 너무 무거워서
도망치는 적을 따라갈
수가 없어…….

10세기 이후 중국의 라멜라류 갑옷

송	중장보병의 보인갑, 금장갑, 장단제두갑, 명광세강갑, 흑칠순수산자철갑 등.
원	갈타카.
청	명갑, 암갑. (서양에서 비슷한 것 : 명갑=스케일 메일, 암갑=코트 오브 플레이츠)

관련 항목

●라멜라→No.007
●중장보병→No.010/011/017
●갈타카→No.090/096

No. 090

몽골 제국에서는 어떤 방어구를 사용하였는가

기마 군단을 주력으로 하는 몽골에서는 기동성을 중시하여, 기본적으로 무거운 방어구를 꺼리는 경향이 있었으나 중장기병대도 존재했다.

●아시아와 유럽을 석권한 패자

몽골의 **중장기병**은 **라멜라**의 일종인 **갈타카**를 착용하고, '고탈'이라는 발끝이 올라간 부츠를 신었는데, 그 앞쪽 끝에는 금속편이 들어가 있었다. 발끝을 올리거나 뾰족하게 만든 신발은 중동이나 인도에서도 찾아볼 수 있는데, 마구인 등자에 쉽게 걸치면서도 잘 빠지지는 않도록 한 조치이다. 방어구 겸 방한구인 가죽 코트 '바갈타카'를 위에 걸쳐 입기도 하였다. 한편 궁기병은 적층식 혁갑 또는 철제 징으로 보강한 천 갑옷을 이용하였다. 그들은 매끄러운 비단 의복도 좋아했다.

위의 갈타카와 혁갑에 관하여, 13세기의 몽골을 여행한 송나라 사람이 저술한 『흑달사략(黒韃事略)』에 자세한 설명이 있다. 중장기병의 라멜라는 '유엽갑(柳葉甲)'이라고 표현되는데, 버드나무 잎처럼 가는 철제 소찰을 가죽끈으로 연결한 것이다. 혁갑은 '나권갑(羅圏甲)'이라고 하여, 가늘고 길게 자른 소가죽을 6장 겹쳐 아교로 붙인 것이었다. 박물관에 남은 원나라 일본 원정군의 유물 중에는 3겹짜리 가죽 소찰로 만들어진 라멜라가 있는데, 몽골군의 혁갑이란 이것을 가리키는지도 모른다.

그 밖에 엽서 크기의 갑편으로 이루어진 **스케일**, 호랑이나 연꽃 문양이 들어간 동판제 고급 라멜라, 서양의 **브리건딘**에 해당하는 '하탄가데겔'과 철제 사슬 갑옷도 사용되었다. 투구는 깔때기를 거꾸로 돌려놓은 듯한 형태로, 꼭대기에 술 장식이 있다. 양옆과 뒤쪽에는 철판으로 보강한 천이나 가죽 방호판이 달린다. 이와 같은 몽골 병사의 차림은 일본의 그림 『몽고습래회사(蒙古襲来絵詞)』 등에도 묘사되어 있다.

기병은 철제 둥근 방패 **시파르**를 팔꿈치에 달기도 하였다. 가죽이나 버들가지로 엮은 세로 150×가로 100cm의 직사각 방패와 서양의 **타워 실드**에 해당하는 '괴자목순(拐子木盾)'도 준비해두었다. 큰 방패는 포탄을 막기 위한 장비였다.

마갑은 적군에 중장기병이 있는 경우에만 사용하였다. 양 측면, 엉덩이, 얼굴의 4장으로 구성된다. 마면이 철판, 다른 부위는 소가죽을 가죽끈으로 연결한 것이다.

광대한 제국을 구축한 몽골 군단의 방어구

몽골 중장기병
투구
중동과 아시아에서 전통적으로 나타나는 포탄형 머리 부분.
갈타카
가늘고 긴 철제 소찰로 만들어 진 라멜라.
시파르
팔꿈치에 다는 둥근 방패.
고탈
발끝이 올라간 승마 신발. 앞쪽 끝에 금속편이 들어간다.
몽골 궁기병
적층형 혁갑을 착용.
몽골의 중장기마
좌 · 우 · 엉덩이의 3장이 소가죽제. 마면은 철제.

관련 항목

●라멜라→No.007
●스케일→No.007
●중장기병→No.016/086/089/092/096
●브리건딘→No.026/095
●타워 실드→No.042
●갈타카→No.096
●시파르→No.096

No. 091

중국의 방패나 부위 방어구는 어떤 것이 있었는가

일찍부터 문명이 시작되어, 기원전부터 우수한 갑옷이 존재하던 중국 지역에서는 전신의 여러 곳을 감싸는 방어구는 물론 방패도 발달하였다.

●방어구의 소재는 가지각색이며 방패는 목제

'순(盾)', '순(楯)', '간(干)', '패(牌)' 등 호칭은 다양하지만 모두 방패를 가리킨다. 세계의 다른 지역과 마찬가지로, 대략적으로는 직사각 모양의 '사각형 방패'와 소형 둥근 방패 '단패(団牌)'가 보급되어 있었다.

사각형 방패는 더 나아가 세부 형상의 차이에 따라 '연미패(燕尾牌)', '수패(手牌)', '추패(推牌)' 등으로 분류할 수 있다. 단패는 주로 기병이 화살로부터 몸을 보호하기 위해 사용하였다.

재질은 목재가 주이며, 그 밖에 대나무 또는 엮은 등나무로도 만들어졌다. 판을 적층하거나 가죽을 두르거나 징을 박는 등 보강이 이루어지기도 한다. 사기를 고양하고 적을 위협하기 위해 방패에는 귀신이나 신수의 그림을 그리는 것이 일반적이다. 그림 대신 부조를 넣거나 주문을 써넣는 경우도 있었다.

그 밖에 특수한 방패로서는 '보병방패(歩兵傍牌)'가 유명하다. 서양의 **타워 실드**에 해당하는 대형 방패이다. 지면에 세우는 등의 방식으로 적진에서 날아오는 화살의 비를 막는다. 더욱 커다란 방패가 '무적신패(無敵神牌)'이다. 바퀴 달린 수레에 실은 거대한 야전 방패로, 14~17세기(명대)에 사용되었다.

중국의 투구는 주(冑)라고 부르는데, 정확하게는 정수리 부분의 부품 혹은 사발형 투구가 주이다. 주의 후두부와 측두부에 갑편이나 가죽을 붙여 머리 전체를 보호하도록 만든 투구는 '두무(兜鍪)'라고 하며, 얼굴을 보호하는 면구(面具)가 사용되기도 한다. 이 밖에 하사관이나 병사용 모자 또는 두건형 가죽 투구도 있었다.

손과 발의 방어구 명칭은 어깨와 위팔이 '피박(披膊)', '피호(披護)'는 아래팔, '적퇴(吊腿)'는 넓적다리 방어구이고 '슬군(膝裙)'은 정강이와 발을 보호한다. 고대의 유적에서는 '비갑(臂甲)'이라는 완갑이나 철제 징을 박은 장화의 잔해가 출토되기도 한다. 이들 부위 방어구의 재질은 가죽, 청동, 철 등 가지각색이다. 분할 가능한 몸통 갑옷이나 동갑의 부분에 대한 명칭도 있다. 상반신이 '신갑(身甲)', 하반신이 '수연(垂縁)'이다.

중국의 방패와 투구, 부위 방어구의 이모저모

사각형 방패

일반적인 방패. 재질은 목제가 많다. 겉면에 귀신이나 신수의 그림 또는 주문을 넣는다. 혹은 부조를 새겨 넣기도 한다.

단패

기병용 작은 방패. 주로 화살을 막기 위한 것.

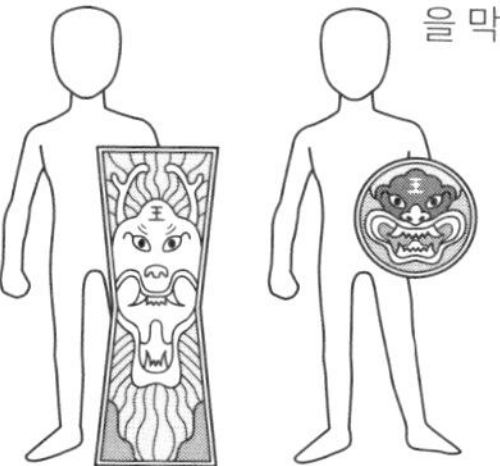

부위 방어구의 명칭

재질은 가죽 · 청동 · 철 등 가지각색.

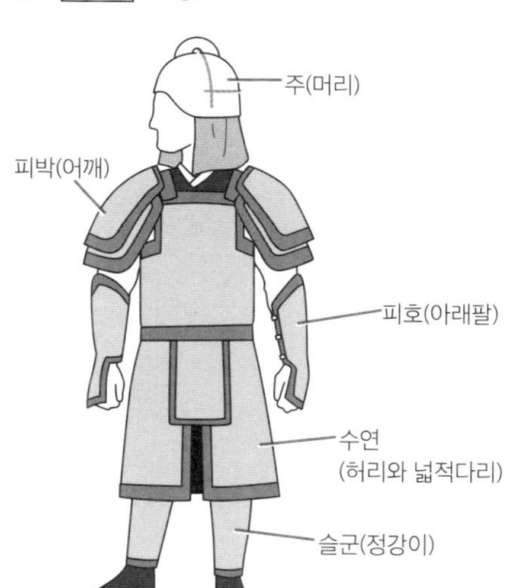

두무

머리 전체를 보호하는 투구. 주에 갑편을 이어 붙인 것.

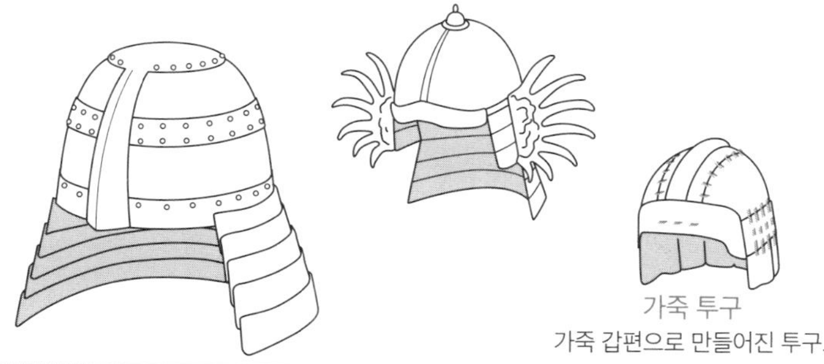

가죽 투구

가죽 갑편으로 만들어진 투구.

관련 항목

●타워 실드→No.042

전설 속에 등장하는 겐페이 시대의 명품

●**히라이시**(避来矢) : 다이라노 마사카도를 토벌하여 그 이름을 남긴 후지와라노 히데사토의 가문에 전해지는 갑옷으로서, 히데사토가 원정 도중 거대 지네 요괴를 퇴치한 보답으로 고을의 용신에게 받았다. '날아오는 화살을 피한다'고 알려져 있다. 헤이안 시대 말기, 그 자손인 아시카가 다다쓰나가 히라이시를 겐페이 전쟁에 들고 나왔는데, 갑옷이 너무 무거워 불안해진 나머지 (강에서의 전투였기에 강변에서 경갑으로 갈아입었다는 설도 있다) 진지에 놓아두고 간다. 나중에 돌아와 보니 그곳에는 희고 납작한 큰 돌이 있을 뿐이었다. 그가 가보를 잃은 분노로 큰 돌을 몇 번이고 때리자, 돌은 갑옷 모양으로 돌아왔다. 이후 히라이시(平石, 평평한 돌)라고도 쓰게 되었다고 한다. 히라이시는 에도 시대에 화재로 소실(焼失)되기까지 실재하고 있었으나, 현재는 불타지 않고 남은 금속 부품만이 전해진다.

●**겐지하치료**(源氏八領) : 겐지 일족 대대로 전해지던 여덟 벌의 갑옷. 호겐의 난(保元の乱)과 헤이지의 난(平治の乱)에서 유명한 무장들이 착용하였다. 미나모토노 요시미쓰를 시조로 하는 가이(甲斐) 다케다가(武田家)에서 대대로 계승되었으며, 전승(戦勝)을 기원하면 영험이 있다고 믿어 전투 전에 기도를 올렸다. 마법 아이템이 아니라 전설의 명품(銘品)으로서 실재하고 있었으나 현대에 남은 것은 그중의 다테나시(盾無)뿐이다.

- 우스가네(薄金) : 전체가 얇은 철제 미늘. 호겐의 난에서 총대장 미나모토노 다메요시가 이용.
- 쓰키카즈(月数) : 능견(綾絹)을 갈라 심을 감싼 특제 삼실로 만들어졌으며 적갈색. 호겐의 난에서 미나모토노 요리카타가 사용.
- 히카즈(日数) : 투구의 하치에 박힌 호시의 수가 360개. 1년의 일수와 같다는 데서 붙은 이름. 호겐의 난에서 미나모토노 요리나카가 착용.
- 겐타노우부기누(源太産衣) : 미나모토노 요시이에(아명이 겐타)가 황자에게 받은 것, 혹은 입궐을 기념하여 새로 만든 것이라 전해진다. 헤이지의 난에서 미나모토노 요리토모가 사용.
- 오모다카(沢瀉) : 오모다카(벗풀을 뜻하는 일본어-역주)란 습지의 여러해살이풀. 그 잎을 닮은 문양이 여러 종류의 실로 소데와 갑옷에 묘사. 헤이지의 난에서 미나모토노 도모나가가 사용.
- 하치류(八竜) : 팔대용왕(八大竜王) 장식을 넣은 점이 특징. 헤이지의 난에서 미나모토노 요리히라가 사용.
- 히자마루(膝丸) : 소 1,000마리분의 무릎 가죽을 사용. 헤이지의 난에서 미나모토노 요시토모가 사용.
- 다테나시(盾無) : 방패가 필요 없을 만큼 견고한 갑옷이라는 의미. 헤이지의 난에서 미나모토노 요시토모가 사용

●**가라카와**(唐皮) : 헤이케(平家)의 가보. 귀한 호랑이 가죽으로 만들어 나비 모양 황금 장식을 달았다. 간무 천황이 기도하던 중 하늘에서 내려왔다는 일화가 있으며, 우선 황실의 보물이 된다. 헤이안 시대 중기, 다이라노 마사카도 토벌 때 다이라노 사다모리가 하사받은 이래 헤이케에 전해진다.

제5장
중근동 · 인도 · 기타

No. 092

동방의 카타프락토스는 어떤 방어구를 사용하였는가

타격에 약한 기병의 방어력을 높이려는 시도는 세계 각지에서 이루어졌다. 기수와 말 모두를 방어구로 보호하는 기병을 중장기병이라 한다.

●기마 군단의 중전차(重戰車)

방어를 단단히 하면 생존율은 높아지지만, 무거운 장비 탓에 기병의 장점인 기동성은 잃게 된다. 따라서 전군을 중장화하는 경우는 적다.

동유럽에서 오리엔트, 아시아에 이르는 넓은 지역에서는 기병이 전투 부대의 중핵으로서, 중장기병대 '카타프락토스'가 많이 편제되었다. 아르메니아, 파르티아, 그리고 3~7세기 사산 왕조 페르시아의 **중장기병**은 정예로 유명했다. 페르시아의 중장기병은 **체인 메일**을 기본 장비로 갖추었으며, 보병에게 다리를 공격당하는 것을 대비하여 하반신에 판금 갑옷을 둘렀다.

대부분의 기수는 기본 장비에 더해 소매 없는 **스케일**이나 **라멜라** 등을 덧입었다. 라멜라는 금속제가 많으나, 가죽 또는 동물의 뿔로 만든 것도 있다. 이 가운데 소매가 없거나 반소매인 것을 '클리바니온'이라고 부른다. 완갑인 '케이롭셀라', '마니켈리아', 정강이받이인 '포돕셀라', '칼코토우바'는 철제 또는 가죽이나 나무 소찰을 겹쳐 만든 방어구이다. 쇠사슬로 보강한 가죽 팔 보호구를 이용하기도 한다. 혹은 '스쿠타'라는 **카이트 실드**의 일종, 둥근 방패 '투레오스'를 드는 경우도 있었다.

마갑은 당초 커다란 천이나 가죽을 등에 씌우는 것이었다. 시대가 흐르면서 천에 금속판이나 소찰을 꿰매 붙여 보강하고, 말의 머리와 목에도 방어구를 장착하게 된다. 다만 그래서는 기동력이 저하되므로 7세기에는 말의 앞면(머리 · 목 · 가슴)만을 보호하게 되었다. 앞면만을 방호하는 기병은 '클리바나리우스'라고 부른다.

지리적으로 가까운 동로마=비잔티움 제국은 페르시아에 큰 영향을 받아 4세기경부터 카타프락토스를 편제하기 시작한다. 기수는 기장이 긴 체인 메일, 말은 스케일 아머가 기본 장비였다. 그 후 11세기에 이르는 사이, 보다 고도의 방어구로 무장하게 된다.

주변국의 본보기가 된 페르시아의 중장기병

사산 왕조 페르시아의 카타프락토스

특히 기수는 방어구로 단단히 무장했다.

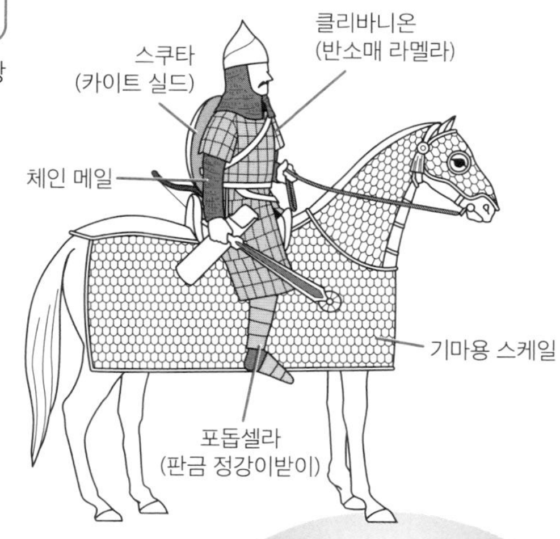

페르시아의 클리바나리우스

공격받기 쉬운 앞면에만 방어를 집중시킨 중장기병. 전체적으로 경장화되었다.

동로마 제국의 카타프락토스
4~11세기라는 오랜 기간에 걸쳐 활동했기 때문인지 지명도가 높다. 장비는 페르시아의 것을 본떴다.

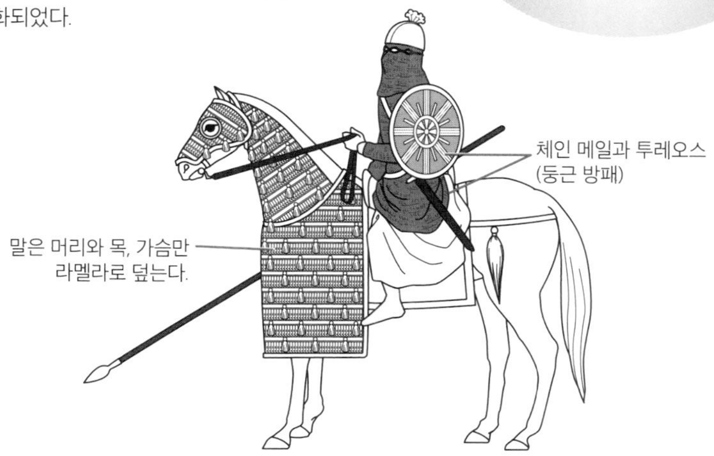

관련 항목

●카이트 실드→No.002/022/041
●체인 메일→No.005/006
●스케일→No.007
●라멜라→No.007
●중장기병→No.016/086/089/090/096
●마갑→No.049/086

No. 093

중근동과 인도의 무기 · 방어구에는 공통점이 있었는가

오리엔트와 인도 같은 지역은 덥다는 이유도 있어, 전신을 판금으로 감싸는 방어구는 보급되지 않았고 경장이 표준이었다.

●활과 화살 및 세이버에 대항하는 가죽 갑옷과 사슬 갑옷

터키부터 이란, 이라크를 포함하는 중근동 지역, 그리고 아프가니스탄을 거쳐 인도에 이르는 지역, 이 두 지역은 예로부터 문화 교류가 왕성했다. 서쪽에 있는 유럽 여러 나라가 그랬듯이 두 지역 전역에서 가치관을 공유했던 것이다.

중근동 지역의 무기 · 방어구는 대체로 고대 페르시아(현재의 이란)의 전통을 이어받았으며, 이후 전역에 이슬람교가 확산된다. 문화면에서는 13세기 몽골 제국 확장의 영향도 있었을 것이다. 인도 지역에도 그 문화는 옛날부터 계속 유입되었는데, 특히 16세기 무굴 제국 진출 후에는 결정적이 되었다.

10세기 이후의 인도 지역을 보면 수 세기 동안 잇따라 지배자가 교체되었음을 알 수 있다. 그러나 민족은 달라도 어느 왕조든 대체로 비슷한 전술 사상을 가지고 기병과 보병이라는 구성으로, 이름만 다를 뿐 유사한 방어구를 사용하였다.

일반적으로 중근동과 인도에서는 찌르기보다 절단하는 무기가 주류였다. 서양에서는 브로드소드의 타격이 긍정적으로 인식된 데 반해, 예리한 세이버의 베기가 공격 수단으로서 선호되었던 것이다.

전투에서는 기동성이 중시되어 기병의 운용도 활발했다. 그래서인지 금속 가공 기술이 서양보다 발달했음에도 불구하고, **플레이트 아머**처럼 중후한 방어구는 주류가 되지 못했다. 중동과 인도의 방어구는 전통적으로 "가죽 **라멜라**와 **체인 메일** 덧입기"가 일반적이다. 아니면 가죽 **스케일**이 이용되었다. 가죽 방어구가 화살을 막고, 사슬 갑옷이 베기 공격을 막는 구조이다. 이러한 방호 수단은 플레이트 아머보다 효과적이었다.

전투 전술의 가치관을 공유하는 중동과 인도 지역

서양
타격과 찌르기의 파워 공격에 대항하여 갑옷이 점점 중후해졌다.
강대한 파워에 대항할 수 있는 중후한 갑옷을!

중동
베기와 찌르기 등 다채로운 공격에 복합 소재 방어구로 대항했다.
다양한 무기에 대응할 수 있는 복합 소재 방어구를!
터키, 아라비아, 이란, 이라크, 아프가니스탄과 그 주변, 인도까지의 넓은 지역이 가치관을 공유하여 오랫동안 유사한 무기 · 방어구를 사용하였다.

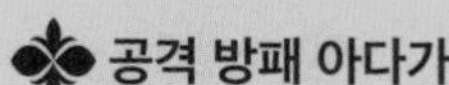

공격 방패 아다가

모로코의 페스에서 탄생하여 이슬람 세계에서 발달한 기묘한 형태의 작은 사각 방패이다. 길이 70~80cm, 무게 1.5~2kg. 처음에는 영양 가죽 방패를 가리켰으나, 거기에 검이 달리고 14세기에는 창이 추가되었다. 14~15세기에 스페인으로 전해져 경기병대에서 '아 라 히네타'라는 호칭으로 채용되었다. 또한 폴란드군에서도 쓰였다.

창이 달리기 전까지는 한손 장비였으나, 이후 양손으로 사용하게 된 듯 보인다. 보통 창으로 싸우다가 근접전에서는 방패로 방어하며 단검으로 찌르는 전법을 취한다.

관련 항목

●체인 메일→No.005/006
●라멜라→No.007
●스케일→No.007
●플레이트 아머→No.030/038/039

No. 094

인도를 목표로 한 군단은 중동산 장비를 사용하였는가

10세기 이후의 인도 주변 지역에서는 민족이 뒤섞여 여러 왕조가 일어나면서, 중동 · 인도 지역에서 탄생한 방어구의 견본 시장 같은 분위기가 된다.

●아프가니스탄을 침략한 터키인들

10~12세기경, 아프가니스탄은 터키계 가즈나 왕조가 지배하였다.

그 전사들은 **체인 메일**인 '**지리흐**'와 발목까지 오는 기장이 긴 **라멜라** '조샨'을 장비하고, 발목에는 각반을 감았다.

또한 '카르와'라는 스케이트보드 정도 크기의 직사각 방패를 이용한다. 테두리를 금속으로 보강한 목제 방패로, 표면은 채색되어 있었다.

12~13세기, 가즈나 왕조의 뒤를 이은 것이 고르 왕조이다.

이 왕조의 보병은 반구형 머리 부분에 원뿔형 돌기가 달린 투구 '쿠드', 코트형 천 갑옷 '바르구스타완'을 착용하였다. 기병은 위의 지리흐와 조샨류, 혹은 사슬 갑옷을 껴입거나 **스케일 아머**를 장착하였다.

또한 그들은 '하자간드', '카자간드' 또는 '지리흐 하자르 마이키'라 불리는, 퀼트 아머에 체인 메일을 꿰매 붙인 몸통 방어구도 사용하였다. 하자간드는 중동에서 인도까지의 넓은 지역에서 이용된 지명도 높은 방어구이다. 천 안감에 금속을 붙인다는 서양의 **코트 오브 플레이츠**와 같은 착상에서 태어난 물건인데, 이윽고 유럽에도 전파되어 '재저런트'라는 방어구가 되었다.

고르에도 '**카르와**'라는 방패가 있었으나, 같은 이름을 가진 가즈나 왕조의 방패와 달리 커다란 사각 방패를 가리킨다. 경질 가공한 가죽을 베이스로 안팎에 누빔 무명을 붙인 이 가벼운 방패에 몸을 숨기고 싸웠으며 중장보병처럼 집단으로 운용되었다. 이것으로 기병의 돌격을 막았다고 하니 상당히 튼튼했던 모양이다.

그 밖에 인도 지역의 각 왕조에서는 중근동에서 전래된 팔 보호구 '바주반드'도 쓰였다. 복합 소재 방어구로, 팔꿈치에서 손목까지는 강철 또는 코뿔소 가죽으로 된 통판, 손목에서 손끝까지는 천과 사슬 갑옷으로 만들어졌다.

가즈나 왕조와 고르 왕조의 방어구

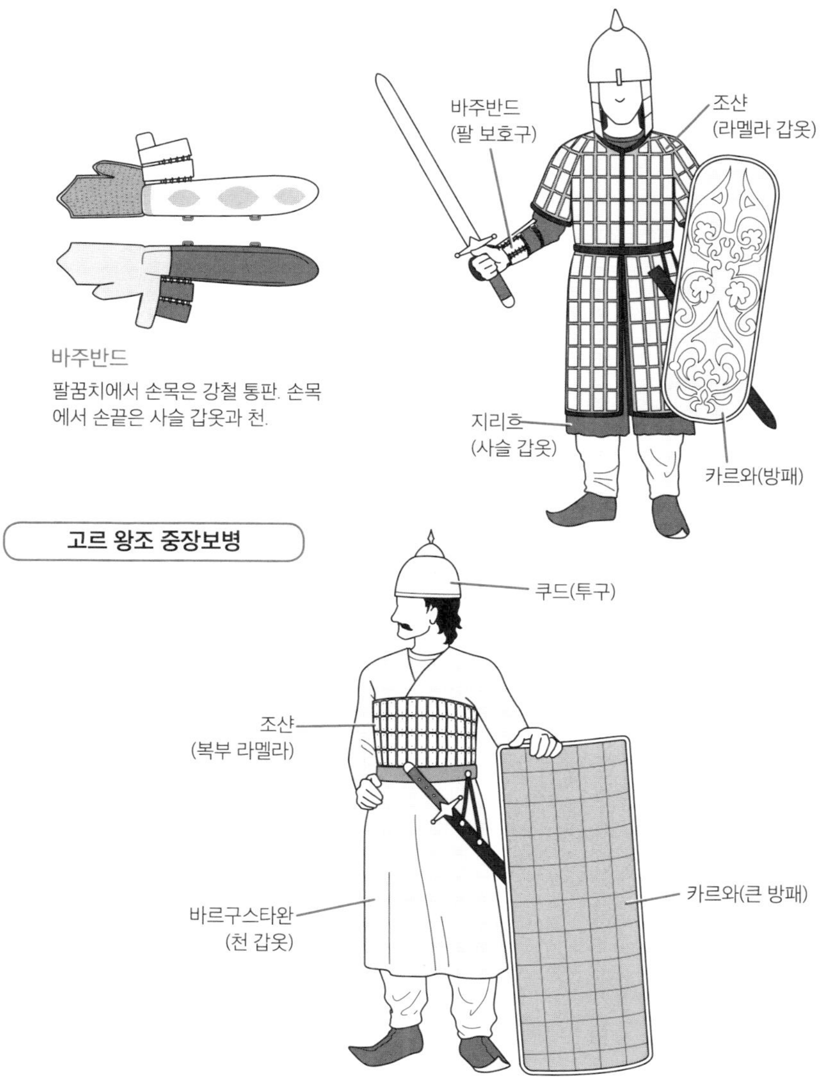

관련 항목

- ●체인 메일→No.005/006
- ●라멜라→No.007
- ●스케일 아머→No.007
- ●코트 오브 플레이츠→No.025
- ●카르와→No.095
- ●지리흐→No.096

No. 095

무굴 제국에서는 새로운 방어구가 탄생하였는가

무굴 제국의 장비는 중근동 나라들과 비슷한 것이 많았다. 갑옷 · 투구 · 방패에 그런 경향이 뚜렷하지만, 마두라는 독자적인 방어구도 존재했다.

●전래 방패 시파르와 고유 방패 마두

무굴 제국에서는 **지라흐 바크타르** 같은 복합 갑옷 외에도 몇 가지 방어구가 사용되었다. 예로부터 인도에 존재하던 것과 전쟁 속에서 고안된 새로운 갑옷이 있다.

이 지역의 갑옷은 경량화를 목적으로 18세기경 금속제에서 천 갑옷으로 교체되었다. 그것이 '코티', 보다 기장이 짧고 위팔까지의 어깨 보호대가 달린 '사디키' 등이다. 또한 철판을 장치한 '바칼리타카'라는 천 갑옷도 존재하였다. 서양에서 말하는 **브리건딘**으로서, 적대하는 몽골인이 사용하던 같은 형태의 방어구 하탄가데겔에서 힌트를 얻었다고 한다.

투구는 특징적인 형태로 '토프'라는 이름이다. 본체는 반구형이며 닻이나 꽃 모양을 한 코가리개, 후두부에 사슬 드리개, 정수리에 술 장식이 있다. 비슷한 것이 중동에서도 사용되었는데, 터키에서는 지역적 베리에이션으로서 천을 투구 위에 감은 터번 헬멧이 탄생하였다.

방패는 원형 철제로 터키에서 나타난 칼칸의 일종이다. 인도에서의 호칭은 '시파르'이며 15세기부터 유행했는데, 18세기 이후로는 '파리', '달'이라 불렸다.

이전 왕조에 존재하던 큰 방패 **카르와**도 있었지만, 무굴에서는 세로 120cm의 긴 타원 방패를 가리켰다. 그 밖에 '코르그'라는 코뿔소 가죽 방패도 있었다.

특수한 방패로서 세계적으로 지명도가 높은 것이 '마두'이다. 현지에서는 '마루'라고 발음하며 '신가타'(죽인다는 의미)라는 살벌한 별명도 가지고 있다. 이것은 금속 둥근 방패에 사슴이나 영양의 긴 뿔을 단 공격적인 아이템이다. 방패와 뿔로 방어하면서 찌르기 공격이 가능하다. 지금도 인도 격투기 '만 콤부'에서 사용되는 경우가 있지만, 동물의 뿔을 쓰는 것은 금지되었기 때문에 현대의 마두에는 금속제 뿔이 달려 있다고 한다.

무굴 제국에 존재하던 방어구

무굴 중장기병

토프

인도에서 발전한 인상적인 투구.

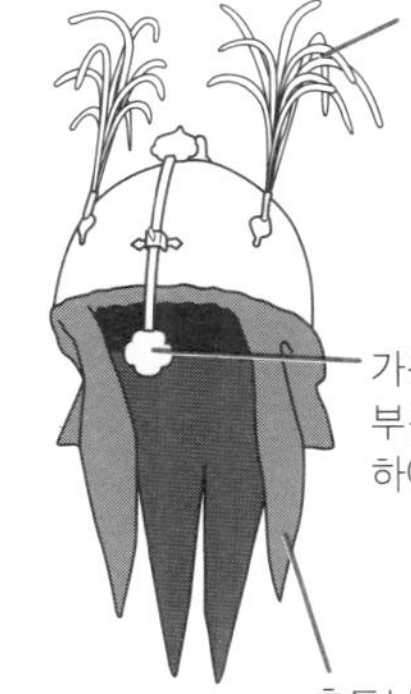

술 장식은 하나부터 여러 개까지 몇 패턴이 있다.
가동식 코가리개. 상부는 볏으로서 기능하여 강도를 높인다.
측두부와 후두부를 사슬 드리개로 보호한다.

마두

동물의 긴 뿔이 달린 둥근 방패.

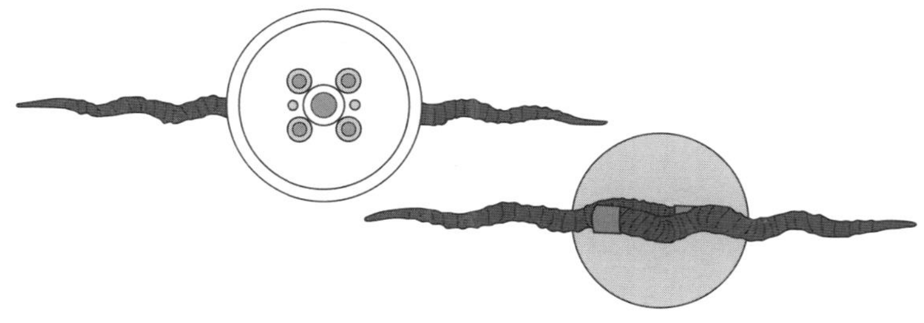

관련 항목

●브리건딘→No.026/090
●카르와→No.094
●지라흐 바크타르→No.096

No. 096

차르 아이나는 인도 갑옷의 결정판이었는가

17세기 무굴 제국이 성립하기까지 발호하던 왕조 가운데는 주변 지역의 기술을 교묘히 받아들이며 방어구 등을 진화시킨 곳도 있었다.

●몽골의 장비를 흡수해간 왕조들

13~14세기, 아프가니스탄과 인도 북부 지역은 터키계 할지 왕조, 이어서 투글루크 왕조가 지배하였다.

당시 몽골 제국과 격렬히 싸우던 이들 왕조에서는 적군의 장비를 적극적으로 받아들였다. **라멜라**인 **갈타카**, 가죽 코트인 **바갈타카**, 그리고 작은 원형 방패인 **시파르** 등이다.

15세기, 인도를 되찾은 사이드 왕조는 인도계 민족으로서 중장기병을 주력으로 하고 있었다. 몽골과 유사한 장비를 사용했지만, 가슴과 무릎에 원형 증가방호판을 달았다. 그것들은 방어구인 동시에 장식품이기도 하였다. 그들의 둥근 방패 '파리'는 특징적으로 그 지름은 30~70cm, 갈대나 등나무를 엮어 명주실로 장식하고 금속 방패심을 단 것이다. 이것으로 화살을 튕겨낸다.

15~16세기, 인도 북부는 아프간계 로디 왕조에 탈환되었다.

병사들은 '지리흐'라는 이름의 몸통 갑옷을 이용했지만, 이전 왕조의 지리흐와는 다르다. 체인 메일에 가죽을 대고 꿰맨 복합 소재 방어구를 뜻했다. 마찬가지로 **지라흐 바크타르**는 체인 메일에 금속판을 동여맨 적층 갑옷이다.

이어지는 17~18세기, 인도는 무굴 제국이 지배하였다. 병사의 몸통 방어구는 사슬 갑옷에 판금을 덧댄 지라흐 바크타르류가 주력이었으나, 흉갑인 '차르 아이나'(4개의 거울이라는 의미)도 유명하다. 사슬 갑옷 위에 전후좌우 4면을 보호하는 네모난 철판 세트를 착용한다. 중근동에서는 '차하르 아이네'라는 이름으로 보급되었다. 표준적인 모델의 무게는 1.6kg 정도이며 치밀한 조각이 들어간 물건이나, 구성하는 철판이 동그랗게 된 것도 있었다. 앞면이 2장으로 총 5면 구성인 모델도 있는데, 이것은 중앙에서 분할되어 입고 벗기 편했다.

중동 인도 지역의 진화한 갑옷

사이드 왕조 기병

몽골의 장비를 개조하였다.

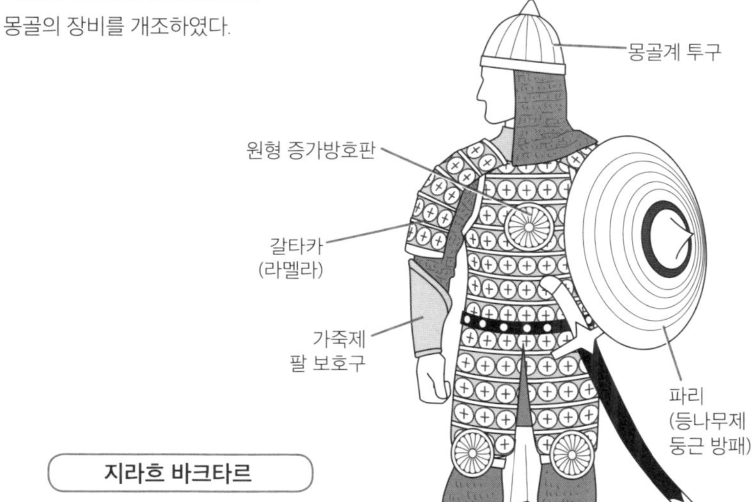

지라흐 바크타르

사슬 갑옷의 흉부 등 요소에 철판을 단 방어구.

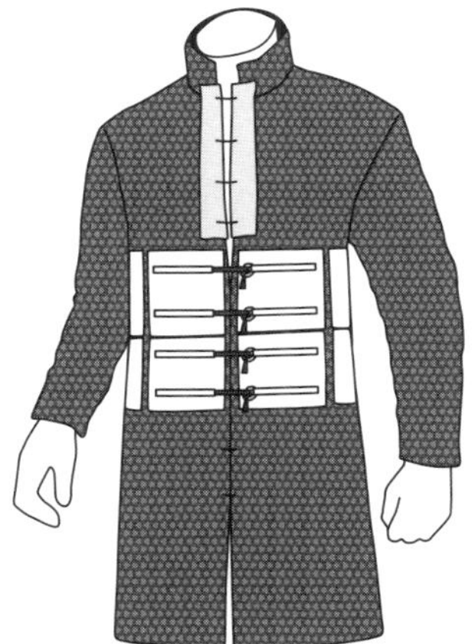

차르 아이나

기본적으로는 사슬 갑옷 위에 단단히 고정하여 입는다. 전후좌우 4장의 철판이 한 세트.

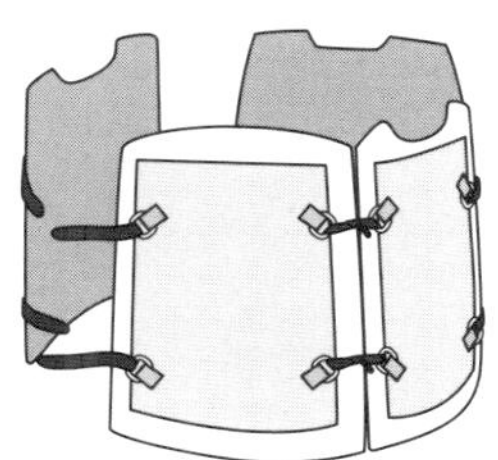

관련 항목

●라멜라→No.007
●갈타카→No.090
●바갈타카→No.090
●시파르→No.090
●지라흐 바크타르→No.095

No. 097

시샤크와 칼칸은 오래도록 널리 계승된 방어구인가

방어력을 희생하지 않는 범위에서이기는 하지만, 중동의 투구는 더위로 인해 땀이 차는 데 대한 대책이 강구되었고, 갑옷과 방패는 늘 경량화를 의식하고 있었다.

●전통 물품이 다른 지역으로 전파

중동 지역의 투구는 대략 세 종류로 나누어진다.

'미그파르'는 머리용 사슬 갑옷(이른바 코이프) 종류이며, '바이다'는 주철로 일체 성형한 타원형 투구. 그리고 '타르크', '쿠드'는 금속 머리 부분 · 경화 가공한 가죽 부품 · 사슬 드리개 등을 조합해 만드는 복합 소재 투구이다.

복합 소재 투구의 일종 **시샤크**는 13세기 터키를 중심으로 유행하였다. 아시리아의 전통을 이어받은 키가 크고 뾰족한 머리 부분에 귀와 목을 보호하는 부품을 추가한 철제 **오픈 헬멧**이다. 이것이 14세기경에 동유럽을 경유하여 서유럽과 북유럽으로 전파되면서 **로브스터테일 포트**라 불리는 서양 투구가 탄생한다. 영국에서는 그것을 토대로 '잉글리시 포트'라는 간이 투구도 고안되었으며, 나아가 17세기에는 기병용 투구로서 각국에 정착하였다.

중근동에서 나타난 방어구는 갑옷과 투구, 방패 모두 고대부터 개량을 거듭하며 계승된 경우가 많다. 이를테면 '칼칸'이라는 방패는 중동 인도 지역에서 오랜 전통을 자랑한다. 지역에 따라 호칭이나 사양이 조금씩 다른 경우도 있으나, 페르시아 시대부터 사용되었고 터키 기병의 애용품으로서 유명해졌다. 중앙아시아 지역에서도 널리 이용되며 동유럽으로도 전래되었다.

초기의 칼칸은 겹겹이 접어 포갠 천을 소재로 하여, 중앙을 도려내고 금속 방패심을 장착했다. 나중에는 목제 본체에 금속을 붙인 것이 주류가 되지만, 가죽제도 찾아볼 수 있다. 표면에 원형 또는 별 모양 장식이 4개나 6개 있는 것은 안쪽 손잡이의 고정쇠를 보강 · 장식한 결과이다.

11~14세기에는 '타리카'라는 소형 **카이트 실드**도 쓰였다. 이것은 '자누위야'(제노바로부터 들어왔다는 의미)라는 서유럽으로부터의 전래품이 기원이 되었다.

유럽 지역에 계승된 투구 시샤크

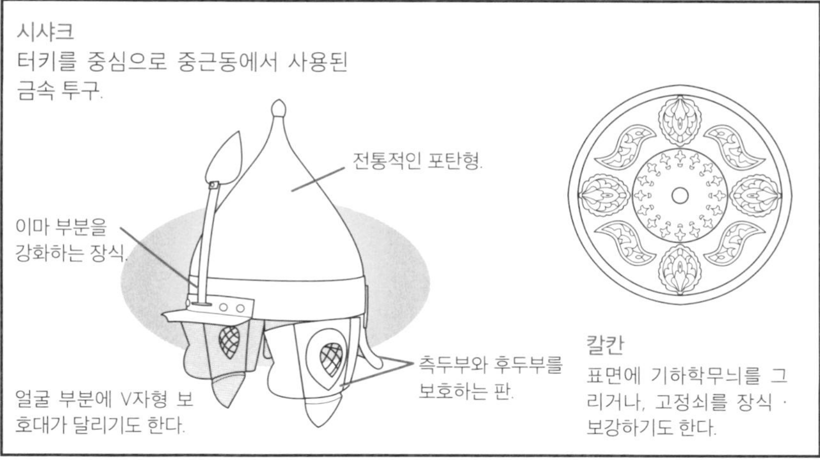

시샤크
터키를 중심으로 중근동에서 사용된 금속 투구.
전통적인 포탄형.
이마 부분을 강화하는 장식.
측두부와 후두부를 보호하는 판.
얼굴 부분에 V자형 보호대가 달리기도 한다.
칼칸
표면에 기하학무늬를 그리거나, 고정쇠를 장식 · 보강하기도 한다.

진화

로브스터테일 포트

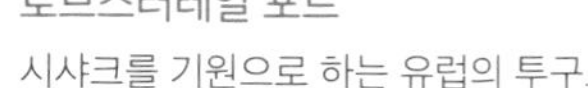

시샤크를 기원으로 하는 유럽의 투구.

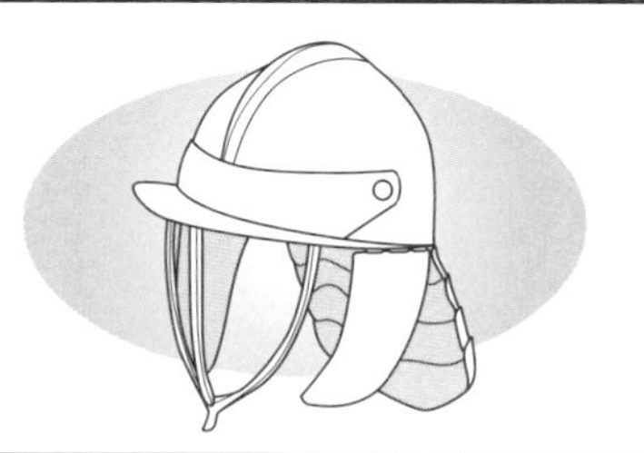

진화

잉글리시 포트

영국의 간이 투구. 근대 기병 투구의 토대가 된다.

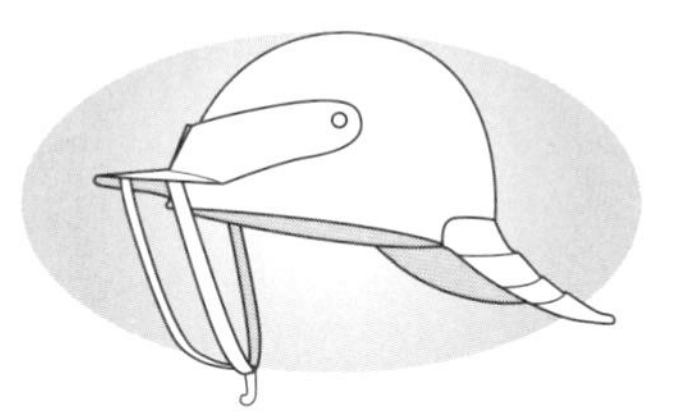

관련 항목

- 카이트 실드→No.002/022/041
- 시샤크→No.046
- 오픈 헬멧→No.046
- 로브스터테일 포트→No.046

No. 098

신대륙의 전사는 어떤 방어구를 사용하였는가

신대륙에 살던 선주민들은 지역마다 특색 있는 방어구를 사용하였다. 대개 자연에서 채집할 수 있는 수목이나 풀, 동물의 가죽 등이 재료이다.

●북아메리카 동부에서 중부 지역에 살던 사람들의 장비

북아메리카 대륙 가운데 동부에서 북동부에서는 방패를 일반적인 장비로 여겼다.

부족에 따라 가지각색이지만, 유연한 버드나무판을 동물 가죽으로 덮은 방패, 그리고 동물의 생가죽이나 나무껍질을 층층이 쌓은 방패, 이 두 가지가 유명하다. 사각형 방패 안쪽에 손잡이가 달리는 경우가 많다.

희귀한 것으로는 남동부에서 쓰던, 가는 나뭇가지를 엮은 방패가 있다. 경량이지만, 강력한 크로스보우의 화살도 막아낼 수 있었다.

동부에서 방패 다음으로 대표적인 방어구는 **브레스트플레이트**일 것이다. 전 세계의 고대 문명에서 사용되던, 목에 걸어 목부터 가슴까지 방호하는 가슴 보호대이다. 기장이 매우 길어 하반신까지 방호하는 가슴보호대도 만들어졌다. 재료는 나무 막대나 뼈로서, 여러 개의 작은 조각을 가죽끈으로 연결하여 발처럼 늘어뜨린다. 이 전통적인 가슴 보호대는 화살을 빗나가게 할 수 있었다. 그러나 유럽에서 건너온 백인들의 총기에는 무력했다.

북쪽으로 가면 갈수록 방패 이외의 부위 방어구를 이용하는 경향이 있었지만, 부족에 따라서는 예외도 있다. 16~18세기경 플로리다에 살던 휴런족은 가늘고 긴 나뭇조각으로 갑옷 · 투구 · 등에 메는 방패 등을 제작했다. 이 밖에 북동부 오타와족의 전사도 등에 메는 가죽제 대형 둥근 방패를 사용하였으며, 중부 미주리 유역의 전사는 소의 생가죽을 몸통 갑옷으로서 사용했음이 알려져 있다.

중서부의 부족은 전투와 사냥에 말을 이용하게 되고부터는 (세계 다른 지역의 기마 민족이 그러하듯) 소형 둥근 방패를 들기 시작하였다. 주로 날아오는 화살을 받아낸다기보다 빗나가게 하기 위한 것이었으며, 표면에 주술적인 그림을 그려 정령의 가호도 빌었다. 아파치족은 태양과 달 등의 도안이 들어간 둥근 방패를 팔에 동여맸는데, 이것은 접이식 구조로 되어 있어 사용하지 않을 때는 반원형 완갑 상태로 해둘 수 있었다.

북아메리카 대륙 동부 선주민의 등에 메는 방패와 그 밖의 장비

등에 메는 방패

휴런족과 오타와족은 큰 방패를 등에 짊어졌다. 형태로 보아 전장이라고 등에서 내리지는 않았을 것이다. 뒤에서 날아오는 화살을 경계한 장비인데, 등에 멘 채 사용하는 방패는 세계적으로 드물다.

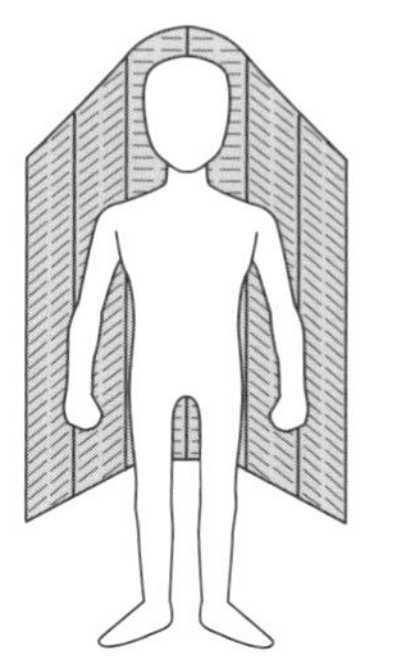

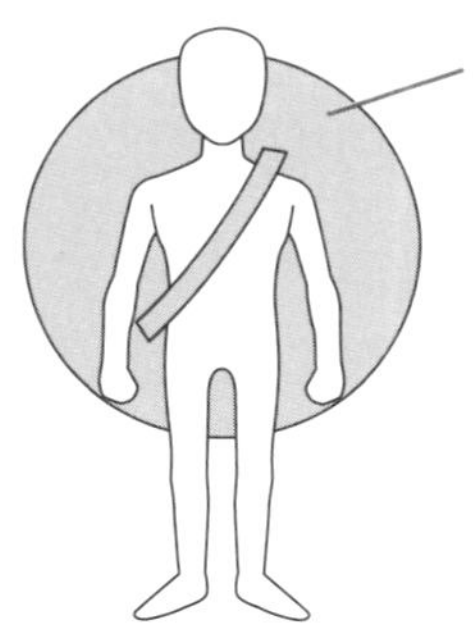

오타와족의 등에 메는 대형 둥근 방패
가죽 벨트로 비스듬히 멨다.

가는 나뭇가지를 엮어 만든 가슴 보호대

이처럼 화살을 빗맞게 하는 가슴 보호대는 북아메리카 전역에서 나타난 표준적인 방어구였다.

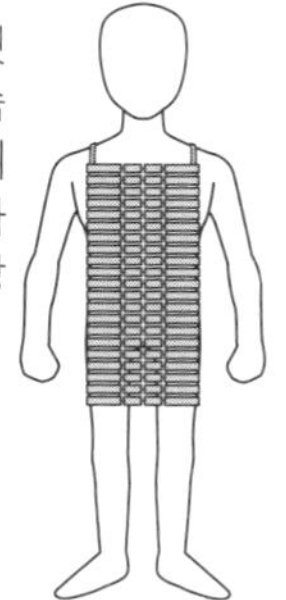

플로리다 반도 휴런족의 방어구

전부 가는 나뭇가지를 엮어 제작.

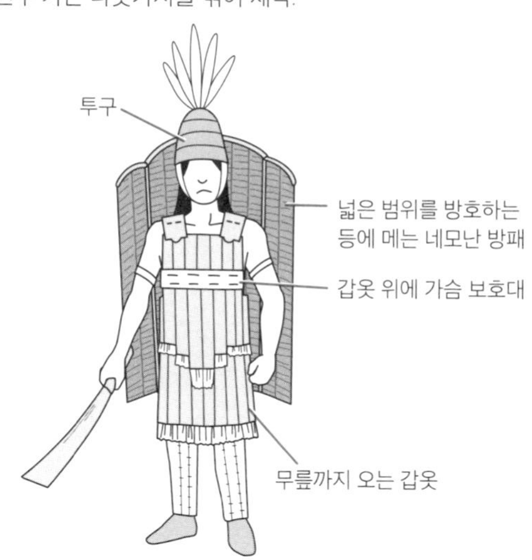

아파치족의 접이식 둥근 방패

기수가 아래팔에 동여매 사용한다. 사용하지 않을 때는 반으로 접어 소형화.

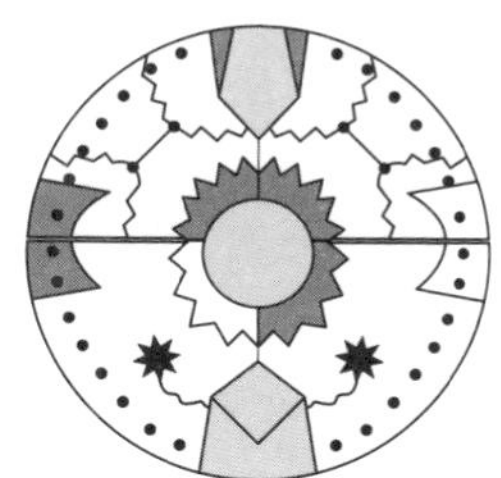

관련 항목

●브레스트플레이트→No.008/015

No. 099

캐나다의 전사는 목제 갑옷을 사용하였는가

신대륙의 방어구 재료는 식물 또는 동물 가죽이 중심이었다. 그 밖에 뼈와 엄니, 조개나 금속을 이용하는 경우도 있었으나 금속은 입수하기 어려운 소재였다.

●한정된 재료로 고도의 방어구를

아메리카 대륙의 선주민은 야금 기술을 갖지 못해, 금속제 무기 · 방어구는 외국인과의 접촉을 통해 손에 넣었다. 그러나 캐나다 서부의 블랙풋족은 금속 방패를 구입할 수 있는 기회가 있어도 사려고 하지 않았다. '금속을 쓰면 정령의 가호를 받을 수 없다'는 이유에서이다. 그들의 주 장비는 '메디신 실드'였다. 이 둥근 방패의 재질은 나무나 가죽으로 표면에 버펄로 등 주술적인 그림이 그려지고, 독수리의 커다란 날개깃으로 장식되어 있다(날개깃에는 화살을 빗나가게 하는 효과도 있었다). 부족의 기도사(祈祷師)가 이러한 아이템에 수비력과 사냥 성공률을 높여주는 주문을 걸고 나서 전사는 전장으로 보내졌다.

마찬가지로 캐나다 서부의 틀링깃족은 목제 갑옷을 사용하였다. 통나무를 도려낸 헬멧도 쓰는데, 이것은 목부터 그 윗부분을 완전 방호하는 물건이다. 눈언저리에 홈이 나 있으며 머스킷 총탄도 막아낸다. 팔과 다리 방어구도 장착하고 추가로 가죽 코트를 걸치는 중무장 차림이었다.

틀링깃족은 궁병조차 가늘고 긴 나무판을 엮어 만든 경량 몸통 갑옷을 입었다. 마치 목제 **라멜라** 같은 방어구이다. 기장은 허리까지여서 신체의 움직임을 방해하지 않는다. 또한 희귀한 예로서 여러 개의 중국 동전을 연결하여 메일 형태로 만든 사슬 갑옷도 발견되었다.

그 밖에 캐나다 선주민은 시더(침엽수) 통판으로 만든 큰 방패도 이용했다. 서양의 **타워 실드**처럼 반신을 가릴 만큼 크지만 가벼우며 화살을 막아낸다. 이 큰 방패에 가까운 것으로서, 북서부의 치누크족은 해안선에서 싸울 때 카누를 옆으로 눕혀 방패(참호)로 썼다.

신대륙의 아득한 북방에 사는 이누이트는 바다코끼리의 엄니를 직사각 띠 모양으로 가공하고 끈으로 묶어 몸통 갑옷으로서 애용하였다. 인도나 몽골에서 사용되던 라멜라처럼 정교한 방어구이며 동체를 둘러싸는 구조이다.

아메리카 북부와 북서부에서 쓰인 고도의 방어구류

이누이트의 몸통 갑옷

바다코끼리의 엄니 등을 직사각 띠 모양으로 가공하고, 가죽끈으로 묶어 고도의 상아제 라멜라를 제작하였다.

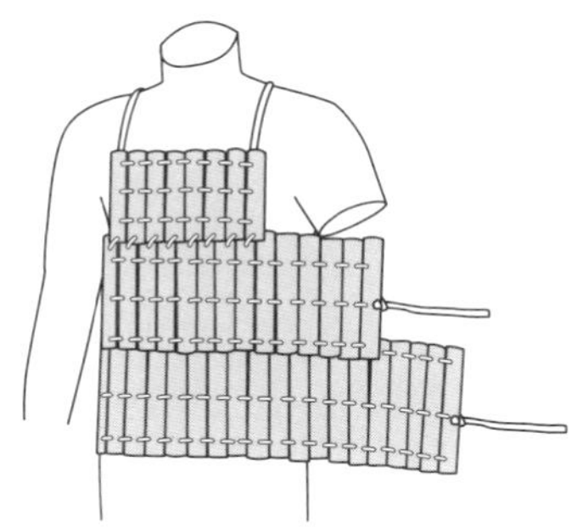

틀링깃의 목제 갑주

북서부의 틀링깃족이 사용. 통나무를 도려내 만든 중후한 헬멧이 특징적이다. 목제 또는 가죽제 몸통 갑옷이나 팔과 다리 방어구도 만들어졌다.

블랙풋의 메디신 실드

주술 방패. 금속 방패가 더 강하다는 사실을 알면서도 주술이 걸리지 않는다는 이유로 사용하려 하지 않았다. 재질은 목제 또는 가죽제.

주술적 도안. 버펄로를 사냥하기 위해 들소의 정령을 본뜬 그림이 선호되었다.
독수리 날개깃은 장식이지만 화살을 튕겨내는 효과도 있다.

관련 항목

●라멜라→No.007
●타워 실드→No.042

No. 100

아스테카의 전사는 재규어의 힘을 빌리는 방어구를 착용하였는가

중남미 지역에서는 아스테카와 잉카 같은 일대 제국이 건설되어 독자적인 문화를 형성하고 있었다. 그들은 주로 천이나 털가죽 방어구를 이용하였다.

●중남미의 부족은 어떤 방어구를 사용했을까

현재의 멕시코 주변에 위치하던 아스테카 제국에서는 전사의 계급이 분류되어 있었으며, 최고위로서 두 종류의 전사단이 존재하였다. '오셀로메'는 재규어를 본뜬 전사, '쿠아쿠아우틴'은 독수리의 모습을 한 전사이다.

그들에게는 투구와 의복이 주어졌는데, 의복은 전신을 푹 덮는 인형탈 같은 모양을 하고 있거나, 맹수의 털가죽을 되도록 옷처럼 가공하는 등 가지각색이었다. 이것들은 어느 정도 방어 효과도 가지고는 있었지만, 맹수 · 맹금으로 변신하여 초자연적인 힘을 얻기 위한 의상=분장이었다.

투구는 '틀라위스틀리'라 부르는데, 재규어 투구는 주로 털가죽이나 깃털로, 독수리 투구는 깃털로 제작되었다. 의복 '오셀로토텍'의 재질도 털가죽 · 깃털 · 천 등이며, 독수리 의복의 등에는 두 장의 날개 장식을 단다. 또한 투구와 의복은 푸른색 · 붉은색 · 흰색 등으로 물들이는 경우도 있었다.

전사들은 의복 속에 '이츠카위필리'라는 면제 퀼팅 천 갑옷을 입었고, 이것이 실질적인 방어구 역할을 하였다. 그리고 둥근 방패와 흑요석 조각을 박은 목제 검(중남미 특유의 무기)을 들었다.

참고로 엘리트 전사 이외의 아스테카 병사는 맨몸으로 왼쪽 어깨부터 무릎까지 오는 거대한 어깨걸이를 장비한다. 이츠카위필리와 같이 누벼 만든 퀼트 어깨걸이는 주로 화살을 막기 위한 천 방패인데, 마치 이불을 왼팔에 동여맨 듯한 모습이 된다.

한편 또 하나의 문화권인 남미 잉카 제국의 병사는 특제 투구와 방패만을 장비한 채 평상복으로 전장에 나갔다. 투구는 대나무를 엮어 천을 씌우고 깃털로 장식한 것으로서, 사각형 방패에는 천이 드리워져 있었다. 방패의 이름은 '폴칸카'라고 하는데, 이 늘어진 천에는 북미 선주민의 가슴 보호대 부속품 등과 마찬가지로 화살이나 투석을 받아넘기는 효과가 있었으리라 여겨진다.

맹수의 힘을 얻는 주술적 분장 방어구

재규어 전사 오셀로메

아스테카의 상급 전사. 그들은 재규어나 독수리로 분장함으로써 그 힘을 얻으려 하였다. 옷은 털가죽과 깃털, 천으로 제작했으며 깃털 장식을 달고 원색으로 채색했다.

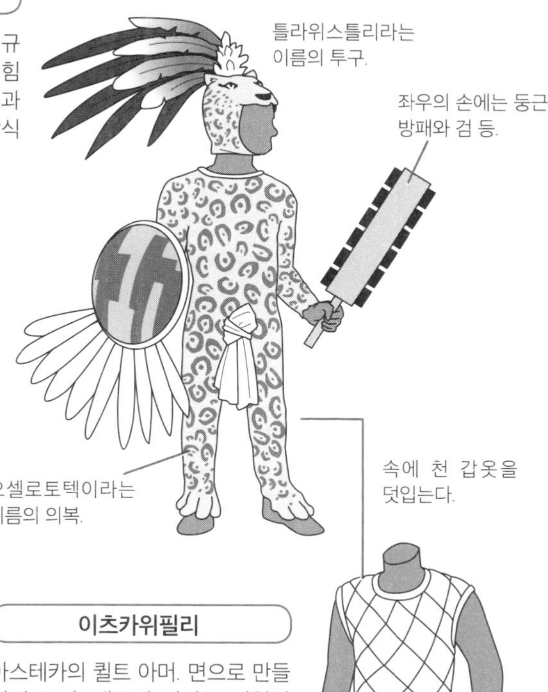

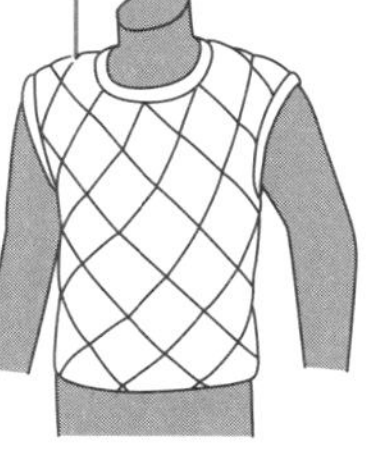

이츠카위필리

아스테카의 퀼트 아머. 면으로 만들어진 조끼. 재규어 전사는 인형탈 속에 입었고, 다른 병사에게도 널리 쓰였다.

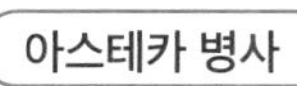

아스테카 병사

이츠카위필리와 같은 사양의 천 방어구. 왼쪽 어깨부터 팔 전체를 감추고 무릎까지 닿을 만큼 거대하다. 화살을 막았다.

폴칸카

잉카 특유의 작고 네모난 방패. 방패 둘레에 화살을 빗맞히기 위한 천이 덮여 있다.

No. 101

작은 섬의 전사는 밧줄 갑옷과 복어 투구를 사용하였는가

열대 지방에서는 방어구가 선호되지 않는다. 아프리카와 동남아시아에서도 그랬지만 예외는 존재한다. 길버트 제도에서는 특이한 방어구가 제작되었다.

●야자와 복어와 상어를 재료로 한 무기 · 방어구

아프리카 지역이라고 해도 넓은데, 북~중앙아프리카 각지는 10세기 이후 이슬람 세력의 침략을 받아, 제압당한 나라에는 당시의 선진 이슬람 문화와 함께 중동계 장비가 전래되었다. 이를테면 수단에서는 면제 천 갑옷 코트와 사슬 드리개 달린 투구 등이 제작되었는데, 그들 방어구는 아랍의 갑옷이나 투구와 혼동될 정도이다.

한편 아프리카 남부에서는 방패 이외의 방어구는 이용하지 않는 것이 일반적이었다.

예를 들어 줄루족은 커다란 소가죽제 타원 방패를 사용하였다. 뒷면을 가죽끈으로 보강한 가죽을 긴 봉에 장착하는 형태이다. 봉은 손잡이가 되며, 위쪽 끝은 짐승 털로 장식하고, 아래쪽 끝은 뾰족하게 만들어 찌르기 무기로서도 사용한다. 1870년대의 줄루 전쟁에서는 국왕을 따르는 전사들이 군대처럼 조직화되어 있었는데, 방패 표면에 소속 부대를 나타내는 기호를 적어 넣었다. 줄루족의 이러한 타원 방패와 유사한 것을 오스트레일리아의 선주민들도 이용하였다.

또한 남아프리카의 전사는 팔다리의 관절부와 목둘레, 머리 등 인체의 급소에 짐승 털 또는 깃털로 된 고리를 끼거나 전투모를 쓰기도 하였다. 기본적으로는 장식품이지만, 현대에 쓰는 서포터 정도의 보호 능력은 있다.

오세아니아와 같이 덥고 습도가 높은 지역에서도 방어구는 선호되지 않는 경향이 있으나, 남태평양 길버트 제도의 부족은 코코넛 섬유를 밧줄처럼 가공하여 엮어낸, 이른바 섬유 체인 메일을 착용하였다. 추가로 섬유를 촘촘하게 엮은 몸통 갑옷을 덧입는 경우도 있다.

그들의 방패는 조각을 새겨 넣은 목제 직사각 방패이며, 목제 자루에 날카로운 상어 이빨을 박은 무기로 무장한다. 그리고 복어의 일종인 가시복을 통째로 말려 투구 형태로 가공한 독특한 장비도 애용되었다.

열대 지방 사람들의 색다른 방어구

오세아니아 제도의 전사
주변에 있는 재료로 갖춘 장비.
가시복 투구
무수히 많은 가시를 가진 복어의 일종을 말려 투구 모양으로 가공한다. 강도가 어느 정도인지는 불명.
코코넛 섬유로 짠 몸통 갑옷.
코코넛 밧줄로 엮은 전신 메일.
목제 사각 방패.

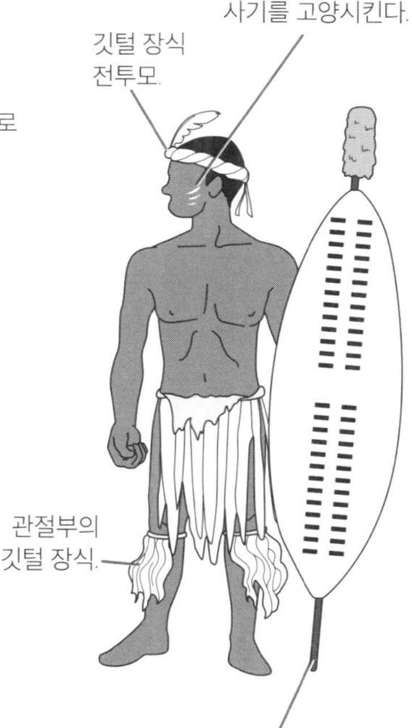
남아프리카의 줄루 전사
기본 장비는 커다란 타원 방패뿐.
전투화장이나 문신으로 사기를 고양시킨다.
깃털 장식 전투모.
관절부의 깃털 장식.
소가죽제 큰 방패는 근대까지 실전에서 사용되었으며, 표면에는 소속 부대의 표지 등이 들어갔다.

❖ 아프리카 부족의 주술적 방어구

아프리카와 오세아니아 사람들의 풍습인 신체 장식은 본인에게 있어 심리적인 방어구가 되었다. 구체적으로는 워페인트(전투화장), 문신, 그리고 스캐러피케이션이다. 스캐러피케이션이란 피부를 깊이 상처 입히고 자극물을 주입하여 켈로이드 상태로 부풀어 오르게 하는 수법이다. 피부가 단단해지므로 조금이지만 물리 방어 효과를 얻을 수 있을지도 모른다.

No. 102

전장에는 색다른 중장보병이 출현하였는가

금속 몸통 갑옷은 18세기의 퀴래스 등을 마지막으로 역사에서 자취를 감춘 듯 보였으나, 그 후에도 철판으로 탄환을 막아보려 하는 사람들이 때때로 나타났다.

●마치 돈키호테처럼 총탄에 저항

몸통을 보호하는 방어구로서 **방탄조끼**류가 일반화되기까지 전쟁사 속에서는 때때로 판금 갑옷의 재래인가 싶을 만한 강철 방어구가 출현한다.

19세기 초두, 프랑스의 적전 공작병은 중세 기사가 쓸 법한 철 투구와 용기병의 동체 갑옷을 장비했다. 이런 차림으로 전선에 나가 적의 공격을 견디면서 참호를 파는 것인데, 장비로서 충분해 보이지는 않는다.

1918년, 제1차 세계대전이 끝나갈 무렵의 독일 돌격보병도 적전 공작병과 비슷한 모습을 하고 있었다. 사슬 갑옷 달린 포탄형 헬멧을 쓰고, 어깨 보호대와 가슴 보호대로 이루어진 판금 방어구를 착용한다. 이와 같은 병사는 참호에서의 백병전에 특화되어, 권총과 수류탄 등 좁은 장소에서도 잘 다룰 수 있는 무기로 싸웠다. 유사한 방어구가 영국 등에서도 사용된다.

동시대의 미국에서 고안된 '브루스터 보디 실드'는 더욱 거창한 장비였다. 야구에서 포수가 착용하는 프로텍터를 닮은 앞치마 형태의 강철제 보호구와 **그레이트 헬름**처럼 네모진 투구로 구성된다. 끝이 뾰족한 투구에는 일자형 시야 확보 구멍과 그 위의 뚜껑 달린 통풍구 두 개가 마련되어 있다. 시야 확보 구멍이 입, 통풍구 뚜껑이 눈 같아서 멀리서 보면 꼭 유머러스한 얼굴 같다. 무게는 약 18kg이며 기관총탄도 견딜 만큼 고성능이었다고 한다. 그러나 움직이기 힘들다며 평판이 나빠 확산되지 않았다.

참고로 전투용은 아니지만, 1800년대의 시베리아에는 색다른 곰 회피용 슈트가 존재했다. 마스크와 재킷, 바지로 구성되며 전신 구석구석 2.5cm의 날카로운 가시가 나 있다. 실제로 사용되었는지, 곰에 대해 효과가 있었는지 등은 불명이다.

불완전한 여러 가지 방탄 장비

프랑스 적전 공작병

총탄이 난비하는 가운데 참호를 파는 공병. 기사 투구를 닮은 헬멧과 기병용 흉갑을 착용하였다.

독일 돌격보병

포탄형 헬멧과 코이프(사슬 두건), 거기에 견갑과 흉갑을 착용한다. 참호 안에서 싸우기 위해 권총과 수류탄으로 무장하였다.

브루스터 보디 실드

미국에서 만들어진 두꺼운 철 투구와 앞치마형 보호구 세트. 기관총도 견디는 능력이 있었다.

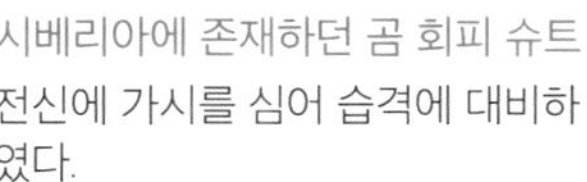

시베리아에 존재하던 곰 회피 슈트

전신에 가시를 심어 습격에 대비하였다.

관련 항목

●그레이트 헬름→No.044

●방탄조끼→No.104

No. 103

헬멧은 현대까지 진화를 계속하였는가

근대 이후, 총이 병사의 표준 장비가 되자 대부분의 방어구는 자취를 감추었다. 그러나 머리를 보호하는 방어구=헬멧만은 살아남아 진화를 계속하였다.

●계속해서 머리를 보호하는 방어구

18~19세기의 총기병 등은 방어력이 없는 일반 모자를 쓰기도 하였는데, 그 무렵에는 제복의 일부로서의 의미가 강해졌다. 이를테면 19세기 초두, 나폴레옹군이 자랑하던 프랑스 흉갑기병은 **퀴래스**(흉갑)를 입고 강철 모자에 터번을 감는 복장이었다. 모자에는 구리로 된 볏이 달렸으며 말의 갈기로 장식하였다. 이것은 일단 철 투구이기는 하지만, 총탄을 막는 능력은 없었다고 한다.

1840년대 독일의 군대와 경찰에 채용된 투구는 '피켈하우베'라고 불린다. 정수리에 뿔이 하나 달려 있고 독수리 등의 화려한 의장 장식판이 이마에 붙은 투구로서, 독일 제국의 상징으로도 여겨진다. 기원은 중세의 기사 투구 **배서닛**으로, 19세기에는 세계 각국에서 채용될 만큼 유행했으나, 기본적으로는 가죽제이기 때문에 방어력은 빈약했다. 뿔이 저격 목표가 되기 쉽다는 단점도 있었지만 제1차 세계대전 무렵까지 사용된다.

20세기 들어 금속제 헬멧이 각국에서 개발되었다. 특히 프랑스의 'M1915 헬멧' 또는 '아드리안식'이라는, 동그란 본체를 차양이 둘러싼 철모는 이후의 헬멧에 큰 영향을 주었다. 한편 영국에서는 1918년에 Mk1 헬멧을 채용하였다. 발명가 브로디가 디자인한 넓은 차양을 가진 철모로, 나중에 이 모델의 카피품이 미군에서 M1917 헬멧으로서 채용된다.

독일에서 피켈하우베 대신 나타난 것은 머리 부분이 평평한 독특한 디자인을 가진 '슈탈헬름'이다. 이것은 사실 독일에서는 전통적인 디자인으로, 중세의 샐릿에서 기원하였다고 일컬어진다. 참고로 미군의 PASGT 헬멧은 '프리츠'라는 속칭으로 불리기도 하는데, 이는 PASGT 헬멧의 형태가 슈탈헬름을 닮았기 때문이다.

근대부터 현대까지의 헬멧

프랑스 기병의 투구

19세기 프랑스의 나폴레옹군이 장비하던 철제 모자. 다만 방어구로서의 기능은 떨어졌다.

피켈하우베

19세기 독일 제국의 군대와 경찰에서 채용한 뿔 달린 투구. 러시아 등 타국에서도 채용.

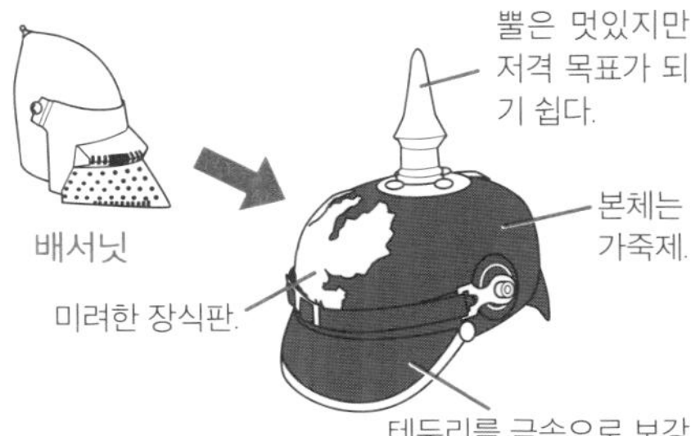

슈탈헬름

독일의 전통적 디자인. 현대에는 높이 평가받아 군용 헬멧의 표준이 되었다.

프랑스 M1915 헬멧

20세기 유럽에서 유행한 철모의 기본형.

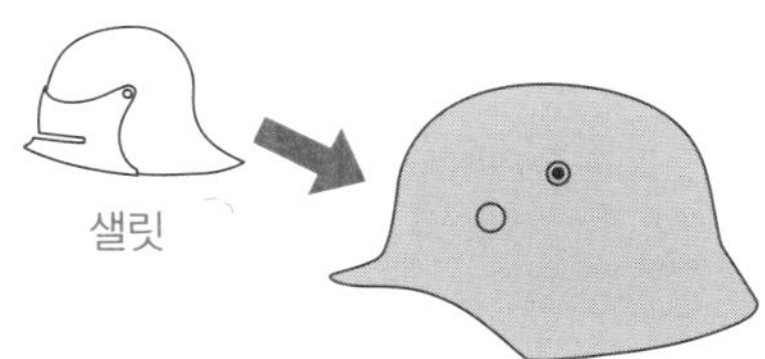

헬멧의 소재

전후, 군용 헬멧은 철제에서 나일론제, 그리고 현대에는 케블라제가 많아졌다. 개량은 거듭되고 있으나, 그래도 소총탄을 완전히 막아내지는 못한다.

전차병의 헬멧은 경량의 플라스틱이나 천으로 만드는 경우도 있다. 병종이나 용도에 따라 다양한 타입의 헬멧이 있으며, 시대와 나라마다 장비는 달라진다.

관련 항목

●퀴래스→No.035
●배서닛→No.044
●샐릿→No.046

No. 104

방탄조끼는 얼마나 신뢰할 수 있는가

소총탄을 사용하는 기관총과 돌격소총은 최강 수준의 개인화기지만, 현대의 보디 아머는 그 것조차 막아낼 수 있다.

●폭발과 파편, 총탄을 막으려면

방탄이라기보다 폭발과 포탄 파편으로부터 몸을 보호하기 위한 방어구는 19세기에서 20세기 초에 걸쳐 각국 군대의 일부에서 채용되었다. 현대의 군대나 경찰의 폭발물 처리반이 장비하는 전신 방어구도 기본적으로는 같은 것이다.

이를테면 제1차 세계대전 때 사상 최초로 전차를 투입한 영국에서는 전차병을 보호하는 장비가 고안되었다. 공격을 받은 전차 내부에서는 충격으로 떨어져 나온 쇳조각이 이리저리 튀면서 전차병이 부상당하는 경우가 있었다. 그 대책으로서 당시 채용되고 있던 **MK1 헬멧**과 사슬 갑옷 달린 강철 마스크를 장비한 것이다. 고글의 두 눈 부분은 셔터 형태로 가는 틈이 나 있으며, 거기서부터 드리워진 사슬 갑옷이 코와 얼굴 아래쪽을 보호한다.

관통력 높은 총탄으로부터 몸을 보호한다는 것은 어려운 문제였으나, 20세기 중반에는 방탄을 목적으로 하는 장비가 등장한다.

구체적으로는 **방탄조끼** 등으로 불린다. 화학 섬유를 첩첩이 겹쳐 짠 그물로 탄환을 멈추게 하는 것으로서, 사실 그 방어 원리는 옛날의 **체인 메일**과 비슷하다. **보디 아머**는 방탄조끼의 강화판으로, 금속이나 세라믹 플레이트를 안쪽에 넣어 효과를 높였다. 탄환 외에 폭발 파편과 충격에도 내성이 있다.

방탄복의 성능에 관해서는 단계가 설정되어 있다. 일본에서는 크게 나누어 레벨 I~IV까지의 규격이 있는데, 가령 레벨 III이라면 관통력 높은 소총탄을 견딜 수 있다. 다만 소재의 적층에 의해 관통을 막는 만큼, 높은 레벨의 방어구일수록 무거워지고 부피가 커져 착용자의 행동을 저해한다.

참고로 미국에서는 민간인의 방탄복 사용은 위법으로 간주되며 구입에도 제한이 있다. 무기는 물론이지만 방어구까지 제한하지 않으면 쓰러뜨릴 수 없는 흉악범이 나오게 되기 때문이다.

전차병의 마스크와 방탄조끼의 구조

영국 전차병의 마스크

제1차 세계대전 때 전차병이 착용한 것은 MK1 헬멧과 강철 마스크. 차내에서 이리저리 튀는 쇳조각으로부터 얼굴을 보호하기 위한 조치였다.

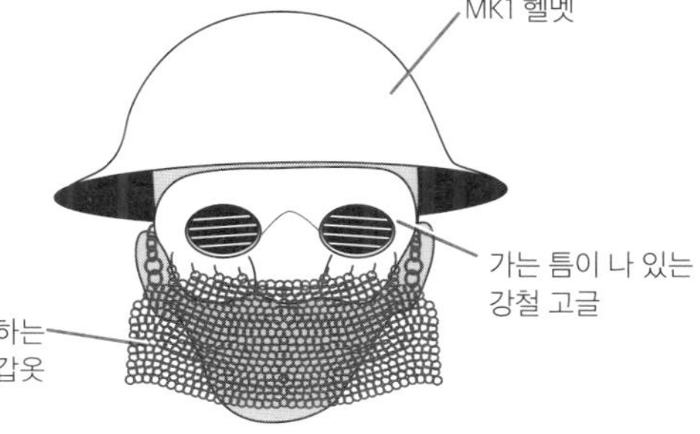

방탄복의 구조

케블라 섬유는 총탄의 에너지를 확산시켜 관통을 막는다. 섬유 속에 수지제 방인판(防刃板)을 넣음으로써 방인 기능도 추가할 수 있다.

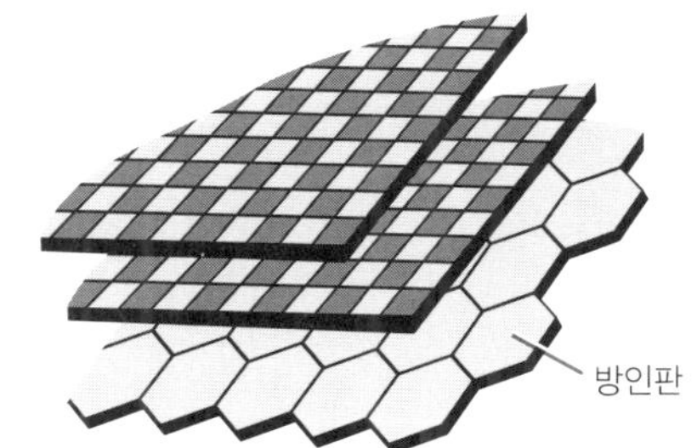

특수 부대의 보디 아머

방어력을 높이려 하면 이처럼 아머는 두꺼워지고 면적도 넓어진다. 그렇다 하더라도 폭발 충격파부터 총탄까지 폭넓게 커버할 수 있는 것은 마음 든든하다.

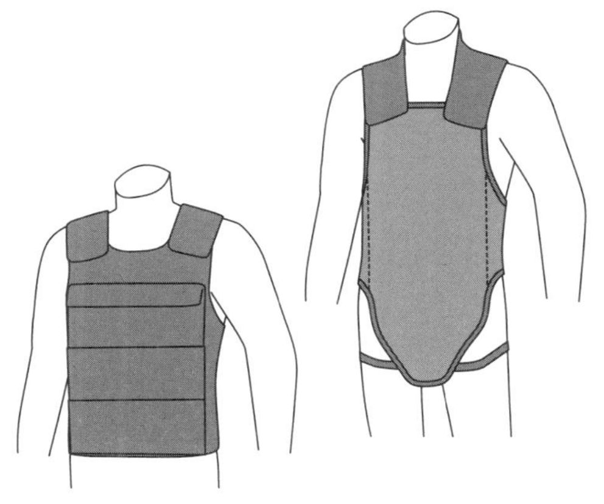

관련 항목

●체인 메일→No.005
●MK1 헬멧→No.103
●방탄조끼→No.102
●보디 아머→No.105

No. 105

보디 아머는 현대의 전사 갑옷인가

과학 기술의 쇄신으로 나타난 신소재를 활용함으로써 보다 고성능 방어구가 탄생하였다. 인류가 싸움을 계속하는 한 방어구도 사라지지 않을 것이다.

●부활을 이룬 동체 갑옷과 대형 방패

요즘 방탄복에는 합성수지인 케블라가 사용되는데, 이것은 빛에 의해 변질 열화되고 만다. 5년 정도면 방탄 효과를 잃기 때문에 경찰 등에서는 3년마다 신품으로 교환하고 있다. 또한 물에 젖어도 열화된다. 방수 처리도 가능하지만 그러면 이번에는 통기성을 잃는다. 그리고 피탄당한 경우에도 방탄 효과가 저하한다. 구체적으로는 가로세로 5cm 크기의 면을 못 쓰게 된다.

군대에서 **보디 아머**는 우선 돌격병과 전차병에게 지급되고, 다음으로 엘리트 부대인 공수부대원과 해병대원에게 배포되었다. 구체적 예시를 들자면 1942년 일본 해군에서 방탄조끼를 채용한다. 전후가 되자 미군을 시작으로 일반 병사에게도 보디 아머가 보급되었으며, 그 후에는 경찰의 전투 부대에서도 채용이 진행되었다. 미국의 SWAT는 실드(투명 바이저) 달린 헬멧과 보디 아머, 일본의 SAT나 SIT는 그보다 전체적으로 경장이지만 팔꿈치 보호대와 무릎 보호대를 착용한다. 유럽 등 세계의 폭동 진압 부대나 특수 부대에서도 비슷한 장비를 이용하는데, 어깨와 목둘레까지 방호하는 타입의 방탄복도 찾아볼 수 있다.

팔꿈치와 무릎 프로텍터는 우레탄 완충재 표면을 미끄러짐 방지 고무로 덮은 구조로서, 주로 관절을 보호한다.

방패도 현대에 이르던 중 자취를 감춘 방어구지만, 폭동 진압 부대의 '라이엇 실드'라는 장비로서 부활한다. 기동대가 드는 대형 방패이다. 예전에는 두랄루민제였으나, 지금은 투명한 폴리카보네이트 수지제 직사각 방패가 당연해졌다. 그 베리에이션으로서 '보디 벙커'라고 하여 신체를 푹 덮는 투광기 달린 중(重)방패, 전기가 흐르는 '스턴 실드' 등이 있다.

엘리트 부대의 방어구와 라이엇 실드

일본 해군의 방탄조끼

1942년 해군에서 채용한 초기의 방탄복. 이런 장비는 전후 세계에서 일반화되어간다.

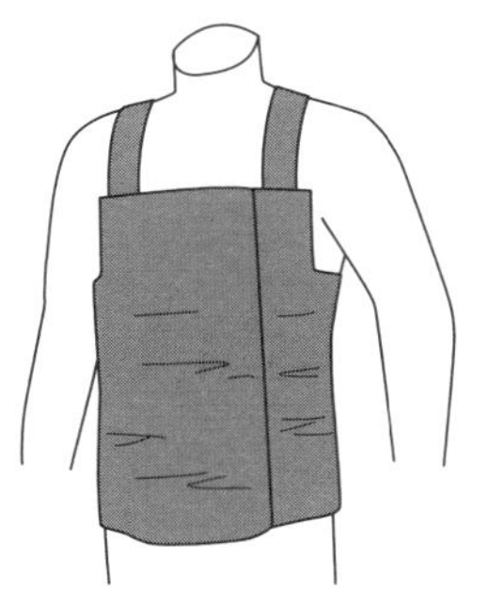

SIT

일본 경찰에는 특수 부대로서 SAT와 SIT가 있는데, SIT는 보다 경장이며 무기도 최소한밖에 휴대하지 않는다.

라이엇 실드

경비용 직사각 방패. 예전에는 두랄루민제로 시야 확보용 구멍이 뚫려 있었으나, 최근의 것은 투명한 폴리카보네이트제.

보디 벙커

꼭대기에 투광기가 달린 기묘한 폭도 진압용 방어구. 이 '개인용 토치카'는 착용자의 허리까지 푹 덮는다.

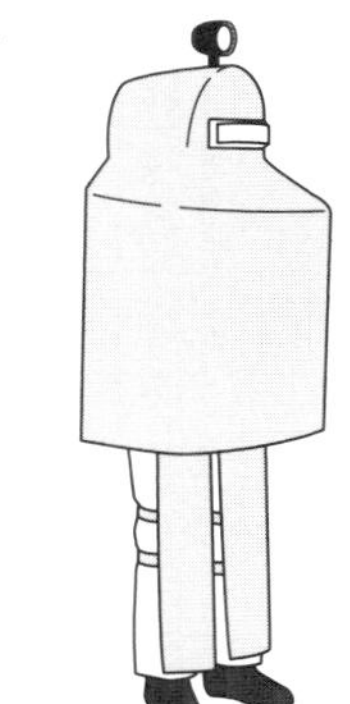

관련 항목

●보디 아머→No.104

방어구를 압도하는 무기

뛰어난 방어구는 때때로 공격을 완전히 막아낸다. 그래서 공격 측은 특별히 상대 방어구에 특화된 무기를 들기도 하였다. 수단으로서는 가늘고 예리한 칼끝으로 빈틈을 찌르거나, 타격을 주어 그 충격으로 방어구째 때려눕히거나, 넘어뜨리는 등의 방식이 있다.

찌르기

■팔케스
게르만인이 사용한 큰낫. 방패로 방어되지 않는 틈을 노린다.

■펄션
11~13세기 북유럽의 외날검(유럽에서는 드물다). 길이 70cm, 무게 1.7kg으로 약간 무겁다. 타격으로 대미지를 주는 동시에 절단한다. 아라비아에서 기원하여 십자군 원정 때 유럽에 전해졌거나, 그렇지 않다면 북유럽의 색스라는 나이프가 조상이리라 여겨진다.

■스틸레토
30cm, 300g. 체인 메일을 입은 상대를 찌르기 위해 사용되었다. 기본적으로 상대를 넘어뜨리고 나서 사용한다. 빈사의 상대를 죽인다는 데서 미세리코르데(라틴어로 자비)라는 별명을 가진다. 12세기의 무기지만, 원래는 판에 문자를 새기는 도구였다는 설도 있다.

■에스토크
14~16세기. 터크(갑옷 찌르기)라는 속칭 등 서유럽 각국에서 별명을 가진다. 120cm, 800g으로 대형이며 자루가 길어 양손으로도 사용 가능하게 되어 있다. 갑옷의 빈틈을 노리는 검이지만 얇은 판금이라면 관통할 수 있다.

■파타
인도의 마라타족이 사용하던 것으로, 손에서 팔꿈치까지의 팔 보호구에 70~90cm 길이의 검이 달린 무기.

플룸바타
3세기경 로마의 다트. 마르티오바르불리라고도 한다. 둥근 방패 뒷면에 4~5개 꽂아두는 소형 투창이다. 목제 자루에 금속 화살을 박은 것으로 길이는 30cm, 사정거리는 30m에 달한다고 한다. 로마 이후로도 비잔티움에서 사용되었고, 후에 깃털 달린 '다트'가 된다. 15~17세기 유럽과 중동 지역에서 확산되었으나, 총기의 발달로 쇠퇴한다. 14세기에는 병사들이 술집에서의 오락으로 바꾸어 즐겼다.

■보드킨
영국의 크로스보우용 화살촉. 갑주를 관통하기 위한 가는 철제 촉이다. 에너지를 집중시켜 위력을 높인다(현대 총의 AP탄도 같은 원리). 회전하며 날아가는데 직각으로 잘 맞으면 플레이트 아머도 관통한다. 체인 메일이 상대라면 손쉽게 관통할 수 있다.

때리기

■메이스

곤봉에서 진화한 오래된 무기로서, 독일과 이탈리아에서 17세기까지 사용되었다. 금속제로 길이는 100cm, 앞쪽 끝의 형태는 가지각색이다. 시대에 뒤떨어진 무기로 여겨졌으나, 플레이트 아머에는 효과적이었으므로 재평가되었다.

■플레일

12~16세기에 이용되었다. 봉에 사슬을 연결한 무기인데, 명중하면 사슬이라도 상당한 대미지를 입는다. 본래는 동유럽의 탈곡 농기구로서, 중국과 중동에도 유사한 무기가 존재한다. 길이 30~50cm, 무게 2kg 정도. 14세기에는 기병용 호스맨즈 플레일이 등장하는데, 한손용이어서 자루가 더 짧다.

■모닝스타

13~17세기. 판금 갑옷에 대항하는 데 최적의 무기로 여겨졌으며, 16세기에 가장 유행하였다. 50~80cm, 2~2.5kg. 플레일에서 진화하여 철구를 달았다는 설과 성직자의 제구가 기원이라는 설이 있다. 독일에서는 모르겐슈테른(금성)이라 불렸다.

■배틀액스

8~17세기. 북유럽에서 선호된 거대 도끼. 타격력이 대단하여 플레이트 아머에 효과적이다.

넘어뜨리기

■배틀훅

150~200cm의 긴 손잡이 훅. 이것으로 다리를 걸어 넘어뜨리고 창잡이가 숨통을 끊는 식으로 연계해서 싸운다. 13세기의 농민 반란에서 유명해졌으며, 다른 긴 손잡이 무기보다 다루기 쉽다. 16세기까지 이용되었는데, 중장 갑주 보병의 천적이었다. 훅과 칼날이 함께 달린 것도 등장한다.

■마름쇠

닌자가 사용할 법한 아이템이지만, 마름쇠는 전 세계에서 사용되었다. 방어하지 못하는 발바닥을 노린다.

색인

<가>

<나>

<다>

<라>

<마>

<바>

<사>

<아>

<자>

<차>

<카>

<타>

<파>

<하>

참고 문헌

『세계의 군장 도감(世界の軍装図鑑)』 크리스 맥냅 저/이시즈 도모유키(石津朋之) 감역/모치이 마사히로(餅井雅大) 역, 소겐샤(創元社)
『세계의 무기 · 방어구 바이블 서양편(世界の武器・防具バイブル 西洋編)』 크리에이티브 스위트 편저, PHP 연구소
『전설의 「무기 · 방어구」를 잘 알 수 있는 책(伝説の「武器・防具」がよくわかる本)』 사토 도시유키(佐藤俊之) 감수/조지무쇼(造事務所) 편저, PHP 문고
『전설의 무기 · 방어구 일러스트 대사전(伝説の武器・防具 イラスト大事典)』 별책 다카라지마(別冊宝島), 다카라지마샤(宝島社)
『비주얼 박물관4 무기와 갑주(ビジュアル博物館 4 武器と甲冑)』 마이클 바이암 저/대영 자연사 박물관 감수/릴리프 시스템스 역, 도호샤출판(同朋舎出版)
『비주얼 박물관43 기사(ビジュアル博物館43 騎士)』 크리스토퍼 그라베트 저/대영 자연사 박물관 감수/릴리프 시스템스 역, 도호샤출판(同朋舎出版)
『철저 해부! 일본 경찰의 최신 장비(徹底解剖！ 日本警察の最新装備)』 무크하우스 편, 요센샤(洋泉社)
『무기와 방어구 중국편(武器と防具 中国編)』 시노다 고이치(篠田耕一) 저, 신키겐샤(新紀元社)
『고대 로마 군단 대백과(古代ローマ軍団大百科)』 에이드리언 골즈워디 저/이케다 유타카(池田裕) 외 역, 도요쇼린(東洋書林)
『도해 고대 로마군 무기 · 방어구 · 전술 대전(図解 古代ローマ軍 武器・防具・戦術大全)』 렛카샤(レッカ社) 편저, 주식회사 간젠(株式会社カンゼン)
『고대의 무기 · 방어구 · 전술 백과(古代の武器・防具・戦術百科)』 마틴 J. 도허티 저/노게 쇼코(野下祥子) 역, 하라쇼보(原書房)
『배경 비주얼 자료7 성 · 갑주 · 옛 전장 · 무구(背景ビジュアル資料7 城・甲冑・古戦場・武具)』 가사코(かさこ) 저/기무라 도시유키(木村俊幸) 감수, 그래픽사(グラフィック社)
『도설 전국의 실전 투구(図説 戦国の実戦兜)』 오와다 데쓰오(小和田哲男) 감수/다케무라 마사오(竹村雅夫) 편저, 학습연구사(学習研究社)
『결정판 다이묘가의 갑주(決定版 大名家の甲冑)』 후지모토 이와오(藤本巌) 감수/가사하라 우네메(笠原采女) 외 저, 학습연구사(学習研究社)
『일본 갑주의 기초 지식(日本甲冑の基礎知識)』 야마기시 모토오(山岸素夫) · 미야자키 마스미(宮崎眞澄) 저, 유잔카쿠(雄山閣)
『갑옷을 걸치는 사람들(鎧をまとう人びと)』 후지모토 마사유키(藤本正行) 저, 요시카와코분칸(吉川弘文館)
『전국 시대 무기 · 방어구 · 전술 백과(戦国時代 武器・防具・戦術百科)』 토머스 D. 콘란 저/오와다 데쓰오(小和田哲男) 일본어판 감수, 하라쇼보(原書房)q
『도해 일본 갑주 사전(図解日本甲冑事典)』 사사마 요시히코(笹間良彦) 저, 유잔카쿠(雄山閣)
『전국 무장 가와리카부토 도감(戦国武将 変わり兜図鑑)』 스도 시게키(須藤茂樹) 저, 신진부쓰오라이샤(新人物往来社)
『일본 갑주 도감(日本甲冑図鑑)』 미우라 이치로(三浦一郎) 저, 신키겐샤(新紀元社)
『워즈 워드(ワーズ・ワード)』 장클로드 코르베이 외 저/나가사키 겐야(長崎玄弥) 감수, 도호샤출판(同朋舎出版)
『마법 · 마도구와 마술 · 소환술(魔法・魔具と魔術・召喚術)』 다카히라 나루미(高平鳴海) 감수, 세이토샤(西東社)
『코스튬(コスチューム)』 다나카 다카시(田中天) & F. E. A. R. 저, 신키겐샤(新紀元社)
『무기(武器)』 다이어그램 그룹 편/다지마 마사루(田島優) · 기타무라 고이치(北村孝一) 역, 마루샤(マール社)
『도해 밀리터리 아이템(図解 ミリタリーアイテム)』 오나미 아쓰시(大波篤司) 저, 신키겐샤(新紀元社)
『도해 프런티어(図解 フロンティア)』 다카히라 나루미(高平鳴海) 저, 신키겐샤(新紀元社)
『갑주의 모든 것(甲冑のすべて)』 사사마 요시히코(笹間良彦) 저, PHP 연구소
『도설 서양 갑주 무기 사전(図説 西洋甲冑武器事典)』 미우라 시게토시(三浦権利) 저, 가시와쇼보(柏書房)
『중국 고대 갑주 도감(中国古代甲冑図鑑)』 리우용화(劉永華) 저/가스가이 아키라(春日井明) 감역, 애스펙트
『아메리카 선주민 전투의 역사(アメリカ先住民 戦いの歴史)』 크리스 맥냅 저/마스이 시쓰요(増井志津代) 감역 · 스미 아쓰코(角敦子) 역, 하라쇼보(原書房)
『무기 갑주 도감(武器甲冑図鑑)』 이치카와 사다하루(市川定春) 저, 신키겐샤(新紀元社)
『영국 남자 갑주 컬렉션(英国男子甲冑コレクション)』 이시이 리에코(石井理恵子) 저, 신키겐샤(新紀元社)

『중세 유럽의 무술(中世ヨーロッパの武術)』 오사다 류타(長田龍太) 저, 신키겐샤(新紀元社)
『속 · 중세 유럽의 무술(続·中世ヨーロッパの武術)』 오사다 류타(長田龍太) 저, 신키겐샤(新紀元社)
『도해 근접무기(図解 近接武器)』 오나미 아쓰시(大波篤司) 저, 신키겐샤(新紀元社)
『무기와 방어구 일본편(武器と防具 日本編)』 도다 도세이(戸田藤成) 저, 신키겐샤(新紀元社)
『무기와 방어구 서양편(武器と防具 西洋編)』 이치카와 사다하루(市川定春) 저, 신키겐샤(新紀元社)
『무기 사전(武器事典)』 이치카와 사다하루(市川定春) 저, 신키겐샤(新紀元社)
『잉글랜드의 중세 기사(イングランドの中世騎士)』 크리스토퍼 그라베트 저, 신키겐샤(新紀元社)
『글래디에이터(グラディエイター)』 스티븐 위즈덤 저, 신키겐샤(新紀元社)
『마상창시합의 기사(馬上槍試合の騎士)』 크리스토퍼 그라베트 저, 신키겐샤(新紀元社)
『구리의 문화사(銅の文化史)』 후지노 아키라(藤野明) 저, 신초샤(新潮社)
『철의 문화지(鉄の文化誌)』 시마다테 도시사다(島立利貞) 저, 도쿄도서출판회(東京図書出版会)
『고대 제철 이야기(古代製鉄物語)』 아사이 소이치로(浅井壮一郎) 저, 사이류샤(彩流社)
『칭기즈 칸과 그 시대(チンギス·カンとその時代)』 시라이시 노리유키(白石典之) 편, 벤세이출판(勉誠出版)
『대영 박물관 고대 그리스전 도록(大英博物館 古代ギリシャ展 図録)』 하가 교코(芳賀京子) 감수/국립 서양 미술관(国立西洋美術館) · 아사히신문사(朝日新聞社) 편, 아사히 신문사
『도설 동물 병사 전서(図説 動物兵士全書)』 마르텡 모네스티에 저/요시다 하루미(吉田春美) · 하나와 데루코(花輪照子) 역, 하라쇼보(原書房)
『전국 미려 공주 도감(戦国美麗姫図鑑)』 하시바 아키라(橋場日月) 저, PHP 연구소

창작을 꿈꾸는 이들을 위한 안내서
AK 트리비아 시리즈

-AK TRIVIA BOOK

No. 01 도해 근접무기

오나미 아츠시 지음 | 이창협 옮김 | 228쪽 | 13,000원

근접무기, 서브 컬처적 지식을 고찰하다!

검, 도끼, 창, 곤봉, 활 등 현대적인 무기가 등장하기 전에 사용되던 냉병기에 대한 개설서. 각 무기의 형상과 기능, 유형부터 사용 방법은 물론 서브컬처의 세계에서 어떤 모습으로 그려지는가에 대해서도 상세히 해설하고 있다.

No. 02 도해 크툴루 신화

모리세 료 지음 | AK커뮤니케이션즈 편집부 옮김 | 240쪽 | 13,000원

우주적 공포, 현대의 신화를 파헤치다!

현대 환상 문학의 거장 H.P 러브크래프트의 손에 의해 창조된 암흑 신화인 크툴루 신화. 111가지의 키워드를 선정, 각종 도해와 일러스트를 통해 크툴루 신화의 과거와 현재를 해설한다.

No. 03 도해 메이드

이케가미 료타 지음 | 코트랜스 인터내셔널 옮김 | 238쪽 | 13,000원

메이드의 모든 것을 이 한 권에!

메이드에 대한 궁금증을 확실하게 해결해주는 책. 영국, 특히 빅토리아 시대의 사회를 중심으로, 실존했던 메이드의 삶을 보여주는 가이드북.

No. 04 도해 연금술

쿠사노 타쿠미 지음 | 코트랜스 인터내셔널 옮김 | 220쪽 | 13,000원

기적의 학문, 연금술을 짚어보다!

연금술사들의 발자취를 따라 연금술에 대해 자세하게 알아보는 책. 연금술에 대한 풍부한 지식을 쉽고 간결하게 정리하여, 체계적으로 해설하며, '진리'를 위해 모든 것을 바친 이들의 기록이 담겨있다.

No. 05 도해 핸드웨폰

오나미 아츠시 지음 | 이창협 옮김 | 228쪽 | 13,000원

모든 개인화기를 총망라!

권총, 기관총, 어설트 라이플, 머신건 등, 개인 화기를 지칭하는 다양한 명칭들은 대체 무엇을 기준으로 하며 어떻게 붙여진 것일까? 개인 화기의 모든 것을 기초부터 해설한다.

No. 06 도해 전국무장

이케가미 료타 지음 | 이재경 옮김 | 256쪽 | 13,000원

전국시대를 더욱 재미있게 즐겨보자!

소설이나 만화, 게임 등을 통해 많이 접할 수 있는 일본 전국시대에 대한 입문서. 무장들의 활약상, 전국시대의 일상과 생활까지 상세히 서술, 전국시대에 쉽게 접근할 수 있도록 구성했다.

No. 07 도해 전투기

가와노 요시유키 지음 | 문우성 옮김 | 264쪽 | 13,000원

빠르고 강력한 병기, 전투기의 모든 것!

현대전의 정점인 전투기. 역사와 로망 속의 전투기에서 최신예 스텔스 전투기에 이르기까지, 인류의 전쟁사를 바꾸어놓은 전투기에 대하여 상세히 소개한다.

No. 08 도해 특수경찰

모리 모토사다 지음 | 이재경 옮김 | 220쪽 | 13,000원

실제 SWAT 교관 출신의 저자가 특수경찰의 모든 것을 소개!

특수경찰의 훈련부터 범죄 대처법, 최첨단 수사 시스템, 기밀 작전의 아슬아슬한 부분까지 특수경찰을 저자의 풍부한 지식으로 폭넓게 소개한다.

No. 09 도해 전차

오나미 아츠시 지음 | 문우성 옮김 | 232쪽 | 13,000원

지상전의 왕자, 전차의 모든 것!

지상전의 지배자이자 절대 강자 전차를 소개한다. 전차의 힘과 이를 이용한 다양한 전술, 그리고 그 독특한 모습까지. 알기 쉬운 해설과 상세한 일러스트로 전차의 매력을 전달한다.

No. 10 도해 헤비암즈

오나미 아츠시 지음 | 이재경 옮김 | 232쪽 | 13,000원

전장을 압도하는 강력한 화기, 총집합!

전장의 주역, 보병들의 든든한 버팀목인 강력한 화기를 소개한 책. 대구경 기관총부터 유탄 발사기, 무반동총, 대전차 로켓 등, 압도적인 화력으로 전장을 지배하는 화기에 대하여 알아보자!

No. 11 도해 밀리터리 아이템

오나미 아츠시 지음 | 이재경 옮김 | 236쪽 | 13,000원

군대에서 쓰이는 군장 용품을 완벽 해설!

이제 밀리터리 세계에 발을 들이는 입문자들을 위해 '군장 용품'에 대해 최대한 알기 쉽게 다루는 책. 세부적인 사항에 얽매이지 않고, 상식적으로 갖추어야 할 기초지식을 중심으로 구성되어 있다.

No. 12 도해 악마학

쿠사노 타쿠미 지음 | 김문광 옮김 | 240쪽 | 13,000원

악마에 대한 모든 것을 담은 총집서!

악마학의 시작부터 현재까지의 그 연구 및 발전 과정을 한눈에 알아볼 수 있도록 구성한 책. 단순한 흥미를 뛰어넘어 영적이고 종교적인 지식의 깊이까지 더할 수 있는 내용으로 구성.

No. 13 도해 북유럽 신화

이케가미 료타 지음 | 김문광 옮김 | 228쪽 | 13,000원

세계의 탄생부터 라그나로크까지!

북유럽 신화의 세계관, 등장인물, 여러 신과 영웅들이 사용한 도구 및 마법에 대한 설명까지! 당시 북유럽 국가들의 생활상을 통해 북유럽 신화에 대한 이해도를 높일 수 있도록 심층적으로 해설한다.

No. 14 도해 군함

다카하라 나루미 외 1인 지음 | 문우성 옮김 | 224쪽 | 13,000원

20세기의 전함부터 항모, 전략 원잠까지!

군함에 대한 입문서. 종류와 개발사, 구조, 제원 등의 기본부터, 승무원의 일상, 정비 비용까지 어렵게 여겨질 만한 요소를 도표와 일러스트로 쉽게 해설한다.

No. 15 도해 제3제국

모리세 료 외 1인 지음 | 문우성 옮김 | 252쪽 | 13,000원

나치스 독일 제3제국의 역사를 파헤친다!

아돌프 히틀러 통치하의 독일 제3제국에 대한 개론서. 나치스가 권력을 장악한 과정부터 조직 구조, 조직을 이끈 핵심 인물과 상호 관계와 갈등, 대립 등, 제3제국의 역사에 대해 해설한다.

No. 16 도해 근대마술

하니 레이 지음 | AK커뮤니케이션즈 편집부 옮김 | 244쪽 | 13,000원

현대 마술의 개념과 원리를 철저 해부!

마술의 종류와 개념, 이름을 남긴 마술사와 마술 단체, 마술에 쓰이는 도구 등을 설명한다. 겉핥기식의 설명이 아닌, 역사와 각종 매체 속에서 마술이 어떤 영향을 주었는지 심층적으로 해설하고 있다.

No. 17 도해 우주선

모리세 료 외 1인 지음 | 이재경 옮김 | 240쪽 | 13,000원

우주를 꿈꾸는 사람들을 위한 추천서!

우주공간의 과학적인 설명은 물론, 우주선의 태동에서 발전의 역사, 재질, 발사와 비행의 원리 등, 어떤 원리로 날아다니고 착륙할 수 있는지, 자세한 도표와 일러스트를 통해 해설한다.

No. 18 도해 고대병기

미즈노 히로키 지음 | 이재경 옮김 | 224쪽 | 13,000원

역사 속의 고대병기, 집중 조명!

지혜와 과학의 결정체, 병기. 그중에서도 고대의 병기를 집중적으로 조명, 단순한 병기의 나열이 아닌, 각 병기의 탄생 배경과 활약상, 계보, 작동 원리 등을 상세하게 다루고 있다.

No. 19 도해 UFO

사쿠라이 신타로 지음 | 서형주 옮김 | 224쪽 | 13,000원

UFO에 관한 모든 지식과, 그 허와 실.

첫 번째 공식 UFO 목격 사건부터 현재까지, 세계를 떠들썩하게 만든 모든 UFO 사건을 다룬다. 수많은 미스터리는 물론, 종류, 비행 패턴 등 UFO에 관한 모든 지식들을 알기 쉽게 정리했다.

No. 20 도해 식문화의 역사

다카하라 나루미 지음 | 채다인 옮김 | 244쪽 | 13,000원

유럽 식문화의 변천사를 조명한다!

중세 유럽을 중심으로, 음식문화의 변화를 설명한다. 최초의 조리 역사부터 식재료, 예절, 지역별 선호메뉴까지, 시대상황과 분위기, 사람들의 인식이 어떠한 영향을 끼쳤는지 흥미로운 사실을 다룬다.

No. 21 도해 문장

신노 케이 지음 | 기미정 옮김 | 224쪽 | 13,000원

역사와 문화의 시대적 상징물, 문장!

기나긴 역사 속에서 문장이 어떻게 만들어졌고, 어떤 도안들이 이용되었는지, 발전 과정과 유럽 역사 속 위인들의 문장이나 특징적인 문장의 인물에 대해 설명한다.

No. 22 도해 게임이론

와타나베 타카히로 지음 | 기미정 옮김 | 232쪽 | 13,000원

이론과 실용 지식을 동시에!

죄수의 딜레마, 도덕적 해이, 제로섬 게임 등 다양한 사례 분석과 알기 쉬운 해설을 통해, 누구나가 쉽고 직관적으로 게임이론을 이해하고 현실에 적용할 수 있도록 도와주는 최고의 입문서.

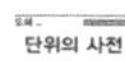

No. 23 도해 단위의 사전

호시다 타다히코 지음 | 문우성 옮김 | 208쪽 | 13,000원

세계를 바라보고, 규정하는 기준이 되는 단위를 풀어보자!

전 세계에서 사용되는 108개 단위의 역사와 사용 방법 등을 해설하는 본격 단위 사전. 정의와 기준, 유래, 측정 대상 등을 명쾌하게 해설한다.

No. 24 도해 켈트 신화

이케가미 료타 지음 | 곽형준 옮김 | 264쪽 | 13,000원

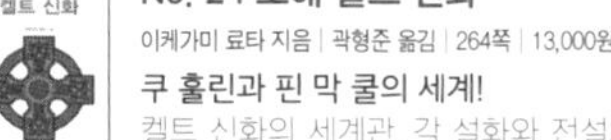

쿠 훌린과 핀 막 쿨의 세계!

켈트 신화의 세계관, 각 설화와 전설의 주요 등장인물들! 이야기에 따라 내용뿐만 아니라 등장인물까지 뒤바뀌는 경우도 있는데, 그런 특별한 사항까지 다루어, 신화의 읽는 재미를 더한다.

No. 25 도해 항공모함

노가미 아키토 외 1인 지음 | 오광웅 옮김 | 240쪽 | 13,000원

군사기술의 결정체, 항공모함 철저 해부!

군사력의 상징이던 거대 전함을 과거의 유물로 전락시킨 항공모함. 각 국가별 발달의 역사와 임무, 영향력에 대한 광범위한 자료를 한눈에 파악할 수 있다.

No. 26 도해 위스키

츠치야 마모루 지음 | 기미정 옮김 | 192쪽 | 13,000원

위스키, 이제는 제대로 알고 마시자!

다양한 음용법과 글라스의 차이, 바 또는 집에서 분위기 있게 마실 수 있는 방법까지. 위스키의 맛을 한층 돋아주는 필수 지식이 가득! 세계적인 위스키 평론가가 전하는 입문서의 결정판.

No. 27 도해 특수부대

오나미 아츠시 지음 | 오광웅 옮김 | 232쪽 | 13,000원

불가능이란 없다! 전장의 스페셜리스트!

특수부대의 탄생 배경, 종류, 규모, 각종 임무, 그들만의 특수한 장비, 어떠한 상황에서도 살아남기 위한 생존 기술까지 모든 것을 보여주는 책. 왜 그들이 스페셜리스트인지 알게 될 것이다.

No. 28 도해 서양화

다나카 쿠미코 지음 | 김상호 옮김 | 160쪽 | 13,000원

서양화의 변천사와 포인트를 한눈에!

르네상스부터 근대까지, 시대를 넘어 사랑받는 명작 84점을 수록. 각 작품들의 배경과 특징, 그림에 담겨있는 비유적 의미와 기법 등, 감상 포인트를 명쾌하게 해설하였으며, 더욱 깊은 이해를 위한 역사와 종교 관련 지식까지 담겨있다.

No. 29 도해 갑자기 그림을 잘 그리게 되는 법

나카야마 시게노부 지음 | 이연희 옮김 | 204쪽 | 13,000원

멋진 일러스트의 초간단 스킬 공개!

투시도와 원근법만으로, 멋지고 입체적인 일러스트를 그릴 수 있는 방법! 그림에 대한 재능이 없다 생각 말고 읽어보자. 그림이 극적으로 바뀔 것이다.

No. 30 도해 사케

키미지마 사토시 지음 | 기미정 옮김 | 208쪽 | 13,000원

사케를 더욱 즐겁게 마셔 보자!

선택 법, 온도, 명칭, 안주와의 궁합, 분위기 있게 마시는 법 등, 사케의 맛을 한층 더 즐길 수 있는 모든 지식이 담겨 있다. 일본 요리의 거장이 전해주는 사케 입문서의 결정판.

No. 31 도해 흑마술

쿠사노 타쿠미 지음 | 곽형준 옮김 | 224쪽 | 13,000원

역사 속에 실존했던 흑마술을 총망라!

악령의 힘을 빌려 행하는 사악한 흑마술을 총망라한 책. 흑마술의 정의와 발전, 기본 법칙을 상세히 설명한다. 또한 여러 국가에서 행해졌던 흑마술 사건들과 관련 인물들을 소개한다.

No. 32 도해 현대 지상전

모리 모토사다 지음 | 정은택 옮김 | 220쪽 | 13,000원

아프간 이라크! 현대 지상전의 모든 것!!

저자가 직접, 실제 전장에서 활동하는 군인은 물론 민간 군사기업 관계자들과도 폭넓게 교류하면서 얻은 정보들을 아낌없이 공개한 책. 현대전에 투입되는 지상전의 모든 것을 해설한다.

No. 33 도해 건파이트

오나미 아츠시 지음 | 송명규 옮김 | 232쪽 | 13,000원

총격전에서 일어나는 상황을 파헤친다!

영화, 소설, 애니메이션 등에서 볼 수 있는 총격전. 그 장면들은 진짜일까? 실전에서는 총기를 어떻게 다루고, 어디에 몸을 숨겨야 할까. 자동차 추격전에서의 대처법 등 건 액션의 핵심 지식.

No. 34 도해 마술의 역사

쿠사노 타쿠미 지음 | 김진아 옮김 | 224쪽 | 13,000원

마술의 탄생과 발전 과정을 알아보자!

고대에서 현대에 이르기까지 마술은 문화의 발전과 함께 널리 퍼져나갔으며, 다른 마술과 접촉하면서 그 깊이를 더해왔다. 마술의 발생시기와 장소, 변모 등 역사와 개요를 상세히 소개한다.

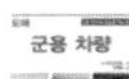
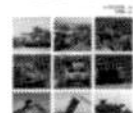

No. 35 도해 군용 차량

노가미 아키토 지음 | 오광웅 옮김 | 228쪽 | 13,000원

지상의 왕자, 전차부터 현대의 바퀴달린 사역마까지!!

전투의 핵심인 전투 차량부터 눈에 띄지 않는 무대에서 묵묵히 임무를 다하는 각종 지원 차량까지. 각자 맡은 임무에 충실하도록 설계되고 고안된 군용 차량만의 다채로운 세계를 소개한다.

No. 36 도해 첩보·정찰 장비

사카모토 아키라 지음 | 문성호 옮김 | 228쪽 | 13,000원

승리의 열쇠 정보! 정보전의 모든 것!

소음총, 소형 폭탄, 소형 카메라 및 통신기 등 영화에서나 등장할 법한 첩보원들의 특수 장비부터 정찰 위성에 이르기까지 첩보 및 정찰 장비들을 400점의 사진과 일러스트로 설명한다.

No. 37 도해 세계의 잠수함

사카모토 아키라 지음 | 류재학 옮김 | 242쪽 | 13,000원

바다를 지배하는 침묵의 자객, 잠수함.

잠수함은 두 번의 세계대전과 냉전기를 거쳐, 최첨단 기술로 최신 무장시스템을 갖추어왔다. 원리와 구조, 승조원의 훈련과 임무, 생활과 전투 방법 등을 사진과 일러스트로 철저히 해부한다.

No. 38 도해 무녀

토키타 유스케 지음 | 송명규 옮김 | 236쪽 | 13,000원

무녀와 샤머니즘에 관한 모든 것!

무녀의 기원부터 시작하여 일본의 신사에서 치르고 있는 각종 의식, 그리고 델포이의 무녀, 한국의 무당을 비롯한 세계의 샤머니즘과 각종 종교를 106가지의 소주제로 분류하여 해설한다!

No. 39 도해 세계의 미사일 로켓 병기

사카모토 아키라 | 유병준·김성훈 옮김 | 240쪽 | 13,000원

ICBM부터 THAAD까지!

현대전의 진정한 주역이라 할 수 있는 미사일. 보병이 휴대하는 대전차 로켓부터 공대공 미사일, 대륙간 탄도탄, 그리고 근래 들어 언론의 주목을 받고 있는 ICBM과 THAAD까지 미사일의 모든 것을 해설한다!

No. 40 독과 약의 세계사

후나야마 신지 지음 | 진정숙 옮김 | 292쪽 | 13,000원

독과 약의 차이란 무엇인가?

화학물질을 어떻게 하면 유용하게 활용할 수 있는가 하는 것은 인류에 있어 중요한 과제 가운데 하나라 할 수 있다. 독과 약의 역사, 그리고 우리 생활과의 관계에 대하여 살펴보도록 하자.

No. 41 영국 메이드의 일상

무라카미 리코 지음 | 조아라 옮김 | 460쪽 | 13,000원

빅토리아 시대의 아이콘 메이드!

가사 노동자이며 직장 여성의 최대 다수를 차지했던 메이드의 일과 생활을 통해 영국의 다른 면을 살펴본다. 『엠마 빅토리안 가이드』의 저자 무라카미 리코의 빅토리안 시대 안내서.

No. 42 영국 집사의 일상

무라카미 리코 지음 | 기미정 옮김 | 292쪽 | 13,000원

집사, 남성 가사 사용인의 모든 것!

Butler, 즉 집사로 대표되는 남성 상급 사용인. 그들은 어떠한 일을 했으며 어떤 식으로 하루를 보냈을까? 『엠마 빅토리안 가이드』의 저자 무라카미 리코의 빅토리안 시대 안내서 제2탄.

No. 43 중세 유럽의 생활

가와하라 아쓰시 외 1인 지음 | 남지연 옮김 | 260쪽 | 13,000원

새롭게 조명하는 중세 유럽 생활사

철저히 분류되는 중세의 신분. 그 중 「일하는 자」의 일상생활은 어떤 것이었을까? 각종 도판과 사료를 통해, 중세 유럽에 대해 알아보자.

No. 44 세계의 군복

사카모토 아키라 지음 | 진정숙 옮김 | 130쪽 | 13,000원

세계 각국 군복의 어제와 오늘!!

형태와 기능미가 절묘하게 융합된 의복인 군복. 제2차 세계대전에서 현대에 이르기까지, 각국의 전투복과 정복 그리고 각종 장구류와 계급장, 훈장 등, 군복만의 독특한 매력을 느껴보자!

No. 45 세계의 보병장비

사카모토 아키라 지음 | 이상언 옮김 | 234쪽 | 13,000원

현대 보병장비의 모든 것!

군에 있어 가장 기본이 되는 보병! 개인화기, 전투복, 군장, 전투식량, 그리고 미래의 장비까지. 제2차 세계대전 이후 눈부시게 발전한 보병 장비와 현대전에 있어 보병이 지닌 의미에 대하여 살펴보자.

No. 46 해적의 세계사

모모이 지로 지음 | 김효진 옮김 | 280쪽 | 13,000원

「영웅」인가, 「공적」인가?

지중해, 대서양, 카리브해, 인도양에서 활동했던 해적을 중심으로, 영웅이자 약탈자, 정복자, 야심가 등 여러 시대에 걸쳐 등장했던 다양한 해적들이 세계사에 남긴 발자취를 더듬어본다.

No. 47 닌자의 세계

야마키타 아츠시 지음 | 송명규 옮김 | 232쪽 | 13,000원

실제 닌자의 활약을 살펴본다!

어떠한 임무라도 완수할 수 있도록 닌자는 온갖 지혜를 짜내며 궁극의 도구와 인술을 만들어냈다. 과연 닌자는 역사 속에서 어떤 활약을 펼쳤을까.

No. 48 스나이퍼

오나미 아츠시 지음 | 이상언 옮김 | 240쪽 | 13,000원

스나이퍼의 다양한 장비와 고도의 테크닉!

아군의 절체절명 위기에서 한 끗 차이의 절묘한 타이밍으로 전세를 역전시키기도 하는 스나이퍼의 세계를 알아본다.

No. 49 중세 유럽의 문화

이케가미 쇼타 지음 | 이은수 옮김 | 256쪽 | 13,000원

심오하고 매력적인 중세의 세계!

기사, 사제와 수도사, 음유시인에 숙녀, 그리고 농민과 상인과 기술자들. 중세 배경의 판타지 세계에서 자주 보았던 그들의 리얼한 생활을 풍부한 일러스트와 표로 이해한다!

No. 50 기사의 세계

이케가미 슌이치 지음 | 남지연 옮김 | 232 쪽 | 15,000 원

중세 유럽 사회의 주역이었던 기사!

기사들은 과연 무엇을 위해 검을 들었는가. 지향하는 목표는 무엇이었는가. 기사의 탄생에서 몰락까지, 역사의 드라마를 따라가며 그 진짜 모습을 파헤친다.

No. 51 영국 사교계 가이드

무라카미 리코 지음 | 문성호 옮김 | 216쪽 | 15,000원

19세기 영국 사교계의 생생한 모습!

당시에 많이 출간되었던 「에티켓 북」의 기술을 바탕으로, 빅토리아 시대 중류 여성들의 사교 생활을 알아보며 그 속마음까지 들여다본다.

No. 52 중세 유럽의 성채 도시

가이하쓰샤 지음 | 김진희 옮김 | 232 쪽 | 15,000 원

견고한 성벽으로 도시를 둘러싼 성채 도시!

성채 도시는 시대의 흐름에 따라 문화, 상업, 군사 면에서 진화를 거듭한다. 궁극적인 기능미의 집약체였던 성채 도시의 주민 생활상부터 공성전 무기, 전술까지 상세하게 알아본다.

No. 53 마도서의 세계

쿠사노 타쿠미 지음 | 남지연 옮김 | 236쪽 | 15,000원

마도서의 기원과 비밀!

천사와 악마 같은 영혼을 소환하여 자신의 소망을 이루는 마도서의 원리를 설명한다.

No. 54 영국의 주택

야마다 카요코 외 지음 | 문성호 옮김 | 252쪽 | 17,000원

영국인에게 집은 「물건」이 아니라 「문화」다!

영국 지역에 따른 집들의 외관 특징, 건축 양식, 재료 특성, 각종 주택 스타일을 상세하게 설명한다.

No. 55 발효

고이즈미 다케오 지음 | 장현주 옮김 | 224쪽 | 15,000원

미세한 거인들의 경이로운 세계!

세계 각지 발효 문화의 놀라운 신비와 의의를 살펴본다. 발효를 발전시켜온 인간의 깊은 지혜와 훌륭한 발상이 보일 것이다.

No. 56 중세 유럽의 레시피

코스트마리 사무국 슈 호카 지음 | 김효진 옮김 | 164쪽 | 15,000원

간단하게 중세 요리를 재현!

당시 주로 쓰였던 향신료, 허브 등 중세 요리에 대한 풍부한 지식은 물론 더욱 맛있게 즐길 수 있는 요리법도 함께 소개한다.

No. 57 알기 쉬운 인도 신화

천축 기담 지음 | 김진희 옮김 | 228 쪽 | 15,000 원

전쟁과 사랑 속의 인도 신들!

강렬한 개성이 충돌하는 무아와 혼돈의 이야기를 담았다. 2대 서사시 「라마야나」와 「마하바라타」의 세계관부터 신들의 특징과 일화에 이르는 모든 것을 파악한다.

-TRIVIA SPECIAL

환상 네이밍 사전

신키겐샤 편집부 지음 | 유진원 옮김 | 288쪽 | 14,800원

의미 없는 네이밍은 이제 그만!

운명은 프랑스어로 무엇이라고 할까? 독일어, 일본어로는? 중국어로는? 더 나아가 이탈리아어, 러시아어, 그리스어, 라틴어, 아랍어에 이르기까지. 1,200개 이상의 표제어와 11개국어, 13,000개 이상의 단어를 수록!!

중2병 대사전

노무라 마사타카 지음 | 이재경 옮김 | 200쪽 | 14,800원

이 책을 보는 순간, 당신은 이미 궁금해하고 있다!

사춘기 청소년이 행동할 법한, 손발이 오그라드는 행동이나 사고를 뜻하는 중2병. 서브컬쳐 작품에 자주 등장하는 중2병의 의미와 기원 등, 102개의 항목에 대해 해설과 칼럼을 곁들여 알기 쉽게 설명 한다.

크툴루 신화 대사전

고토 카츠 외 1인 지음 | 곽형준 옮김 | 192쪽 | 13,000원

신화의 또 다른 매력, 무한한 가능성!

H.P. 러브크래프트를 중심으로 여러 작가들의 설정이 거대한 세계관으로 자리잡은 크툴루 신화. 현대 서브 컬처에 지대한 영향을 끼치고 있다. 대중 문화 속에 알게 모르게 자리 잡은 크툴루 신화의 요소를 설명하는 본격 해설서.

문양박물관

H. 돌메치 지음 | 이지은 옮김 | 160쪽 | 8,000원

세계 문양과 장식의 정수를 담다!

19세기 독일에서 출간된 H.돌메치의 『장식의 보고』를 바탕으로 제작된 책이다. 세계 각지의 문양 장식을 소개한 이 책은 이론보다 실용에 초점을 맞춘 입문서. 화려하고 아름다운 전 세계의 문양을 수록한 실용적인 자료집으로 손꼽힌다.

고대 로마군 무기·방어구·전술 대전

노무라 마사타카 외 3인 지음 | 기미정 옮김 | 224쪽 | 13,000원

위대한 정복자, 고대 로마군의 모든 것!

부대의 편성부터 전술, 장비 등, 고대 최강의 군대라 할 수 있는 로마군이 어떤 집단이었는지 상세하게 분석하는 해설서. 압도적인 군사력으로 세계를 석권한 로마 제국. 그 힘의 전모를 철저하게 검증한다.

도감 무기 갑옷 투구

이치카와 사다하루 외 3인 지음 | 남지연 옮김 | 448쪽 | 29,000원

역사를 망라한 궁극의 군장도감!

고대로부터 무기는 당시 최신 기술의 정수와 함께 철학과 문화, 신념이 어우러져 완성되었다. 이 책은 그러한 무기들의 기능, 원리, 목적 등과 더불어 그 기원과 발전 양상 등을 그림과 표를 통해 알기 쉽게 설명하고 있다. 역사상 실재한 무기와 갑옷, 투구들을 통사적으로 살펴보자!

중세 유럽의 무술, 속 중세 유럽의 무술

오사다 류타 지음 | 남유리 옮김 |

각 권 672쪽~624쪽 | 각 권 29,000원

본격 중세 유럽 무술 소개서!

막연하게만 떠오르는 중세 유럽~르네상스 시대에 활약했던 검술과 격투술의 모든 것을 담은 책. 영화 등에서만 접할 수 있었던 유럽 중세시대 무술의 기본이념과 자세, 방어, 보법부터, 시대를 풍미한 각종 무술까지, 일러스트를 통해 알기 쉽게 설명한다.

최신 군용 총기 사전

토코이 마사미 지음 | 오광웅 옮김 | 564쪽 | 45,000원

세계 각국의 현용 군용 총기를 총망라!

주로 군용으로 개발되었거나 군대 또는 경찰의 대테러부대처럼 중무장한 조직에 배치되어 사용되고 있는 소화기가 중점적으로 수록되어 있으며, 이외에도 각 제작사에서 국제 군수시장에 수출할 목적으로 개발, 시제품만이 소수 제작되었던 총기류도 함께 실려 있다.

초패미컴, 초초패미컴

타네 키요시 외 2인 지음 | 문성호 외 1인 옮김 |

각 권 360, 296쪽 | 각 14,800원

게임은 아직도 패미컴을 넘지 못했다!

패미컴 탄생 30주년을 기념하여, 1983년 『동키콩』 부터 시작하여, 1994년 『타카하시 명인의 모험도 IV』까지 총 100여 개의 작품에 대한 리뷰를 담은 영구 소장판. 패미컴과 함께했던 아련한 추억을 간직하고 있는 모든 이들을 위한 책이다.

초쿠소게 1,2

타네 키요시 외 2인 지음 | 문성호 옮김 |

각 권 224, 300쪽 | 각 권 14,800원

망작 게임들의 숨겨진 매력을 재조명!

『쿠소게クソゲ-』란 '똥-クソ'과 '게임-Game'의 합성어로, 어감 그대로 정말 못 만들고 재미없는 게임을 지칭할 때 사용되는 조어이다. 우리말로 바꾸면 망작 게임 정도가 될 것이다. 레트로 게임에서부터 플레이스테이션3까지 게이머들의 기대를 보란듯이 저버렸던 수많은 쿠소게들을 총망라하였다.

초에로게, 초에로게 하드코어

타네 키요시 외 2인 지음 | 이은수 옮김 |

각 권 276쪽, 280쪽 | 각 권 14,800원

명작 18금 게임 총출동!

에로게란 '에로-エロ'와 '게임-Game'의 합성어로, 말 그대로 성적인 표현이 담긴 게임을 지칭한다. '에로게 헌터'라 자처하는 베테랑 저자들의 엄격한 심사(?!)를 통해 선정된 '명작 에로게'들에 대한 본격 리뷰집!!

세계의 전투식량을 먹어보다

키쿠즈키 토시유키 지음 | 오광웅 옮김 | 144쪽 | 13,000원

전투식량에 관련된 궁금증을 한권으로 해결!

전투식량이 전장에서 자리를 잡아가는 과정과, 미국의 독립전쟁부터 시작하여 역사 속 여러 전쟁의 전투식량 배급 양상을 살펴보는 책. 식품부터 식기까지, 수많은 전쟁 속에서 전투식량이 어떠한 모습으로 등장하였고 병사들은 이를 어떻게 취식하였는지, 흥미진진한 역사를 소개하고 있다.

민족의상 1,2

오귀스트 라시네 지음 | 이지은 옮김 | 각 권 160쪽 | 각 8,000원

화려하고 기품 있는 색감!!

디자이너 오귀스트 라시네의 『복식사』 전 6권 중에서 민족의상을 다룬 부분을 바탕으로 제작되었다. 당대에 정점에 올랐던 석판 인쇄 기술로 완성되어, 시대가 흘렀음에도 그 세세하고 풍부하고 아름다운 색감이 주는 감동은 여전히 빛을 발한다.

세계장식도 Ⅰ, Ⅱ

오귀스트 라시네 지음 | 이지은 옮김 | 각 권 160쪽 | 각 권 8,000원

공예 미술계 불후의 명작을 농축한 한 권!

19세기 프랑스에서 가장 유명한 디자이너였던 오귀스트 라시네의 대표 저서 「세계장식 도집성」에서 인상적인 부분을 뽑아내 콤팩트하게 정리한 다이제스트판. 공예 미술의 각 분야를 포괄하는 내용을 담은 책으로, 방대한 예시를 더욱 정교하게 소개한다.

중세 유럽의 복장

오귀스트 라시네 지음 | 이지은 옮김 | 160쪽 | 8,000원

고품격 유럽 민족의상 자료집!!

19세기 프랑스의 유명한 디자이너 오귀스트 라시네가 직접 당시의 민족의상을 그린 자료집. 유럽 각지에서 사람들이 실제로 입었던 민족의상의 모습을 그대로 풍부하게 수록하였다. 각 나라의 특색과 문화가 담겨 있는 민족의상을 감상할 수 있다.

서양 건축의 역사

사토 다쓰키 지음 | 조민경 옮김 | 264쪽 | 14,000원

서양 건축사의 결정판 가이드 북!

건축의 역사를 살펴보는 것은 당시 사람들의 의식을 들여다보는 것과도 같다. 이 책은 고대에서 중세, 르네상스기로 넘어오며 탄생한 다양한 양식들을 당시의 사회, 문화, 기후, 토질 등을 바탕으로 해설하고 있다.

그림과 사진으로 풀어보는 이상한 나라의 앨리스

구와바라 시게오 지음 | 조민경 옮김 | 248쪽 | 14,000원

매혹적인 원더랜드의 논리를 완전 해설!

산업 혁명을 통한 눈부신 문명의 발전과 그 그늘. 도덕주의와 엄숙주의, 위선과 허영이 병존하던 빅토리아 시대는 「원더랜드」의 탄생과 그 배경으로 어떻게 작용했을까? 순진 무구한 소녀 앨리스가 우연히 발을 들인 기묘한 세상의 완전 가이드북!!

세계의 건축

코우다 미노루 외 1인 지음 | 조민경 옮김 | 256쪽 | 14,000원

고품격 건축 일러스트 자료집!

시대를 망라하여, 건축물의 외관 및 내부의 장식을 정밀한 일러스트로 소개한다. 흔히 보이는 풍경이나 딱딱한 도시의 건축물이 아닌, 고풍스러운 건물들을 섬세하고 세밀한 선화로 표현하여 만화, 일러스트 자료에 최적화된 형태로 수록하고 있다.

그림과 사진으로 풀어보는 알프스 소녀 하이디

지바 가오리 외 지음 | 남지연 옮김 | 224쪽 | 14,000원

하이디를 통해 살펴보는 19세기 유럽사!

『하이디』라는 작품을 통해 19세기 말의 스위스를 알아본다. 또한 원작자 슈피리의 생애를 교차시켜 『하이디』의 세계를 깊이 파고든다. 『하이디』를 읽을 사람은 물론, 작품을 보다 깊이 감상하고 싶은 사람에게 있어 좋은 안내서가 되어줄 것이다.

지중해가 낳은 천재 건축가 -안토니오 가우디

이리에 마사유키 지음 | 김진아 옮김 | 232쪽 | 14,000원

천재 건축가 가우디의 인생, 그리고 작품

19세기 말~20세기 초의 카탈루냐 지역 및 그의 작품들이 지어진 바르셀로나의 지역사, 그리고 카사 바트요, 구엘 공원, 사그라다 파밀리아 성당 등의 작품들을 통해 안토니오 가우디의 생애를 본격적으로 살펴본다.

영국 귀족의 생활

다나카 료조 지음 | 김상호 옮김 | 192쪽 | 14,000원

영국 귀족의 우아한 삶을 조명한다

현대에도 귀족제도가 남아있는 영국. 귀족이 영국 사회에서 어떠한 의미를 가지고 또 기능하는지, 상세한 설명과 사진자료를 통해 귀족 특유의 화려함과 고상함의 이면에 자리 잡은 책임과 무게, 귀족의 삶 깊숙한 곳까지 스며든 '노블레스 오블리주'의 진정한 의미를 알아보자.

요리 도감

오치 도요코 지음 | 김세원 옮김 | 384쪽 | 18,000원

요리는 힘! 삶의 저력을 키워보자!!

이 책은 부모가 자식에게 조곤조곤 알려주는 요리 조언집이다. 처음에는 요리가 서툴고 다소 귀찮게 느껴질지 모르지만, 약간의 요령과 습관만 익히면 스스로 요리를 완성한다는 보람과 매력, 그리고 요리라는 삶의 지혜에 눈을 뜨게 될 것이다.

초콜릿어 사전

Dolcerica 가가와 리카코 지음 | 이지은 옮김 | 260쪽 | 13,000원

사랑스러운 일러스트로 보는 초콜릿의 매력!

나른해지는 오후, 기력 보충 또는 기분 전환 삼아 한 조각 먹게 되는 초콜릿. 『초콜릿어 사전』은 초콜릿의 역사와 종류, 제조법 등 기본 정보와 관련 용어 그리고 그 해설을 유머러스하면서도 사랑스러운 일러스트와 함께 싣고 있는 그림 사전이다.

사육 재배 도감

아라사와 시게오 지음 | 김민영 옮김 | 384쪽 | 18,000원

동물과 식물을 스스로 키워보자!

생명을 돌보는 것은 결코 쉬운 일이 아니다. 꾸준히 손이 가고, 인내심과 동시에 책임감을 요구하기 때문이다. 그럴 때 이 책과 함께 한다면 어떨까? 살아있는 생명과 함께하며 성숙해진 마음은 그 무엇과도 바꿀 수 없는 보물로 남을 것이다.

판타지세계 용어사전

고타니 마리 감수 | 전홍식 옮김 | 248쪽 | 18,000원

판타지의 세계를 즐기는 가이드북!

온갖 신비로 가득한 판타지의 세계. 『판타지세계 용어사전』은 판타지의 세계에 대한 이해를 돕고 보다 깊이 즐길 수 있도록, 세계 각국의 신화, 전설, 역사적 사건 속의 용어들을 뽑아 해설하고 있으며, 한국어판 특전으로 역자가 엄선한 한국 판타지 용어 해설집을 수록하고 있다.

식물은 대단하다

다나카 오사무 지음 | 남지연 옮김 | 228쪽 | 9,800원

우리 주변의 식물들이 지닌 놀라운 힘!

오랜 세월에 걸쳐 거목을 말려 죽이는 교살자 무화과나무, 딱지를 만들어 몸을 지키는 바나나 등 식물이 자신을 보호하는 아이디어, 환경에 적응하여 살아가기 위한 구조의 대단함을 해설한다. 동물은 흉내 낼 수 없는 식물의 경이로운 능력을 알아보자.

세계사 만물사전

헤이본샤 편집부 지음 | 남지연 옮김 | 444쪽 | 25,000원

우리 주변의 교통 수단을 시작으로, 의복, 각종 악기와 음악, 문자, 농업, 신화, 건축물과 유적 등, 고대부터 제2차 세계대전 종전 이후까지의 각종 사물 약 3000점의 유래와 그 역사를 상세한 그림으로 해설한다.

그림과 사진으로 풀어보는 마녀의 약초상자

니시무라 유코 지음 | 김상호 옮김 | 220쪽 | 13,000원

「약초」라는 키워드로 마녀를 추적하다!

정체를 알 수 없는 약물을 제조하거나 저주와 마술을 사용했다고 알려진 「마녀」란 과연 어떤 존재였을까? 그들이 제조해온 마법약의 재료와 제조법, 마녀들이 특히 많이 사용했던 여러 종의 약초와 그에 얽힌 이야기들을 통해 마녀의 비밀을 알아보자.

고대 격투기

오사다 류타 지음 | 남지연 옮김 | 264쪽 | 21,800원

고대 지중해 세계의 격투기를 총망라!

레슬링, 복싱, 판크라티온 등의 맨몸 격투술에서 무기를 활용한 전투술까지 풍부하게 수록한 격투 교본. 고대 이집트 · 로마의 격투술을 일러스트로 상세하게 해설한다.

초콜릿 세계사 -근대 유럽에서 완성된 갈색의 보석

다케다 나오코 지음 | 이지은 옮김 | 240쪽 | 13,000원

신비의 약이 연인 사이의 선물로 자리 잡기까지의 역사!

원산지에서 「신의 음료」라고 불렸던 카카오. 유럽 탐험가들에 의해 서구 세계에 알려진 이래, 19세기에 이르러 오늘날의 형태와 같은 초콜릿이 탄생했다. 전 세계로 널리 퍼질 수 있었던 초콜릿의 흥미진진한 역사를 살펴보자.

에로 만화 표현사

키미 리토 지음 | 문성호 옮김 | 456쪽 | 29,000원

에로 만화에 학문적으로 접근하다!

에로 만화 주요 표현들의 깊은 역사, 복잡하게 얽힌 성립 배경과 관련 사건 등에 대해 자세히 분석해본다.

크툴루 신화 대사전

히가시 마사오 지음 | 전홍식 옮김 | 552쪽 | 25,000원

크툴루 신화 세계의 최고의 입문서!

크툴루 신화 세계관은 물론 그 모태인 러브크래프트의 문학 세계와 문화사적 배경까지 총망라하여 수록한 대사전이다.

AK Trivia Book 58

방어구의 역사

초판 1쇄 인쇄 2020년 1월 10일
초판 1쇄 발행 2020년 1월 15일

저자 : 다카히라 나루미
번역 : 남지연

펴낸이 : 이동섭
편집 : 이민규, 서찬웅, 탁승규
디자인 : 조세연, 백승주, 김현승
영업 · 마케팅 : 송정환
e-BOOK : 홍인표, 김영빈, 유재학, 최정수
관리 : 이윤미

㈜에이케이커뮤니케이션즈
등록 1996년 7월 9일(제302-1996-00026호)
주소 : 04002 서울 마포구 동교로 17안길 28, 2층
TEL : 02-702-7963~5 FAX : 02-702-7988
http://www.amusementkorea.co.kr

ISBN 979-11-274-3049-8 03900

이 도서의 국립중앙도서관 출판예정도서목록(CIP)은 서지정보유통지원시스템 홈페이지(http://seoji.nl.go.kr)와 국가자료공동목록시스템(http://www.nl.go.kr/kolisnet)에서 이용하실 수 있습니다.(CIP제어번호: CIP2019052941)